读书的三重境界

梁小民 著

中信出版集团 | 北京

图书在版编目（CIP）数据

读书的三重境界 / 梁小民著 . -- 北京：中信出版社，2024.6
ISBN 978-7-5217-6512-0

Ⅰ.①读… Ⅱ.①梁… Ⅲ.①图书－介绍 Ⅳ.①G236

中国国家版本馆 CIP 数据核字 (2024) 第 076924 号

读书的三重境界
著者： 梁小民
出版发行：中信出版集团股份有限公司
（北京市朝阳区东三环北路 27 号嘉铭中心　邮编　100020）
承印者： 北京通州皇家印刷厂

开本：880mm×1230mm 1/32　印张：12.5　字数：283 千字
版次：2024 年 6 月第 1 版　印次：2024 年 6 月第 1 次印刷
书号：ISBN 978-7-5217-6512-0
定价：69.00 元

版权所有·侵权必究
如有印刷、装订问题，本公司负责调换。
服务热线：400-600-8099
投稿邮箱：author@citicpub.com

在书海中漫游，我们可以进入三重境界，更好地认识社会、享受人生。

第一重境界是问道求真，豁然开朗。

秀才不出门，便知天下事。这就在于他读书广而杂。只吃一种食物，营养不会平衡；只读一种书，知识也会失衡。走进书海，我们才能广知天下事，博采众长，具有创新思维，实践创新。在书海中，问道求真，自然会豁然开朗。这是读书的第一重境界。

第二重境界是上下求索，走出混沌。

企业家在领导企业时，老百姓在日常生活中，都做对了许多事，也做错了不少事。为什么有些事会做对，有些会做错？往往我们并不明白，这就要读书，学习新知识、新方法，并学以致用。我们在实践和读书中求真，当我们的行为从自发走向自觉时，我们就走出了混沌，企业会更好，人生也会更好。这是读书的第二重境界。

第三重境界是以自然为师，以天地为本，追求更美好的人生。

当我们读了更多书，有了各种文化、艺术、生活的广博知识时，自己的文化修养得到提升，知道了如何生活，就成了一个有文化且高尚的人。这是读书的最高层次，也是读书的第三重境界。

——题记

推荐语

在小民兄的书海中漫游,不知不觉想起博尔赫斯的《小径分岔的花园》。这本书虽小,却是许许多多知识的"小径"互相交叉的大花园。

——**雷颐** 知名历史学家

梁小民教授是我国知名的经济学家、经济学教育家和翻译家,也是现代经济学的一位卓越传薪者。梁小民教授读书之快、之广乃至撰写书评之多,在国内经济学界可能无人能出其右。梁小民教授读书之余,随手用"爬(稿纸)格子"的方法撰写书评,更是信手拈来,一气呵成,且出"手"成章、精准深刻,一下就道出所评书籍的精粹。这本《读书的三重境界》是梁小民教授近些年来所写书评的精粹。在这本文集中,梁小民教授提出了读书的三重境界,这更是一位年逾八十的学者的思想顿悟。作为一位经济学家,梁小民教授读书和撰写书评的范围,并不限于经济学。从经济学、哲学、历史、文学到养生和京剧,篇篇书评,珠落玉盘,动人心扉,发人深思,值得社会各界人士阅读。

——**韦森** 国家哲学社会科学一级教授、复旦大学经济学教授

我认识很多勤奋的读书人,但年逾八十的梁小民先生有着最长期主义的勤奋。认识他这十几年来,他几乎每年都读上两三百本书,我是虽不能至,心向往之。梁老师不仅能读,也很擅长写书评,这本书里收录了他写的 50 篇书评,涉猎之广泛、问题意识之清晰、知人论事之汪洋恣肆,无不是一时之选,为我等读书人立下标杆。这本书不仅是为企业家而写,也是为这个时代迷茫的普通读书人而写。读书的境界,就是认识世界的境界,更是

如何过好这一生的境界。

——**张明扬** 媒体人、历史作家

关于读什么书、如何读书，梁小民老师一直是我的指引，是我的榜样。我深知，要达到他所提出的读书"三重境界"这一目标很有难度，但我亦相信，好好读这本书，有可能是用时最短的那条路。

——**卢周来** 国家创新研究员

我曾戏称，梁小民老师退休之后，身份已由昔日的经济学家转变为"职业读书家"，视野之广、用功之勤，都让我这个后辈自愧不如。而这本《读书的三重境界》，即梁老师的最新成果。相信各位读者都能在梁老师的指引之下，收获阅读的快乐。

——**郑诗亮** 《上海书评》主编

上下求索，问道求真，梁小民教授是经济学家，还是历史的票友，哲学的使徒，读书的传教士。这本书生动呈现出一位本色读书人的形象：以好书为信仰，以书房为天堂，以阅读为生活方式，手不释卷，不知老之将至。

——**郑勇** 商务印书馆副总编辑

梁小民先生读书阅世，怡然自得，境界超脱。此番检点佳构，既是钩玄提要，也是其认识社会、享受人生的经验谈。读者漫游其间，或有凿井得铜之喜。

——**徐国强** 世界图书出版公司副总编

梁小民先生的这本"品书之书"，是一次精神的壮游，让人放宽历史的眼界，体察激荡的新知，追寻人世间的自乐与美境。所谓"读书的三重境界"，亦为人生由"见山是山""见山不是山"，复返"见山仍是山"的三重境界。

——**何奎** 生活·读书·新知三联书店副总编辑

企业家都是大忙人，平时能够用来静心读书的时间本来就不多，而且考虑到时间的机会成本，他们也不应花费太多时间在阅读原著上，而应该把更多精力用在管理企业上。知名经济学家梁小民教授长期为各大名校 EMBA 授课，对此深有体会。这本书就是他在博览群书的基础上，为企业家们精心撰写的，是帮助他们高效率了解众多好书思想精髓的一次有益的尝试！

——**戴亦一**　厦门大学教授

梁小民先生是资深读家，漫游书海，问道求真。

曾造访梁先生书房，那坐拥书城的美好体验，至今让我羡慕不已。在书房里得见梁先生十多本关于读书的书，拜读一二，理解了书房对读书人的意义，也体会到梁先生所言之读书的境界。

此为梁先生又一本读书之书，和读者一起上下求索，追求美好人生。

——**绿茶**　书评人

人人都知道读书好，却未必知道读书其实有门槛，读出知识、读出框架、读出洞察力并非易事。本书的探索，可以说是读书人探索典范，其中谈到读书的三重境界，尤其值得读书人深思学习。作为知名经济学者，梁小民老师的专业精深与博学开放，使得追随他的阅读成为赏心悦目的历程。与梁老师这样的引路人漫游书海，其实是与最好的自我相遇。读好书，就是创造美好生活。

——**徐瑾**　FT中文网经济主编、经济人读书会发起人

目录

前言　　V
导言　　IX

第一部分 第一重境界
问道求真，豁然开朗

谈天说地

推动文明进程的动力
——《文明》　　003

追寻亚力之问
——《枪炮、病菌与钢铁》　　010

走进哲学的圣殿
——《西方的智慧》　　017

数学是科学皇冠上的宝石
——《数学与人类文明》　　026

听局外人讲文学
——《1989—1994文学回忆录》　　033

法治是如何形成的
——《寻找法律的印迹》　　040

把考古当作有趣的故事来读
——《考古的故事》　　047

奥马尔与拉登的狼狈为奸
——《巴米扬大佛之劫》　　054

世界各地老人如何养老
——《当世界又老又穷》　061

从依附到独立
——《太太的历史》　068

15位医生一部医学史
——《蛇杖的传人》　075

基因与不平等
——《基因彩票：运气、平等与补偿性公正》　082

国粹之美
——《优雅》丛书　089

走进历史

从大爆炸到今天
——《大历史》　100

希腊文化奇迹的背后
——《古希腊人》　107

从人类历史看传染病
——《瘟疫与人》　114

美洲发现的蝴蝶效应
——《美洲金银和西方世界的兴起》　121

日本的开国
——《黑船来航》　127

中餐是如何进入美国的
——《来份杂碎》　133

海外华人的生存与奋斗
——《他者中的华人》　140

人类的进步与不平等
——《人类之旅》　147

大一统中国的形成与发展
——《说中国》　153

丝绸之路上的外交
——《丝绸之路大历史》　160

晚明有资本主义萌芽吗
——《晚明大变局》 166

说扬州话徽商
——《说扬州：1550—1850年的一座中国城市》 173

曹寅如何成为朝廷重臣
——《曹寅与康熙》 179

读进去，读出来
——《极高明而道中庸》 186

第二部分 第二重境界
上下求索，走出混沌

纵观经济

中国经济中的政府
——《置身事内》 195

全球价值链中的中国
——《中国出口之谜》 201

前沿竞争在芯片
——《芯片战争》 208

家族企业的基业长青
——《家族企业》 214

霸主轮流坐
——《大国的兴衰：1500—2000年的经济变革与军事冲突》 220

货币在天使与魔鬼之间
——《金钱的智慧》 226

听门外汉讲货币
——《人类货币史》 232

中央银行与金融危机的交织
——《货币王者》 239

给美国人讲市场经济
——《自由选择：个人声明》 246

重新认识买办
——《出入于中西之间》 252

经济学：从古希腊到现代
——《殿堂》 258

第三部分 第三重境界
以自然为师，以天地为本，追求更美好的人生

享受生活

当个"吃货"多快活
——《鱼翅与花椒》及其他 267

国宴中有政治
——《菜单中的秘密》 274

带书去旅行
——《旅行与读书》及其他 281

品茶是一门生活艺术
——《茶有真香》 288

品酒先读书
——《世界葡萄酒地图》 295

边读边品咖啡
——《世界咖啡地图》 301

健身从跑步开始
——《跑步大历史》 307

吸烟与禁烟的历史
——《烟火撩人》 313

回望中国的艺术
——《大话中国艺术史》 320

拜会历史上的西方艺术大师
——《大话西方艺术史》 327

欣赏京剧之美
——《了不起的游戏》 334

爱狗还要知狗
——《狗故事》《狗智慧》 340

附录：阅读一报一刊 351

前言

2023年4月，我为清华大学经管学院EMBA（高级工商管理硕士）学员做了两次"企业家与读书"讲座，讲了企业家读书的必要性，并推荐了20本书（与本书推荐的60本书不同，但这20本基本包括在其中了）。中信出版集团的陈晖女士作为EMBA的学员听了讲座。她觉得内容很好，建议我以此为题写一本书。我欣然接受了这个建议，于是就有了这本书。

最初的讲座是针对企业家的，但这本书的内容适用于每一个人，无论是企业家、政府官员、学者还是从事不同行业又爱读书的人。讲给企业家的应该读书的道理也是每一个人应该读书的道理。需要读书的不仅是企业家，也包括其他所有人。例子是针对企业家的，但道理有普遍适用性。我当初选择推荐给企业家的书时，就不是局限于经济和企业管理的，而是广泛的。我希望企业家和任何一个人一样，读各类不同的书。只要有兴趣，无论与自己所从事的专业是否有关，都可以读，不必为自己设限。我写书时更重视广泛性，适于每个人从中选择自己喜欢读的书。

读书可以进入三重境界。第一重境界是"问道求真，豁然开朗"；第二重境界是"上下求索，走出混沌"；第三重境界是"以自然为师，以天地为本，追求更美好的人生"。按这三重境界，本书分为"谈天说地""走进历史""纵观经济""享受生活"4个部分。

全书介绍书的文章共50篇,每篇以一本书的介绍为主,有两篇介绍了不止一本书。"谈天说地"中的"国粹之美",介绍的是一套名为"优雅"的丛书,共10本书。"享受生活"中的"爱狗还要知狗",介绍的是两本由同一作者所写,内容又紧密相关的书。为了让大家有更多的选择余地,又增加了"延伸阅读",介绍与这本书内容相关或同一作者的其他书。这些书我都读过,也值得一读。"享受生活"中有两篇文章以一本书为主,但"延伸阅读"同样重要,因此书名后加了"及其他"。

在选择要介绍的60本书时,我尽量避免篇幅太长的。因为在网络时代,读书已被上网挤掉了。让大家不上网,不刷屏,根本办不到,毕竟网络给我们提供了方便。在挤出网络时间读书时,要读太长、太厚的书确实不易。因此,尽管我非常爱读日本学者盐野七生的《罗马人的故事》(15册,中信出版社)、华裔日本作家陈舜臣的《中国的历史》(7册,福建人民出版社)、作家孙皓晖的《大秦帝国》(11册,河南文艺出版社)等大部头著作,但都没有介绍。这些书内容很好,读起来也极有趣,可惜篇幅太长了,怕大家没有时间读完,或读的时间太长,读后面的忘了前面的,只好割爱了。

每一篇文章都介绍了所选书的内容与相关的背景知识及自己的看法。大家了解了每本书的内容，才可以选择是否去读。因此，内容介绍是主要的。但每本书的内容不同，介绍的方式也不同。方法的选择是"因书而宜"。有的书，篇、章并不多，就按各篇、章的内容依次介绍。有的书，章节颇多，就进行了归纳，按几个主题介绍。还有的书是重点介绍某个部分，再涉及其他。目的是让大家对所选的书有个大概的了解，引起进一步阅读的兴趣。

所介绍的书中有相当一部分是译著。不少译著在国内有许多译者，有不同出版社出版的译本，有些还有新译本。我选用的译本是我碰巧买下并阅读的，不一定是最好的译本。我不可能对照各个不同的译本，也无法评定不同译本的优劣，不过我读的译本还是可以读的。

在写书过程中，我得到了许多朋友的帮助。陈晖女士一直跟进书的写作，出了许多好点子，读书三重境界的想法就是她提出的，她还寄来了我需要的书。我担任《三联生活周刊》行读图书奖的评委，由普光子先生与我联络，他给我寄来各出版社出的许多书，有些书就是从这些书中选的。三联书店的李佳女士、北京大学出版社的张燕女士、中央电视台《读书》栏目的张雅琪女士都寄来我写作中需要的书，一并感谢。还要特别感谢的是中信出版集团的编辑。我的书是手写稿，字写得不好，稿中又有不少修改或删增之处，但她精心地把这些相当不易辨认且零乱的书稿编成一本书，真的辛苦了，比出版其他书付出的心血更多。

  书写完了，出版了。对朋友们的读书有没有帮助，还要大家评说。我年逾八十，早就耳顺了，希望听到朋友们的批评、指正。

2023.7.24　酷暑中

于怀柔陋室

企业家及每个人为什么要读书

导言

与一些企业家朋友聊天，问他们最近读了什么书时，他们大多会说：应对激烈的市场竞争，处理企业内的各种琐事，我已经焦头烂额了，哪有时间读你说的那些没用的书？从这些话中我体会到，他们认为读书是无用的，没有时间也没有兴趣去读书。

一

读书对企业家真的无用吗？我们先来看看世界各国企业家成长的历程。

第一代成功的企业家的确是从不读书也没什么文化的草莽英雄。这就是诗中所说的"刘项原来不读书"吧。他们胆大、敢冒险，又抓住了市场机遇。他们没有文化，不懂法律，也没什么道德约束。他们在合法与非法中经营，获得了"第一桶金"，成就了以后的事业。电视剧《狂飙》中的高启强身上就有第一代成功企业家的影子。当然，他们中的绝大多数不像高启强那样肆无忌惮。但行贿官员、官商勾结，类似黑社会的种种非法行为还是比较普遍的。温州民营经济一度造假制假泛滥，当年温州假鞋事件，许多人至今记忆犹新。

当然，对第一代企业家也不应该去追究他们的"原罪"。那是一个任何国家经济发展都必然要经历的野蛮成长时代。马克思把这个原始积累阶段称为"血与火"的时代。那是一个弱肉强食的丛林时代，没有健全的法律体系，社会文化与道德水平低下，企业结构与管理也相对简单得多，对金钱的追求压倒了一切。成功的关键在于能冲破一切约束，敢冒险。当年，成功的企业家既有贡献，又有罪恶。但他们的行为创造了以后的繁荣。没有德雷克等海盗，能有后来成功的英国经济吗？没有洛克菲勒、摩根这些企业家的野蛮成长，能有今天繁荣的美国经济吗？同样，没有类似高启强这样的企业家，能有今天占 GDP（国内生产总值）60% 的强大民营经济，以及今日中国的繁荣富强吗？正是在这种意义上，恩格斯把"恶"称为历史进步的动力。这是历史进步必然要付出的代价。

但第二代以后的企业家就完全不同了。他们所处的时代是以法治和道德为基础的规范市场经济时代。法律体系完善，执法严明，社会的文化与道德水平大大提高。市场经济日益复杂，企业结构不断优化，管理水平不断提升。尤其是科技创新成为经济和企业成功的关键。这时，像高启强那样野蛮成长起来的企业家，如果不学习，就只有死路一条。新时代的企业家必须有文化。在美国，几乎所有企业家都有学士、硕士甚至博士学位。但学位并不完全等于文化。一个博士可以精通本专业的知识，但如果不读书，仍然没有文化，甚至专业知识也会退化。所以，企业家要有文化，不仅要接受正规教育，有相关的专业知识，而且要终身读书，不断学习。

二

说到读书对企业家成功的重要性，我就会想起20世纪90年代我在美国康奈尔大学进修时认识的一位台湾朋友。他的父亲是一位成功的企业家，经营一家中型贸易公司，送他到康奈尔大学来，就是想让他学成后回去接班。但我见他根本不学MBA（工商管理硕士）的企业管理课程，而是漫无边际地听各种无关的课，如饭店管理系的"品酒"课、历史系的"世界史"、文学系的"莎士比亚研究"。他还到处听各种讲座，包括像"吐火罗文字""犍陀罗艺术"这样冷僻的讲座。他读的书也与企业管理没有什么关系。我问他，你这样学习、读书，岂不违背了你父亲的意愿？他笑着告诉我，这样学正是他父亲的意愿。我问为什么，他给我讲了他父亲成功的经历。

他父亲是上海的富家公子，毕业于圣约翰大学文学系，在新中国成立前来到台湾；到台湾后自己创业，办了一家贸易中介公司。当时台湾这样的公司不计其数，生意冷淡。有一天来了一个美国人，这个美国人看到办公室墙上挂的莫奈的《睡莲》仿制品，就与他父亲兴致勃勃地聊起了莫奈各种睡莲画的特点，又从莫奈谈到印象派画家。他父亲正好对印象派和莫奈极有兴趣,两人就谈了下去。聊足了后,美国人对他父亲说,自己是美国一家公司派出的代表,来台湾找一家合作的代理商。他去过许多公司,但那些老板没什么文化,一张嘴就是生意,都没谈成。美国人还对他父亲说:"你这么了解莫奈和印象派画家,可见相当有文化。我觉得有文化的人会讲诚信,可以合作,你就是我们公司在台湾的唯一代理人了。"他父亲的公司正是由此起步成功的。

他父亲告诉他,自己根本不懂国际贸易、企业管理,但有文化。他与这个美国人的交往正是从莫奈和印象派这个与贸易毫无关系的话题开始的。做生意最重要的是交朋友,建立自己的社交网络。交朋友时重要的不是吃喝,而是文化。他与这个美国人成为朋友的纽带正是莫奈和印象派。但他们两人都有这种爱好,绝对是一个极小概率事件。你以后要交更多朋友,他们有不同的知识与文化背景,不同的爱好。你必须什么都了解一点儿,什么都可以谈一谈,才能和别人成为朋友。企业管理的知识不用去专门学,在管理企业的过程中读几本书就可以了。但各种各样的知识在康奈尔大学这样的名校才能学到。我这位朋友正是按他父亲的意思,广泛地学习各种知识,读许多与企业管理无关的书。

由此看来,读许多看似与企业管理无关的书,扩大自己的知识面,是在生意场上交朋友、建立自己的社会资本(社交网络)的必要条件。

三

读书不仅仅是为了交朋友，建立自己的社交网络，更重要的是提高自己的文化修养、文化素质。文化正是企业家成功的必要条件。许多有文化的成功企业家被称为"儒商"。在传统社会中，"儒商"是指通晓儒家文化，把儒家的道德价值观作为经商伦理基础的商人。今天，"儒商"已超越儒家文化，泛指有文化的企业家。无论在古代还是现代，儒家文化也好，广泛的文化也好，都来自读书。换句话说，读书才能成为成功又有文化、令人尊敬的"儒商"。

文化对企业家成功至关重要就在于，首先，一般来说，有文化的人道德水平也较高。道德总是与文化正相关的。道德是企业家成功的关键。对从事经营的企业家来说，这种道德就是"君子爱财，取之有道"。其次，读书多、有文化的企业家见识广、思维敏捷，善于捕捉信息，抓住商机，并灵活地运用各种策略获得成功。最后，有文化的企业家善于接受新知识、新观念，思想开放，能与时俱进。

这样讲有点儿抽象，我们用一些历史上的例子来说明。在中国十大商帮中，洞庭商帮是苏州市吴中区东山岛和西山岛的商人结成的商帮。这两个岛的面积仅为178平方千米。就地理面积而言，洞庭商帮是最小的商帮。这个商帮不同于其他商帮的地方是，其他商帮的商人大多是由于贫困被逼上经商之路的，但洞庭商帮中绝大多数商人原先都是富人。他们在经商之前已经是有钱有文化的富人。钱与文化使他们与其他商帮相比起点不同，从而更成功。在鸦片战争前，他们主要从事从北到南的粮食与棉布这类大宗商品贸易。在鸦片战争后，绝大部分商帮和传统商人衰亡了。他们意识到上海将成为中国经济中心，所以进入上海，完成了转型。他们有文化又懂英语，进入洋行或外国银行当买办。仅东山席家就出了14个买办，其中席正甫祖孙三代任汇丰银行买办达64年。正是从买办开始，他们以后又进入许多行业，形成有名的"苏商"。在他们的成功中，文化起了至关重要的作用。

浙江的龙游商帮就经商规模而言是一个小商帮，但他们的文化使他们的印书业在中国出版史上留下了重要的印迹。南宋之后，尤其到了明清时，全国三大印书中心是福建建阳、四川成都和浙江杭州，其中杭州印的书被称为"上品"。在杭州从事印书行业的不少就是龙游人。如龙游商人童佩，自小随父往来于吴中贩书。他本人酷爱读书，外出经商时经常"手一帙，坐船间，日夜不辍"。他爱藏书，藏书达25 000卷，其中不乏精本、善本，甚至孤本。他还精于印书，所印之书至今为世人称道。另一位龙游商人胡贸，世代经营书业，又爱读书，印的书颇精。龙游望族余氏世代经营书业，所印之书精美、准确，远近购买。为了保证印书质量，余氏特聘当时著名学者金绩等人进行校勘。一个小小的商帮出了这些著名的出版人,他们在出版业中的成功是以读书和文化为基础的。

读书不仅有利于企业发展,而且也有助于企业衰落后的转型。晋商中的常家也是历代爱读书有文化、经商又成功的"亦儒亦商"的家族。他们主要从事中俄之间的茶叶贸易,最强大时在中国对俄茶叶出口中占了60%。常家在漫长的经商过程中还出现了不少国学大师、书法家、诗人、名医等。他们的家族重视子女读书。我们从今天常家大院在各地收来或自制的书法名家的法帖中就可以看出常家的文化气氛。西伯利亚铁路开通和俄国十月革命后,茶叶贸易衰亡了,但文化使这个家族依然辉煌。常家在晚清、民国时期有进士、举人多人,也有山西大学教授、文化名人。至今常家的人仍活跃于科研、教育各条战线,且成绩斐然。文化铸就了一个家族的辉煌。

现在中国的成功企业家也爱读书。网上有一句话说,"过去的读书热是学者推动的,今天的读书热是企业家推动的"。这句话含有多少真理还有待验证,但企业家越来越重视读书是一个不争的事实。北京有一个总裁读书会,参加的企业家相当多。有一次我与一位上市公司的总裁就日本学者盐野七生的《罗马人的故事》(中信出版社)进行交流对话。他讲了这套书对他办企业的启发,真实而生动,与我那种书生味的读后感完全不同。这个节目在中国教育电视台播出后，反响颇好。我也与这个读书会的其他企业家交流过。他们都爱读书，读的多是与经济、企业管理没什么关系的书，且读了以后都对搞好企业有启发。

我外出乘飞机时也遇到过许多爱读书的企业家。有一次坐在我旁边的乘客在读钱穆的《国史大纲》，我大吃一惊。这本书连我都觉得不好读，分几次才读完。我以为他是个教授，一问才知道是中船公司的一位高管。他说，读书是他的一个爱好，既可以休息，又有启发，对提高他的管理能力有相当大的帮助。我几次与宗庆后同机，都见他上飞机就埋头读书。这样爱读书的企业家我还见过不少。万科的王石先生我无缘见面，但他爱读书我早有耳闻。早在大陆出版《罗马人的故事》之前，他已购买台湾版读过了，且极力向国人推荐。我读这套书就是因为看了王石对这套书的推荐。

四

读书对企业家有没有用还取决于如何理解这个"用"字。

咱们同胞有一个缺点，就是太"功利"、太"实用"了。拜佛不是出于对佛祖的敬仰，而是求佛的保佑。这些保佑都是现实的，如升官发财，或生个儿子、考个"985"大学等。如果以这种心态去读书，恐怕没什么用。书中有"黄金屋""颜如玉"之说，都是古人逗你玩儿的。

读书不可能立竿见影。遇到现实问题，找一本书一读，立马解决；或者希望书中能给你成功的诀窍，像武侠中的秘籍那样，让你立马威震武林无对手，这些都是不可能的。对企业家来说，读的书有几大类。一类尽管不能立竿见影，但对企业成功还是有较为直接的影响，你可以从中学到许多有益的东西。这些书也并不是企业管理、财务、营销之类的教科书或专著，而是范围更广泛的书。比如，谷歌公司老总埃里克·施密特等所写的《重新定义公司》（中信出版社）讲高科技企业成功的关键是"创意精英"，公司治理结构的中心就是如何能激励这些人。英国记者迪尔米德·杰弗里斯的《阿司匹林传奇》（三联书店）讲如何把一种产品做成长销不衰的名牌。沃尔玛创始人山姆·沃尔顿的自传《富甲美国》（江苏凤凰文艺出版社）讲自己如何成功，成功后如何做人。这类书都对你管好企业，成为成功的企业家有相当直接的启迪作用。类似这样的书还有很多。从这些书中你可以学到成功的经验，尽管不可能照搬，不是"立竿见影"，但启迪作用相当直接，可以说"立竿"之后会有"影"。当然，何时有"影"，会有多大，则取决于其他各种因素了。

还有一类书，看起来与企业成功毫无关系，但也可能有不可估量的影响。你读了这些书，知识储备在你的大脑中，不知何时，你遇到问题，在问题刺激之下，你突然开窍，解决了难题。《鞋王耐克》（上海译文出版社）中讲了"耐克"这个名字产生的故事。当年耐克公司制造出有特色的鞋之后，为起名字发愁了，因为名字对一种产品的成功极为重要。但在许多人提出的名字中，有些太长，不易于记忆推广，有些与鞋没什么关系。一天晚上，公司的老总苦思冥想，突然想到了希腊神话中胜利女神的名字"耐克"。胜利女神象征胜利，对体育运动来说当然吉祥，而且她跑得又快，也与鞋贴切。于是这种鞋就被命名为"耐克"，后来很快成为世界名牌。如果这位老总没有读过《希腊的神话和传说》这本书，能有这种神来之笔吗？说起来《希腊的神话和传说》与企业管理是风马牛不相及的，但在给鞋起名这件事上起了关键作用。你能说读这本书没用吗？这类偶尔会给你启迪的书太多了。这类书读得多了，总会在某个时候让你灵机一动。在企业家自传或传记中，这类例子还有很多。

还有一类书的确没什么实用价值，甚至也不会在某个时候给你灵感，但它们可以提高你整体的文化素质与修养，让你知识更丰富，见解更深刻，整体素质更高，让别人更尊敬你。有钱并不一定让人敬佩，有钱、有文化、有道德，才让人真正敬佩。有的老板是极有钱的，但没有文化，成为人们嘲讽的对象。有一个老板听说悍马越野车极其贵，又有名，一口气买了十几辆。但如果是因为崇洋媚外才买悍马车，那这也正体现了他的没文化。在西方国家，买悍马车的都是爱登山的富人，他们开悍马车去远处登山。但他们平常在市区从不开悍马车，因为他们有环保意识，而悍马车污染大，他们不会在大街小巷开着悍马车招摇。我去过全球富人最多的摩纳哥公国，街上没有一辆悍马车。有些老板让人看不起就是因为他们从不读书，没有文化，也缺乏社会公德。你愿意做一个有钱却没有文化的老板吗？

只要你不是抱着"立竿见影"的目的读书，无论读什么书，都是有用的，而且，你越成功，用处越大。

五

读书还是企业家休闲的重要方式。

企业家往往极其繁忙，有处理不完的事，开不完的会。但如果由于忙而忘了休闲，那是得不偿失的。用经济学的术语讲，就是成本远大于收益。那些由于过度疲劳而英年早逝的企业家，不是"天妒英才"，上帝夺走了他们的命，而是自己送了自己的命。他们玩命工作，从不休闲，即使不至于过劳死，也会长期处于"亚健康"状态，或失去家人的亲情，朋友的友谊。企业家要懂得"休闲"和食物、衣服一样是必需品。经济学家讲的个人时间（一种有限资源）最优配置就是把时间分为"休闲时间"和"有酬劳动的时间"。这两者的最优配置绝不是前者为零。

休闲有多种方式，你可以旅游，可以打高尔夫球，也可以与朋友品茶聊天，但读书终究是最重要的休闲方式之一。当你沏一杯清茶，读一本你感兴趣的书时，这是何等清闲，又何等幸福。什么是最幸福的人？我认为是一个有钱、有闲、有文化的人。"钱"是赚不完的，只要能保证自己财务自由就可以。"闲"用来读书，就有文化了。读书有助于你的成功，达到"有钱"，又通过读书"休闲"，达到有文化。所以读书是成为最幸福的人的基本条件，许多名人，如克林顿和华罗庚这样的政治家和科学家，其休闲方式都是读书。

当代世界变幻莫测，读书就可以对这个世界更加了解。例如，你读了闻一先生的《乌克兰：硝烟中的雅努斯》（中信出版社）就可以了解俄乌冲突的历史，更深刻地理解当前俄乌冲突的根源。同样，读美国作家劳伦斯·赖特写的获得普利策奖的《末日巨塔：基地组织与"9·11"之路》（上海译文出版社），就可以了解恐怖主义的来源及发展。国际上事件很多，当然全了解不过来。你可以选择自己感兴趣，或者与你的企业有关的大事，找几本书读读。

就是旅游、品酒、品茶、听音乐这些休闲方式，读了书，你也会享受得更好。我去过两次北欧。第一次没读过关于北欧的书，走马观花看了一次，有收获但并不深刻。第二次去之前先读了一本英国记者（夫人为丹麦人）迈克尔·布斯写的《北欧，冰与火之地的寻真之旅》（三联书店），结合书中的介绍再游，对北欧社会主义和北欧的风情有了更深的理解，才有不虚此行的感觉。同样，读一些历史、艺术类的书，你参观博物馆时才会体会出味道。与朋友一起品酒、品茶或喝咖啡时，讲一点儿相关的知识、故事，不是更有趣味吗？

如果不读书，没文化，那么你除了钱和事业一无所有。当朋友说德国音乐家门德尔松时，你说"门松了要赶紧修一修"。朋友说法国印象派画家莫奈，你说"真是没办法"。朋友让你看一幅古画，你说一张又黑又破的纸有什么看头。这还能让朋友尊敬你吗？你在朋友眼里不就成暴发户了？没有文化，没有朋友，你的生活能快乐吗？

读书真的是不可或缺的休闲方式。

六

不少企业家朋友常跟我说，真的想读书，就是实在没时间。我想，这些声称"爱读书，没时间"的朋友，都是叶公好龙。说没时间读书就像上班迟到了，用"堵车"搪塞领导，为自己开脱一样。

繁忙的企业家真没时间读书吗？我的一位学生，也是朋友，担任联通公司副总。有一次一起吃饭，他请我推荐几本好书。我推荐了几本大部头的，他说都读过了。我又推荐一本《基因传》，他说正在读。我十分惊讶地说，你这么忙，还有时间读这么多书？他说，只要你喜欢，时间总是可以挤出来的，我经常出差，等飞机、坐飞机、坐车到宾馆，都是读书的时间，我有一个习惯，每晚睡觉前，无论多忙总要读半个到一个钟头书。日积月累，读的书就多了。像他这样爱读书，又会挤出时间读书的企业家还不少。我在前面也举了不少例子。这说明，无论多忙，读书的时间总是可以挤出来的。

我还有一位学生，有一次她说，十分对不起我，因为把我的书放在卫生间，每次去读一点儿，读了我的几本书。她说，你的书每篇文章2 000字左右，内容又有趣，很适合在卫生间读。这样做，对你太不敬了。我说，无论放在哪里，只要读，就是最大的"敬"。如果你把我的书放在红木书架上，像神一样供起来，动也不动，那才是"大不敬"。这位同学爱读书，连去卫生间的时间都用上了，这才是真正爱读书。

只要你爱读书，就有时间读书，正如你的女朋友约你吃饭，你再忙也不会拒绝。如果你对书像对你所爱的女朋友一样，一日不见如三秋矣，你就有了读书时间。时间像海绵中的水，挤一挤总是有的。

而且，我要强调，上网阅读各种信息，绝不等于读书。即使网上的信息是真实的，它也毕竟是碎片化的知识,完全不等于读书。同样,现在一种时髦的方式是"听书",但"听书"也不等于读书。我的《经济学夜话》(三联书店)已由三联中读做成音频书,但内容与纸书有相当大的差距。音频节目每一段是有时间要求的(不超过10分钟),为此把每篇文章做了压缩。同时为了引起听者的兴趣又加了一些当时的或有趣的事情。听音频节目不能代替读书。现在的人把太多的时间用在浏览网络新闻、刷屏或玩网络游戏上。网络的确给我们提供了方便,但使用过多,没有时间去读书,是有百害而无一利的,减少上网时间就可以读书。

但有另一种读书的好方法,那就是组织读书会,若干爱书的朋友在一起交流自己所读的书。别人介绍自己看过的书,你也可以了解;别人看书的见解,也可以提高你的认识。我研究生毕业后留北京大学任教时,我们教研室就有一个读书会,每周一次,一位老师介绍自己所读的书。有一次,厉以宁老师介绍他读的《剑桥经济史》时讲到,与各国右行不一样,英国是左行。这是因为当时人们外出时手中持剑,为了让别人知道自己无恶意,看见自己的右手,从而就左行了。研究中国经济史的李德彬老师,借"当官不与民做主,不如回家卖红薯"这句话出现在宋代剧中的这一错误,介绍了明代红薯进入中国的历史。那时我家还没搬来,我只能在食堂吃饭。我与许多学生每天中午一起吃饭,互相介绍所读的书，收获颇丰。我就是从学生的介绍中知道了《高山下的花环》这本小说，才去读的。我关于许多书的见解、信息都是从这些正式或非正式的读书交流中获得的。这些都是40多年前的事了。我至今仍怀念那一段师生之间、朋友之间交流读书信息和心得的时光。如今互联网发达了，这种直接而有趣的开心交流却没有了。

只要你爱，总有读书的时间。

七

怎么爱上读书呢？仅看我讲的大道理还不够，要去实践。这种实践就是从你感兴趣的书开始读。

不记得哪国、哪位作家写的一篇短篇小说（我记得是俄国作家契诃夫写的，但查人民文学出版社的《契诃夫小说选》，没找到，只好这样写了）讲了两个富人都不读书的故事。A对B说，读书是最无聊的事，我不信有人能连读一年。B说，我要有时间一定能读下去。A说，我把你关起来，给你送书、送吃的，你能读一年吗？B说，我当然可以。两人打赌，如B读了一年书而不出房间，A赔多少钱；B读不下去，B赔多少钱。于是A把B关在一个房间里，按B的要求送书。从书单看，最早B读的是侦探小说类的书，后来换为文学、历史、政治、社会等类别的书，最后读哲学书。B读书的时间就要到一年了，A不愿意赔这一大笔钱，于是就想把

B杀了。当A进入B的房间时，发现B人去房空，桌上留了一封信，信中写道："这一年的读书生活让我知道了人生应该如何过。人的幸福是自由，而不是钱，我也不要你赔的钱了。我寻找自己自由、快乐的生活去了。"

你可以从多方面去理解这篇小说的含义。但我想让大家明白的一点是，如何开始读书才能坚持下去。那就是从自己感兴趣的书读起，逐步深入。侦探小说几乎人人爱读，所以B从侦探小说开始，随着读书的继续，读的范围越来越广，最后读到最深奥的哲学层次。他读懂了人生。

企业家的读书也要从兴趣出发，不要听别人说某某书如何好，不喜欢也强迫自己读。我一向反对"必读书"的说法。什么"国学必读书""企业家必读书""干部必读书"等都是没用的。你不喜欢能读下去吗？除了应试时要读的指定参考书，其他书都"必"不上。正如小说中的B一样，你从最喜欢的书读起，养成阅读习惯，阅读范围必然会扩大。

有朋友常问我如何读书。我说，不同的人有不同的阅读方法与习惯，没有什么"放之四海而皆准的读书方法"，一些名人介绍的他自己的读书方法，对他有用，但不一定适用于你。每个人都会在阅读中形成自己的方法，不必听别人的。但读书也有一些常识。

读书可分为"泛读"和"精读"。"泛读"是基础。这就是广泛地看，往往"一目十行"。这种阅读是为了了解更多书的内容，以便扩大知识面。"泛读"当然不是"标题党"，只看各章各节题目，而是要全读过，了解一本书的基本内容。"泛读"是读得快、读得广。然后在此基础上选择自己要"精读"的书，或一本书的某一部分。

"精读"当然是认真地看，认真地看不是每个字都不放过，而是在读的同时思考，"边读边想"。读书时最重要的是能"读进去，读出来"。"读进去"就是能读下去、读懂书，"读出来"就是能从书中思考出一些道理，进书山而能带宝出来。读进去了，但沉迷于其中走不出来也不行。"读出来"就是要形成自己的思想观点，而不仅仅是对书中的内容称赞不已。我见过许多读进去而读不出来的人。我大学时的一位老师，极爱读书，而且专心致志。一本帕廷金的《货币、利息与价格》不知读了多少遍，对其中内容几乎要背下来了。其他书也读得甚多，但终生没有一本著作，甚至没有像样的文章。对一位教授来说，这样读书又有什么用？读进去了，面对宝藏称赞不已，但带不出来，有什么用？当然，对企业家来说，读书读出来，不是要写什么书或文章，而是要提高自己的能力，把读书得到的启发运用于企业中，或使自己生活得更好。

我的一位中学历史老师，曾经对我说过一句令我终生难忘的话。他说，读书要先把厚书读薄，然后再把薄书读厚。"厚书读薄"就是读进去了，抓住了这本书的精华。"薄书读厚"就是读出来，有了自己的思想，甚至写出一本更好的书。对企业家来说，"薄书读厚"就是写出一个极为精彩的人生，成为一个"有钱、有闲、有文化"的人。

精读的书可以是自己有兴趣的书，也可以是对自己有用的书。这种"用"可以是对你搞好企业有启示，也可以是让你更明白人生的意义。总之，进入宝库，拿出黄金也好，钻石也好，文物古画也好，只要对你有帮助就行。

当然，读书时与朋友之间的交流也极为重要。我上面讲过的读书会、餐桌上的交流都是。如果条件好了，那么你可以与朋友一起品茶、品酒、谈读书，也可以上网进行更广泛的交流。实物的交换是，你有一个苹果，我有一个苹果，交换后每人还是一个苹果。但读书的交换是，你有一个苹果，我有一个苹果，交换后你我各有两个苹果。如果与更多的人交流，苹果就会更多。

至于读书是否要摘录其中的经典句子，或写读书笔记，这就因人而异了。现在有网络帮助也方便了。不过我觉得，对寸秒寸金的企业家来说，能读书、思考就已经很好了。更多的要求恐怕不够现实。到你退休后也许可以写点儿读书心得之类的文章，还可以在网上发表，启迪其他人。

读书方法因人而异，也许你把自己的读书方法总结出来也可以启发他人呢!

八

企业家读书要解决两个问题,一是为什么要读书,这部分内容可以称为"劝读篇",正是以上的内容。二是读什么书。读书要从兴趣出发,但面对茫茫书海我们往往无从下手。本书的主要内容正是介绍各种书。这并不是"企业家必读书",只是给你提供一个参考的书单,供你从中选书。

我选的书共有60本,范围相当广。我介绍的重点并不是与经济、企业或者房市、股市相关的书,而是范围广泛的书,包括文学、历史、社会学、艺术、文化等。当然也有经济与企业类的书,但数量并不多。我的目的是提高企业家的文化素养,并没有具体的目的。从实用的角度看,这些书中的许多书对企业家是无用的,但都可以拓宽企业家的知识面,提高其文化水平,看似无用,实则有用。

企业家都很忙,自己选书耗时太多,我为你们选书提供一个参考。许多企业家朋友告诉我,书如此多,真不知道读什么书。我告诉他们,雇一个读书秘书,他读了书后把内容告诉你,你在此基础上选书。当然,这是不可能的,我也就是开个玩笑。我在这本书中介绍60本书,实际上就是当你的读书秘书,把每本书的大致内容告诉你,由你选。

为了达到这个目的,我介绍每一本书时包括了有关这本书的背景、作者、基本内容，以及我读后的一些感受。每本书的介绍还包括了"延伸阅读"，即介绍与这本书相关的书，给你更多选择。主体介绍60本书，加上"延伸阅读"，就有200多本书了。当然，"延伸阅读"只写书目和一两句话的介绍，否则这本书就太庞大了。"延伸阅读"也并没有标出，或者另外专门介绍，只是在介绍一本书时穿插其中。每篇文章长短不同，原则是有话则长，无话则短，并没有固定的模式。我不喜欢一本正经地写书或讲课，写法较为自由。目的是既有内容，同时又不让大家读得太累。读书是一件快乐的事，何必搞得人读得太累，望书而畏呢？

我写过《小民读书》(福建人民出版社)、《我读》(社会科学文献出版社)、《想读》(上海书店出版社)、《随书而飞》(北京大学出版社)、《无用才读书》(北京大学出版社)、《读经济学书》(东方出版中心)、《书海拾贝》(东方出版中心)、《书山寻宝》(中国友谊出版公司)、《书中自有经济学》(三联书店)等谈读书、介绍书的书。其他文集中也有介绍与评论书的文章。这些书中介绍过的书，我在这本书中一本也没有介绍。换言之，这本书中介绍的书都是我以前没有评论或介绍过的，不是炒冷饭，而是做新饭。

不过在以上我写过的这些书中所介绍的书中，有些书还是值得企业家关注的，我会尽量加在"延伸阅读"部分,让大家不看我写过的这些书,也知道值得读的书的名字。范围更广,更有利于选择。

我选书的标准,一是有意义,读了会扩大知识面,并有一定启发。二是较为重要或相当畅销。当然也并不全是畅销的书。畅销的或流行的并不一定好,正如流行性感冒并不好一样。我选的,无论畅销与否,都是我认为好的。三是读来有趣。一本书再好,如果引不起人们阅读的兴趣,让人读不下去,我也不介绍。太无趣的人,再崇高、伟大,也让人难以接近。书也一样。一本书读着乏味,成了催眠剂,我又不是治失眠的医生,推荐它干什么?此外,再强调一点,我选书时相当看重作者的名气和出版社的影响力,总选一个写这类书的作者中最优秀的作者写的书。他们也许在公众中知名度并不高,但在某一方面的研究相当有深度,且可以通俗地表达出来,又不失风趣与幽默。出版社也很重要,好的出版社才能出好书。我过去和这次都介绍了不少中信出版社、三联书店的书,因为它们的书出得精。这是我长期阅读的经验。

在选什么书时,我也颇费心机,一次又一次列出书,又删又改。在写作过程中,我也不断调整。这些书我都读了不止一次,写书时又最少读了两次,好在我年逾八十,有的是时间。我希望选出的书尽量让大家喜欢,愿意去读。当然,是否达到了目的,还要企业家朋友和其他读者朋友说了算。我也希望大家批评指正，以后写得更好，选的书更精。

这些内容不仅针对企业家，也适用于其他所有人。

导言太长了，让我们开始正文吧！

第一部分

第一重境界

问道求真,豁然开朗

秀才不出门，便知天下事。这就在于他读书广而杂。只吃一种食物，营养不会平衡；只读一种书，知识也会失衡。走进书海，我们才能广知天下事，博采众长，具有创新思维，实践创新。在书海中，问道求真，自然会豁然开朗。这是读书的第一重境界。

谈天说地

对知识的追求从广而杂开始。上知天文，下知地理，人生才能摆脱无知的愚昧，认识这个复杂而又有趣的世界，也才能找到自己在世界中的位置，走向辉煌的人生。

推动文明进程的动力
《文明》

有些经常挂在嘴边的词，要下一个准确的定义还真不容易，比如文明。我们说到古希腊文化，称之为"古希腊文明"；说到有些部族尚未走出原始状态，称之为"野蛮民族"，对应地，我们就可以自称"文明民族"；对缺乏教养、举止粗鲁的行为，称之为不文明；等等。如何定义文明？《现代汉语词典》给出了3个定义，一是等同于文化；二是社会发展到较高阶段和具有较高文化的；三是指有西方现代色彩的（风俗、习惯、事物）。这3个定义的核心都在于文化，而第二个定义更为准确。过去BBC（英国广播公司）拍了一部题为《文明》的电视系列片，就明确指出"文明"是指"西方文明"。这就让人无法接受，难道西方之前的埃及、中国、印度等社会都是"野蛮社会"吗？别忘了，连汤因比这样的大师都称这些社会为一种文明呢！"较高阶段和较高文化"，"较"字仅仅是"比较"，与同时代其他社会比。从动态的角度看,"较高"永远无止境,是一个不断进步的过程。而且,同一时代的不同文明,恐怕也难分出高低,每种文明都有自己的特点而已。

"文明"这个词的英文是civilization,来自法文。最早是法国重农学派经济学家杜尔哥使用的。4年后,"法国大革命之父"米拉波侯爵正式在出版物中使用。*Random House Webster's College Dictionary* 中 civilization 的解释有6条:(1)人类社会的高级状态,在这种状态中,文化、科学及政府达到高水平;(2)达到这种状态的人民或民族;(3)某个地方、时间或群体的文化、社会等的任何一种类型;(4)正在文明化或已经文明化的行为或过程;(5)文化和教育的精英;(6)城市或人口居住的地区。这些解释要准确得多。汤因比讲的26种文明正是第三个定义。我介绍的英国学者尼尔·弗格森的书《文明》(中信出版社,2012年)讲的正是第四个定义,强调了文明是一个不断演化的进程,书中分析的正是推动这种文明进程的6种动力。

在序言中,作者探讨了文明的各种含义。他给文明下的定义是"文明是人类作为一个群体,在应对获取食宿、抵御外敌时所做出的行为反应,但它也包含了文化习俗的特征,该文化特征常常但不一定表现为宗教形式,常常但又并不一定为共同语言"。各个学者所指的文明也并不完全相同。而且"真正的文明似乎可以长时期保持自我的本色"。正如布罗代尔所说,"一种文明……可以历经经济或社会的频繁变化而持久不衰"。其实文明并没有最高,都是不断进化的,只有进化,吸收其他文明,才能永远保持基本精神。那些不变的文明,如埃及文明、拜占庭文明、中美洲文明和安第斯文明等,不就消失了吗?这本书所要讲的正是文明形式与进化的动力。

第一种动力是"竞争"(第一章)。作者通过对比中国与西方，说明竞争如何推动文明的进化。中国的文明程度在明中期以前一直远远领先于西方，我们从长江和泰晤士河沿岸的对比可以看出这一点。但由于大一统明清的停滞，中国在大分流之后落后了。其原因在于缺乏竞争。明代郑和航海的目的只是炫耀国威而非到海外竞争。但达伽马航海的目的则是香料竞争，即从威尼斯人手中夺取香料贸易垄断权。所以"真正开始使西方超越东方的一个优势肯定是推动探索时代来临的激烈竞争。对欧洲人而言，远航绕过非洲，并不是为国内自大的统治者寻求象征性的贡品，而是为了超越其竞争对手——不论在经济上还是在政治领域"。此外，欧洲不是一个统一的国家，而被分为数百个彼此竞争的公国。这就产生了连绵不断的战争。战争固然是灾难，但这种军事上的竞争带来了3个好处。一是战争推动了军事技术的革新。当然这也是科学与技术的进步。二是竞争的公国在增加收入以维持其战争开支方面做得更好了。这不仅提高了国家管理的水平，而且创造了股份公司，以及金融制度。三是战争结果是两败俱伤，因此欧洲的君主没有一个实力大到可以禁止海外探索。欧洲君主都在鼓励商贸、征服和殖民活动，这成了他们之间相互竞争的一部分。"正是因为欧洲人自我的分裂，所以欧洲人便能统治世界。"所以，竞争促进了技术进步，鼓励创新，欧洲才有今天，而中国的中庸之道，没有竞争，就落后了。

第二种动力是"科学"(第二章)。作者通过对比伊斯兰世界与西方，说明科学的重要性。这种差别是深奥的新知识被系统研习和应用导致的。奥斯曼帝国衰落体现在军事上，而且没有建构在将科技应用于战争、将理性赋予政府基础之上的军事优势。西方的科学革命和启蒙运动始于政教分离。印刷术的发明不仅推动了马丁·路德的宗教改革，而且传播了知识。胡克《显微术》的出版使人们重新认识自然和社会。传统的认知和理念被推翻了。这场科学革命也是一场哲学革命，正是这一系列的知识创新催生了现代解剖学、天文学和物理学。这种科学知识借助于印刷术迅速传播。英国进行实验并耐心观察的文化使科技进步在这里出现。没有这种进步，就没有工业革命。当奥斯曼帝国仍与苏莱曼大帝叱咤风云的时代一样时，普鲁士在腓特烈大帝倡导下经历了一场文化上的大繁荣，新兴的阅读社团、研讨组织、书店、期刊和科学社团相继涌现。这里说的科学还包括启蒙运动。它以理性来对抗宗教信仰或形而上学的迷信。腓特烈大帝不仅给知识分子提供摆脱宗教和其他桎梏限制的自由，还给他们以实际支持。他对武器的重视正说明科学知识已运用于军事，其间有竞争、创新和发展。但在伊斯兰世界的土耳其，变革的努力遭到来自政治反对派的阻力。

第三种动力是"财产权"（第三章）。作者通过南北美洲发展的差异，说明产权的重要性。他指出，使英系美洲（北美）和伊比利亚美洲（拉丁美洲）产生巨大不同的，是理念的不同。这种理念的根基是法治，更准确地说，是通过代议制立宪政府确保个人自由神圣不可侵犯，保护私有财产的安全。西班牙占领的地方，一切归国王，北美则是自由的土地。英国1688年光荣革命后的《权利宣言》就确立了对私人财产权的保护；约翰·洛克的《政府论》也指出，人归于共和国的最大、最重要的目的在于保护其财产权。到北美的英国移民遵循了这个原则。美国建国时的争论"关键全都围绕财产权"。在南美，革命者玻利瓦尔建立的大哥伦比亚并没有统一南美。这是因为南美人民没有民主决策的经验，玻利瓦尔的理想是专制而非民主；南美存在财产分配不平等，以及严重的种族差异与分裂。非洲奴隶进入南北美后命运不同也在于财产权，南美奴隶命运悲惨，而北美奴隶作为主人的财产得到保护。后来美国又废除了奴隶制。财产权的有无决定了南北美的命运。

第四种动力是"医药"（第四章）。作者从欧洲对非洲的殖民化讲起。他认为殖民化并不是非洲落后的原因，因为许多国家独立后还不如以前。西方殖民化对非洲的一个积极作用是医药。医药引起的"健康转变"出现在1770—1890年，最早始于丹麦。这种转变也惠及殖民地，帮人们消灭了许多疾病。非洲殖民者面对疾病的威胁，所以，非洲成为试验场，实践现代医药延长人类寿命的力量。帝国激励了欧洲一代医药创新者，他们寻找各种疾病的病原，并研发出治疗或预防疾病的医药。交通的发达传播了医学知识，也使巫医被禁止。法国和德国在非洲的殖民化给当地人带来灾难，但也是人类科学，包括医药学的推进器。帝国有好坏之分，在一些地区也带来了更好的医药，降低了婴儿死亡率。医药科学是对付疾病的普世救星，但也被种族偏见和伪科学的优生论滥用。

第五种动力是"消费"（第五章）。消费是生产的目的，也是文明的推动力。"如果没有以对廉价服装弹性需求趋于无限大为特征的动态消费社会的同步发展，'工业革命'就不会在英国发端，更不会蔓延至西方世界的其他地区。工业化的魅力之处就在于，它使工人同时具有了消费者的身份。"增加生产重要，但同样重要的是快速发展和拓展的消费社会。20世纪的全球化和人们的跨国流动使有鲜明西方特色的着装样式以非凡的速度风靡了世界各地。日本对西化服装的接受推动了日本纺织业的发展。美国"大萧条"之后各种消费品的发展也使新型的企业管理理念不断发展与传播。斯大林和希特勒的极权主义并没有带来生活水平的显著提高。而第二次世界大战

（以下简称二战）后美国的消费社会成了一种大众现象。亚洲经济受"亚洲四小龙"的市场经济和开放之路的影响，消费主义与个人主义相融合。牛仔裤产生并扩展到全球，"铁幕"被打破，苏联体系结束。"西方文明所有的伟大成就——资本主义、科学、法治与民主——均可归结为购物这一点。"可见消费对文明进化之重要性。

第六种动力是"工作"（第六章）。对工作的态度至关重要。这就是德国社会学家马克斯·韦伯在《新教伦理与资本主义精神》中所论述的。新教认为勤劳和节俭是体现努力与虔诚的新的形式。韦伯口中那些不知疲倦的劳工是最能肯定的上帝选民中一分子的标志。正是这种精神使现代资本主义应运而生。这种资本主义是"合理组织自由劳动力的、冷静的、资产阶级的资本主义"。无论如何看待韦伯的观点，新教国家比天主教国家发达是一个事实。"新教不仅让西方人学会了工作，也学会了节俭与识字。工业革命实际上是技术革新与消费的产物，但是它需要人们进行强度更大、时间更久的工作，同时也需要人们存款和投资来积累资金。最重要的是，它离不开人力资本的积累。新教带来的人们文化水平的提高对以上这些条件都是至关重要的。"与美国人相比，欧洲人的工作态度和对宗教的虔诚度都比美国人差，这与美欧的经济差异一致。美国也出现了享乐主义。节俭和勤劳的工作态度正风行于中国。这是中国经济起飞的原因之一。西方文明的衰落与瓦解不可避免。

最后的结论"对手"是全书总结。"文明是一个复合体系，它是由众多交互因子组成的非对称的机体。"对文明的解释甚多。但"文明从定义上讲是一个高度复合体（无论在形式上它设有怎样的中央权威机构），在本质上，它都是一个由经济、社会、政治构成的动态的、可进行自我调节应变的关系网。因此无论何种式样的文明，都会表现出自然界复合体的许多特征，包括容易发生时局突变，平稳可能骤变为动荡"。作者用中国的崛起和带来的不确定性说明了这一点。对西方文明，他认为"今天威胁西方文明的不是其他文明，而是我们自身的怯懦，是滋生着这种怯懦的对历史的无知"。

尼尔·弗格森是哈佛大学教授，牛津大学耶稣学院和斯坦福大学胡佛研究所高级研究员。他横跨学术、金融和媒体三界，所写作品内容丰富，见解独到，极为有趣。他的作品还有《帝国》《虚拟的历史》《顶级金融家》《纸与铁》《金钱关系》《战争的悲悯》《巨人》《货币崛起》，以及《罗斯柴尔德家族》（三卷），都由中信出版社出版。

关于人类文明，书太多了。我再推荐两本颇值得一读的。美国学者林肯·佩恩的《海洋与文明》（天津人民出版社，2017年），通过海洋讲人类文明演进与全球化。英国学者菲利普·费尔南多-阿梅斯托的《文明：文化、野心，以及人与自然的伟大博弈》（中信出版社，2020年），讲人与自然的关系，这也是文明的重要内容。

追寻亚力之问

《枪炮、病菌与钢铁》

1964年，美国生理学家贾雷德·戴蒙德到新几内亚岛旅行时注意到那里与欧洲的巨大差别，之后又去过31次，观察和研究鸟类。1972年，在新几内亚岛上，当地大名鼎鼎的政治人物亚力问了他一个问题："为什么是白人制造出这么多货物，再运来这里？为什么我们非洲裔美国人没搞出过什么名堂？"

面对各个社会的巨大差距，这样的"亚力之问"已不是第一次了。比如韦伯之问，即为什么中国、印度这样的东方社会没能在政治、经济、科学乃至艺术上走出独立于西方的理性化道路？再如孔飞力之问，即中国为什么没有发展出近代国家？或者李约瑟之问，即中国近代科学为什么落后了？这些不同的"问"都是在追究各个社会巨大差别背后的深层次原因。

这个问题让戴蒙德思考了25年。他于1997年出版了《枪炮、病菌与钢铁》（这本书在国内有两个译本。最早是上海译文出版社2000年出版的谢延光的译本。另一本是中信出版社2022年出版的王道还、廖月娟译的新译本。这个新译本根据2017年的新版本翻译，译文也更准确、更通畅，而且加了一个作者写的"致我的中国读者"。我读过旧译本，但这次写介绍又读了新译本，而且据此写作）。

有些读者读书时不重视"序言"或"专家推荐"之类的文字，只一心读正文。其实这类文字往往是给一本书画龙点睛，对阅读与理解全书极为重要。我们先读这些文字，就可以读得更好。《枪炮、病菌与钢铁》有37.2万字，内容极为丰富，范围也相当广泛，颇有天马行空之势。一般读者读来会被书中广博的知识吸引，但不易抓住中心思想。因此，我建议先读"致我的中国读者"。这是作者专门为中国读者写的，介绍了他的生平、经历以及他的8本著作，这对了解他的思想发展和理解这本书极有帮助。再读前言《为什么说世界历史就像洋葱一样？》，这里主要批判传统世界史的写法。这种写法只关心欧亚，忽略了其他地方，只写有文字以来的历史，这就导致只展示了造成历史的近因，而没展示终极原因。这本书则是"概述过去1.3万年来的人类史"，重点在于"探寻终极的原因，并尽可能向前回溯历史的因果链"。此后的"开场白"和最后的"收场白"是最值得重视的。"开场白"介绍这本书的来源，"与亚力一席话后的这些年来，我一直在研究人类演化、历史与语言的其他面向。经过25年，我写下了本书，正是为了回答亚力的问题"。纵观历史，"各大洲迥异的发展速度构成了人类历史最普遍的模式，而这也是本书的主题"。在探讨这一问题时，作者坚决反对"种族论"，即认为西方人智商高，则有了西方文明，其他种族是"劣等民族"，智商低，社会也落后。作者认为，"现代那些仍在'石器时代'生活的族群，智力非但不比工业社会里的人逊色，或许反倒更胜一筹"。就作者在新几内亚的观察而言，"新几内亚人先天上或许要比西方人强"，"因此，亚力的问题，答案不在新几内亚人的智力不如人"。其他的解释，或者不正确，或者不是终极原因。用一句话来概括，这本书的中心是"各族群的历史循着不同的轨迹开展，那是环境而非生物差异造成的"。这正是这本书的中心思想。"开场白"中还对这本书的四个部分和其中每章的内容做了极为概括的介绍，可以作为阅读时的指导。所以，我这篇文章不再分部分、分章介绍书的内容。

"收场白"是全书的总结，但可以先看。读侦探、推理之类的小说时千万不能先看结尾。这样先知道结果，找到了凶手，整本书就少了推理的乐趣。正如看足球比赛录像不能先知道结果一样。但读这本书可以先看总结。这样掌握了这本书的中心思想，再阅读丰富的内容就不会迷茫了，理解会更好，也会读得更快。这篇文章正是根据"收场白"来概述这本精彩的书。

作者对亚力之问的最终回答为："各大洲上的族群，有截然不同的大历史，原因不在人，而在环境。"

各大洲的环境有许多不同的特征，每个特征都能影响人类历史的发展，但其中最重要的有四组。

一是环境差异，这就是指各大洲上可供驯化的动植物资源不同。食物生产对人类最重要。食物是生存的必要条件，而且食物的盈余是文明发展的基础。有了盈余的食物才可以供养各种不事生产的人，如神父、国王、军人、文人、各类专家。这才有了宗教、国家、战争与文化。在技术与政治优势出现之前，充足的食物才能养活更多的人，形成城市，也可以转化为军事优势。人类社会从小酋邦的雏形发展成经济复杂、社会分化、政治权力集中的社会，每个阶段都以食物为基础。即使在经济十分发达的社会，食物生产也是社会稳定的基础。这就是我们常说的"无农不稳"。

大多数野生动植物物种并不适合人类种植和养殖。食物生产业靠的就是少得可怜的那几种农作物和家畜。各洲可供驯化的野生动植物种类数量差别极大。各洲面积不同，许多哺乳动物又在更新世晚期灭绝。欧亚大陆得天独厚，可驯化的动植物种类多，非洲次之，美洲就差多了，而澳大利亚简直是不毛之地。

二是影响传播与迁徙速度的条件。实际上动植物的驯化只是在少数占了地理优势的区域完成的，如中东的新月沃地、中国、中美洲等。其他地方则是靠这些成功驯化的动植物的传播和迁徙。但各大洲在这方面差异极大。在欧亚大陆上，传播和迁徙的速度最快，因为欧亚大陆轴线是东西向的，而且生态与地理障碍比较少。这对家畜与农作物传播极为重要。动植物的发育、生长都受气候影响，气候又受纬度影响。在同纬度、湿度相近的地方，已驯化的动植物才能存活与发展。同样的道理也适用于技术发明的传播，因为同样的技术只适用于条件相似的地方。非洲和美洲都是南北走向的，气候差别甚大，传播就慢得多。

三是影响各大洲之间传播的因素。各大洲能否获得其他洲的驯化动植物，取决于各大洲之间的沟通难易程度。过去 6 000 年中，从欧亚大陆到撒哈拉以南非洲的传播是最容易的，非洲大部分家畜就来自欧亚，而非自己驯化。但东西半球之间的传播在哥伦布之前是不可能的。欧亚大陆和美洲大陆被海洋隔开，在海上运输落后的时代，驯化动植物的交流是不可能的。东西半球的驯化动植物种类大交流是在 15 世纪末哥伦布航海之后才有的。这时两大洲的差距已经形成。

四是各大洲面积和人口总量上的差距。面积越大，人口越多，生存与发展的压力越大，发明家越多，从而有更多发明与创新。相互竞争的社会越多，社会进步越快。众多的人口形成大城市，大城市是各个社会政治和文化的中心，也是经济和商业的中心。这一切都代表社会文明程度的发达。甚至更多的人在一起引起传染病流行。传染病固然会带来损失，但存活下来的人有了抵抗力，才有利于抵抗以后的传染病。欧洲天花流行，使欧洲人有了免疫力，这才使天花对进入美洲的欧洲人几乎没有影响，却杀死了当地95%的原住民。

在戴蒙德看来，环境是决定性的，但也并非可以解释一切。他认为，从以上四项条件看，最适合文明发展的是中东新月沃地（书中译为"肥沃新月地带"，"新月沃地"是更为一般的译法）。这里是两河流域及周边，古称"美索不达米亚"，即今天土耳其南部、叙利亚、伊拉克一带。这里的确是人类文明发达得最早的地区。"驯化动植物、文字、冶金、轮子、国家等，都是在中东肥沃新月地带一带发明的。"另一个则是中国。但之后这两个地区都落后了。戴蒙德对中东落后的解释是战争征服，即在亚历山大东征和罗马帝国的征服之后，权力中心一再西移，中东就衰落了。中国曾是"世界的技术领袖"。戴蒙德用政治制度来解释中国的落后，即欧洲的分裂促进了竞争，而中国的大一统扼杀了竞争与创新。不过这种解释难以使人信服。中国如今已经十分繁荣、富强，但不也仍然是大一统吗？而且，统一正是中国繁荣富强的基础。

戴蒙德贯穿于这本书中的观点是"地理环境决定论"。这种理论最初由德国地理学家拉采尔在19世纪末发表的《人类地理学》中指出。这种理论认为，人是地理环境的产物，其活动和发展要受到地理环境的支配。位置、空间和界限是支配人类分布和迁移的3个主要地理因素。法国年鉴派史学家布罗代尔也是地理环境决定论者。他提出了"多维历史时段理论"。长时段即地理时间。这是一种缓慢流逝的时间，用来考察人类历史变迁的长期趋势。与其紧密关联的是结构，包括地理结构、生态结构、文化结构等。中时段即社会时间，指的是人口增减、工资变化、利率波动、价格涨跌、制度变迁等周期性现象。短时段即事件时间，即各种突发事件。布罗代尔认为，短时段是最任性和最具欺骗性的时间。长时段，特别是地理因素，对历史的影响最为深远。布罗代尔不像传统史学家那样关注热闹的人物与事件，而是特别看重地理环境对人文和制度的影响。历史上的地理环境决定论者还有很多，如俄国早期马克思主义者普列汉诺夫。戴蒙德这本书就是地理环境决定论的现代版。

不能完全否定"地理环境决定论"。地理环境的确对人类社会的发展有极大的影响。在人类社会的早期，这种影响甚至是决定性的。但地理环境绝不是唯一因素。许多学者都反对"唯一因素"论，即用一种因素来解释历史。社会发展是多种因素作用的共同结果，即"多重因素"论。各种因素在不同时期有不同的作用，某个时期某种因素会更重要一些。尤其是制度与文化，其随着社会的发展越来越重要。只有既不完全否认地理环境决定论，又不完全相信地理环境决定论，才能理解这本书的意义。

戴蒙德是生理学教授，但对人类演变研究之广、之深，令人敬佩。《枪炮、病菌与钢铁》在1998年就获得普利策奖，以后又获得英国科普书奖。戴蒙德的著作有8种，他已做了介绍，我就不用引入"延伸阅读"了。他的书我极喜欢，有中文版的都读过。我在《书海拾贝》中介绍过《崩溃：社会如何选择成败兴亡》，在《书山寻宝》中介绍过《剧变：人类社会与国家危机的转折点》。这两篇介绍文章都有 7 000 字左右，大家有兴趣可以参看。

但也不能绝对相信大师，他们并不是"一张嘴就是一个真理豆"。戴蒙德在"致我的中国读者"中关于中国人起源的看法就不对。他说"大多数中国人的祖先包括早在 50 万年前就生活在中国的早期人类"。这就是指现代中国人是从北京猿人来的。这是过去的观点。现代科学已证明，北京猿人是直立人，早已灭绝了，现代中国人与北京猿人无关。现代中国人也源于非洲的智人，在五六万年前沿东南沿海进入中国。姜鹏、李静主编的《五万年中国简史》（文汇出版社，2020 年）已讲清了这一点。他以前提到的对中国统一与分裂的看法也不正确。此外在第一章中，对人类起源的论述也有许多不准确之处。澄清又要一篇文章，这里不展开了。对人类演化有兴趣的朋友可以读罗宾·邓巴的《人类的演化》（上海文艺出版社，2016 年），以及河森堡写的更通俗一点儿的《进击的智人》（中信出版社，2018 年），我在《书山寻宝》中有介绍。

对任何书都不能要求十全十美。读一本有微瑕的书，与交一个有缺点的朋友一样，都是无比快乐的事。

走进哲学的圣殿
《西方的智慧》

记得 20 世纪 60 年代时有一场"全民学哲学"的运动。口号是"把哲学从哲学家的书斋中解放出来,变为人民手中的工具"。当年的全民"学哲学、用哲学"声势浩大、深入人心。报刊上发表的工农兵"学哲学、用哲学"的文章连篇累牍。在我的印象中,其中也不乏写得相当好的文章。当然有没有哲学味就不记得了。

这种声势浩大的群众运动有没有真正起到推动百姓学哲学的作用,今天已无法评说了。但让普通人也学点儿哲学是个好主意。当年学哲学当然是学马克思主义哲学,以毛主席的《实践论》和《矛盾论》为基本。马克思主义是我国的主流意识形态,让每一个人都懂一点儿马克思主义哲学是正确的。但我们应该知道,马克思主义哲学既来自无产阶级革命的实践,也来自西方悠久的哲学传统。辩证法正来自黑格尔。因此,要掌握马克思主义哲学还要学一点儿西方哲学。当年毛主席也重视对西方哲学的研究。在我就读的北京大学，哲学系成立了"外国哲学研究所"，也给本科生开了几门外国哲学的课。商务印书馆也出版了许多外国哲学名著。如今那个革命的年代过去了，但我们还是要坐下来读一点儿西方哲学的著作。

不过就我的读书经历而言，西方哲学的名著太难读，黑格尔的《小逻辑》我在"文革"时读过，但当时就没读懂，现在已不敢碰了，更别说维特根斯坦、萨特这些现代哲学家的书了。但了解西方哲学，有一条捷径，那就是找一本通俗又经典的书。这本书就是英国哲学家伯特兰·罗素的《西方的智慧》（电子工业出版社，2013年）。这本书国内译本极多，我用这本并不是因为它译得好，而是碰巧我读的是这一本。《西方的智慧》实际上是罗素另一本名著《西方哲学史：及其与从古代到现代的政治、社会情况的联系》（简称《西方哲学史》，上下卷，商务印书馆，上卷1963年，下卷1976年）的缩写版。《西方哲学史》内容丰富，篇幅也大，上下卷近80万字。正因为不适于一般读者读，罗素才写了这个缩写版。当然，这两本书不仅在篇幅上有差异，还有其他许多差别，所以，罗素说《西方的智慧》是"一本全新的书"。但这本书更适于作为我们这样的人进入哲学这座宏伟神殿的入门。当然，有兴趣的读者读过这本入门的，还可以再读《西方哲学史》。

在序中，作者指出，这本书是"一部从泰勒斯到维特根斯坦的故事概述"。他强调"西方的哲学就是希腊哲学，任何试图割断我们与往昔的这些伟大的思想家之间的血脉的思考都是不明智的"。他的写法是"夹叙夹议式的"。这本书共分11章。第一章《开篇》是对什么是哲学的说明。第二至四章介绍古希腊哲学。第五、六章介绍中世纪哲学。第七至十章是现代哲学。第十一章是当代哲学。最后有一个结束语。

第一章很短,但十分重要,它回答了"什么是哲学"这个问题。我们的许多知识,"有着明确定义的知识都属于某种具体的学科",但"所有这些知识又全都被未知的领域包围着",如果你进入未知的领域,就从科学转向了沉思。"这种沉思活动是一种探索,其中就包含了'哲学是什么'这个问题。"所以"科学的各个领域无不发端于哲学探索"。"哲学本身既不打算为我们解除烦恼,也不是为了拯救我们的灵魂。"换句话说,哲学没有实用的目的,只是出于自身原因而进行的探险旅行。哲学原则上并不存在教条。我们不能像定义具体的科学一样定义哲学。"唯一的途径就是去研究哲学。而本书的主要目的也就是揭示以前的人们是怎样研究哲学的。"哲学探讨的问题包括:"生活的意义是什么,如果真有的话;世界的存在是否有一个目的;历史究竟要往哪里发展;或者,以上问题是否毫无意义?""自然界是否真的被规律支配着?还是因为我们愿意看到万物有一定的秩序,而认为本应如此?""世界是否被分割成精神和物质这两个不同的部分?如果是,它们又是怎样发生联系的?""关于人类,我们又该做何评价呢?",同时还有"善与恶的伦理问题""是否存在着一种我们可以称之为'智慧'的东西?或者是否所谓的智慧只是虚妄和疯狂而已?"对于这些问题,"哲学史提供了尽可能详尽的答案"。学习哲学史就是要"了解过去时代的人们是怎么思考这些问题的"。

西方哲学和科学的来源是古希腊。先看苏格拉底之前。哲学和科学开始于公元前6世纪米利都的泰勒斯。古希腊哲学的主导概念是"逻各斯",它有"言辞"和"量度"的意思。哲学讨论与科学探索密不可分,这种联系下的伦理学发现了知识中的善。古希腊哲学受二元论影响，讨论真与假、善与恶、和谐与冲突，以及现象与本质、精神与物质、自由与宿命，还有宇宙论的问题，即是一还是多，单纯还是复杂，混乱与秩序，无限与有限。米利都的哲学家提出万物由什么构成的问题。泰勒斯认为"万物皆由水构成"。泰勒斯之后是阿那克西曼德。他认为，构成万物的基本要素不可能以事物本身的某种形式出现，应该是一种与所有这些形式都不同的东西，他称之为"无际"，即可以全方位扩展的无限物质。第三位是阿那克西米尼。他从具体的物质"气"中发现存在一种基本物质。物质的各种形式都通过聚散从"气"里产生。"气"构成了灵魂。他们与任何宗教活动无关，这是苏格拉底之前哲学家的特点。萨摩斯人毕达哥拉斯把哲学变成对世界的孤立的思索，产生了一种科学传统。他的"万物皆数"与音乐发现有关。爱菲斯的赫拉克利特从毕达哥拉斯的和谐概念出发，认为真实世界在平衡调节中包括了对立的倾向。根据不同的量度，在对立双方的冲突的背后，世界存在一种潜在的和谐。巴门尼德是个批判者，他创立了爱利亚学派。恩培多克勒发展了爱利亚学派。第一位到雅典生活的哲学家是阿那克萨哥拉，他关注科学和宇宙论。芝诺的辩证法主要是破坏性地攻击毕达哥拉斯的观点，为苏格拉底的辩证法和假说方法奠定了基础。米利都学派的留基伯提出了原子论。德谟克里特发展了原子论。

希腊哲学史上3位最伟大的人物都与雅典相关。苏格拉底和柏拉图出生于雅典，亚里士多德在雅典学习、讲学。苏格拉底通过讨论来澄清伦理学问题。这种以问答的方式来发现事物的方法被称为辩证法。柏拉图和亚里士多德是苏格拉底前各学派的继承者和系统的整理者。他们还发展了这些思想。他们对人类想象力的影响巨大。他们对哲学做出了更多实质性贡献。柏拉图在哲学上的影响比任何其他人都大。研究柏拉图时要牢记数学所起的中心作用。他最重要的著作是《理想国》。亚里士多德是第一个批判柏拉图的人，但并非全有理有据。亚里士多德还是一位生物学家。他在"形而上学"名下试图以自己的新理论取代苏格拉底的理念论。他认为，形式比物质更重要。他的逻辑学的三段论法被认为是唯一的论证类型，但他自己批评了三段论法。他把语言研究作为哲学的重要任务。他的伦理学的基础是灵魂理论。他涉及的领域极为广泛。公元前4世纪末，数学活动的中心在亚历山大。做出重要贡献的有欧几里得、尤多克苏斯、阿基米德、阿波罗尼。希腊人对天文学、美学等都有贡献。

在希腊化时代，希腊的科学、哲学，最早则是它的艺术，影响了古老的东方文明，文化领域出现了日益明显的专业化。但希腊文化已从巅峰降到平原，出现了第奥根尼的"犬儒主义"，把脱离世俗财富而追求德行作为唯一有价值的善。皮浪、狄蒙形成怀疑主义。伊壁鸠鲁的学说的主要目标是获得某种不受干扰的安宁状态。他认为快乐就是最大的善。斯多葛主义是希腊化时代最有影响的哲学运动，持续了近5个世纪。这是一种伦理理论，认为德行内在的善比别的东西更重要。古罗马文化是古希腊派生出来的，有新柏拉图学派，该学派最杰出的哲学家是普罗提诺。

中世纪哲学要追溯到早期基督教。天主教哲学的第一次成就靠受柏拉图影响的圣·奥古斯丁的努力，在圣·托马斯·阿奎那时达到巅峰。托马斯·阿奎那受亚里士多德的影响，把教会建立在亚里士多德理论的基础上。哲学与教会联系极为紧密。基督教本是犹太教的一个分支。犹太教中持不同意见的派别形成早期基督教。《圣经》的形成可以追溯到斯多葛学派、柏拉图乃至赫拉克利特。这种神学传统在欧利根的著作中首次得到系统阐释。在加强教会势力的3位重要教士中，奥古斯丁是唯一的哲学家，他的《忏悔录》描写了他与罪孽的斗争。罗马的鲍依修斯是杰出的思想家。在《哲学的慰藉》中，他坚持柏拉图式的立场。7世纪后欧洲进入"黑暗时代"，但古典传统在某种程度上仍然存在。教会与哲学紧密结合在一起。9世纪的爱尔兰哲学家约翰·司各特·厄里根是新柏拉图主义者，在神学上是泛神论者。从经院哲学术语的角度看，他是实在论者。他的主要哲学著作是《论自然的划分》。波斯最伟大的哲学家之一是阿维森纳，他关心的共相问题成为经院哲学的中心问题。西班牙一位杰出的哲学家是阿威罗伊。经院哲学以"结论先于事件"区别于古典哲学。经院哲学从法兰西教士罗瑟林算起。阿伯拉尔是一位更重要的思想家。13世纪经院哲学运动达到顶峰。托马斯·阿奎那试图在亚里士多德基础上建立天主教教义，他最重要的著作是《异教徒驳议辑要》。经院派哲学家们在试图尽量合理地解释宗教教义时，常常显示出过人的独创性和巧妙思维。

之后文艺复兴开始，进入近代哲学了。改变哲学的是文艺复兴、人文主义运动、宗教改革，以及经验研究，即科学的进步。弗兰西斯·培根提出了新的工具论，其主要思想体现在他的《学术的进展》和《新工具论》中。在哲学上对英国经验主义更有影响的是托马斯·霍布斯，他的重要著作是《利维坦》。笛卡儿把对数学和方法的关注结合成全新的哲学体系，被称为"近代哲学之父"。他的主要著作是《方法论》。斯宾诺莎最杰出的著作是《伦理学》。他用同一标准的决定论解释宇宙万物，这对科学有重大意义。斯宾诺莎坚持一元论，而莱布尼茨认为实体的数量无穷多。意大利哲学家加姆巴蒂斯塔·维科批判了理性主义思维方式，他的主要著作是《新科学》。

近代哲学中影响甚大的是英国经验主义。它展示了理性主义思维，代表人物是洛克、贝克莱和休谟。洛克的哲学著作是《人类理智论》，探讨了心灵的局限性和我们所能进行的探索的局限性。乔治·贝克莱哲学的基本观点是被感知的东西等同于存在物。他的著作有《视觉新论》《人类知识原理》《海拉与菲伦诺对话录》。大卫·休谟的名著是《人性论》。他认为，人的科学支配了一切探索。他不仅是打基础，还要建立人的科学。

18世纪，先在法国后在德国的启蒙运动并非与哲学思想的某个特殊派别有关。启蒙运动与科学知识的传播密切相关。启蒙运动主要是重新评估了独立的思考。其目的是传播光明，消除过去普遍的黑暗。启蒙运动与浪漫主义相关，浪漫主义反对理性主义思想家的冷静、超然和客观的态度。与浪漫主义运动相关的还有国家主义的复苏。浪漫主义放弃了功利原则而遵循美学原则。最著名的浪漫主义诗人是拜伦。18世纪启蒙运动的丰碑是法国作家和科学家编纂的百科全书，这些人中以达兰贝和狄德罗最重要。浪漫主义代表人物之一是卢梭，他的著作是《忏悔录》《爱弥儿》《社会契约论》。康德读了休谟的书后从教条主义中解脱出来，把休谟所说的习惯提升到某种理性原则的高度。他接受启蒙运动的传统，是自由主义者。他的主要著作是《纯粹理性批判》和《判断力批判》。这一时期的哲学家还有费希特、谢林。德国的唯心主义哲学在黑格尔那里获得了它最终的体系。黑格尔的辩证法为马克思所吸收。丹麦的哲学家克尔恺郭尔抨击了黑格尔主义。叔本华对黑格尔进行了完全不同的批判。叔本华哲学与黑格尔的理性主义相反，强调了意志的重要性。尼采的《悲剧的诞生》区分了希腊精神中的阿波罗情结和狄俄尼索斯情结。希腊悲剧是狄俄尼索斯热望的阿波罗式升华。

工业革命引起人们对经济学的兴趣，这就有了亚当·斯密与

《国富论》。在哲学上则是功利主义兴起，其代表人物为哈奇逊和杰勒密·边沁。约翰·穆勒对功利主义伦理观的解释在《功利主义》一书中。马克思为社会主义提供了哲学依据。法国的奥古斯特·孔德是启蒙运动的继承者。皮尔斯坚持认为，提出假设是一项具有自身逻辑性的活动。实用主义源于威廉·詹姆斯。

最后进入20世纪后的当代。科学实证主义的代表是马赫。克罗齐的哲学是另一种派生于黑格尔的唯心主义。法国哲学家亨利·柏格森坚持非理性主义，又回到二元论世界观，他的名著是《创造性进化论》。心理学理论的进展与弗洛伊德相关。美国哲学的主导是经过修正的实用主义，以杜威为代表。怀特海认为每一个命题最终都必须根据它与宇宙体系的关系来看待，这是系统唯心主义的一种形式。在欧洲大陆，与存在主义学说相伴的是传统形而上学的回归。在英国，哲学沿着语言学的轨迹发展。大陆哲学与英国哲学鸿沟巨大。雅斯贝尔斯的存在主义哲学虽然摆脱了唯心主义的形而上学，却保留了黑格尔意义上的某种辩证因素。法国的存在主义与文学相关，最著名的倡导者是萨特。他把人类自由的存在主义观点推向极端。世纪之交的实证主义代表人物是马赫，施里克则是逻辑实证主义代表人物。维特根斯坦对英国分析哲学产生了极大影响。他的代表作是《逻辑哲学论》。他还极大地影响了语言哲学。

在"结束语"中，作者告诉我们，研究哲学不仅要读书，还要认真思考。哲学的源泉之一是科学，所以一旦开始科学工作，就陷入了一种哲学的世界观。伦理会因人而异，但探索者要探索他的研究对象，又要从伦理角度把结果转化为善行。

罗素这本书有3个显著特点。一是从历史环境中解释哲学，所以书中历史发展与哲学思想并重。二是对哲学史上各派发展的线索有清晰的表述。三是突出了对重要哲学家的介绍，介绍简明扼要，又重点突出，并采用了一般人能接受的方式。这3个特点使这本书特别适合一般读者阅读。

再推荐两本相当有名的通俗哲学史著作。一本是挪威学者乔斯坦·贾德的《苏菲的世界》（作家出版社，1996年）。这本书在全球都极为畅销，说来是写给青少年的，实际适于各种年龄的人阅读。另一本是美国学者威尔·杜兰特的《哲学的故事》（上下册，三联书店，1997年）。他更有名的著作是24册的《世界文明史》（东方出版社，1999年，译本中把"杜兰特"译为"杜兰"）。《哲学的故事》也相当好看。这两本书的内容不如《西方的智慧》那么详细、全面，但对重要哲学家的介绍写得较详细，可以作为《西方的智慧》的补充。最新出版的《哲学之旅：一种互动性探究》（威廉·F.劳海德，东方出版中心，2023年），共三大卷，86万字，内容更为丰富，也并不难读，在国外已出7版，这个中译本是第7版，如有时间也值得一读，或选有兴趣的章节读。

数学是科学皇冠上的宝石
《数学与人类文明》

经常有朋友问我，孩子想学经济、金融、保险相关的专业，上哪个学校好。我劝他们，要学这些专业，本科先选数学系，研究生再考虑这些专业。我用自己的经历向他们说明为什么要先学数学。

20世纪90年代我去康奈尔大学进修。我进修的是期货与期权理论。我在老师指导下读文献，但发现文献中数学内容特别多，有些还相当高深。尤其是期权理论，离了数学完全玩不转。我本来想写一本介绍期货期权理论的书，但没敢下手。我在国内为研究生开设"高级宏观经济学"，也写过一本《高级宏观经济学教程》（上下册，北京大学出版社，1993年/2000年），出过两个版本，印刷多次，许多学校的研究生都用它做教材。因此我想去听听康奈尔大学研究生的宏观经济学课程。课前借来主要教科书一看，全是数学，连课也没敢去听。我在美国也见到不少学生，他们由于数学差，只好转向其他专业。我的一位朋友是以极强的毅力，艰辛地补上了数学系的全部课程，才拿下博士学位的。我回来后在《读书》上写了一篇《重要的还是学习》，深感不懂数学无法研究经济学，"美国回来不敢言经济学"，于是转向普及经济学。

对于数学和经济学的关系，套用一个流行的句式就是"数学不是万能的，但离了数学是万万不能的"。对于自然科学，甚至各种应用科学，数学更是基础。说数学的发展推动了科学和技术的发展，一点儿也不过分。正是在这种意义上，我说"数学是科学皇冠上的宝石"，没有这块宝石，皇冠就不成皇冠。

对我们许多人来说，要再去学数学，是不可能的，但我们还是应该了解一点儿数学本身的发展历史，从中认识数学对推动科学和人类文明进步的关键作用。这就要读蔡天新教授的《数学与人类文明》（商务印书馆，2012年）。

在前言中，作者说明，"本书的写作风格和宗旨是，既不能错过任何一位伟大数学家和任何一次数学思潮，以及由此产生的内容、方法，也不愿放弃任何可以阐述数学与其他文明或某个国度相互交融的机会"。他又指出，"本书的另一个特点是，多数小节以人物为标题，同时做到图文并茂，以方便理解、欣赏和记忆"。目的在于"希望读者能通过本书的阅读，拉近与数学这门抽象学科的心理距离，从中理解各自所学或从事的专业与数学的关系，进而反思人类文明的历史进程甚或生活的意义"。这些话是我们阅读这本书的线索和指南，切勿忽视。

中东是人类文明的开始，也是数学起源之地。英国哲学家伯特兰·罗素说："当人们发现一对雏鸡和两天之间有某种共同的东西（数字2）时，数学就诞生了。"这说明数学源于数字的发明。在古代世界，狩猎-采集时代，由于生产和生活的需要，记数和简单的算术发展起来了。再以后就形成了代表这些数的书写符号。当人们需要进行更广泛深入的数字交流时，就必须将记数方法系统化，于是就产生了数基和进制。在公元前3000年左右，终于出现了书写记数和相应的数系。阿拉伯数系是指由0、1、2、3……9这10个记号及其组合表达出来的10进制数字书写体系。这个数系由印度人发明，经阿拉伯人改进后传到西方，约在公元前12世纪完成。数系的出现使得数的书写和数与数之间的运算成为可能。在此基础上，加、减、乘、除乃至初等算术便在几个古老的文明地区发展起来，而后来数系的统一则为世界数学发展和运用插上了翅膀。

人类最初的几何知识也是从他们对形的直觉中萌发出来的。古埃及几何学出自丈量土地的需要，古希腊历史学家称之为"尼罗河的馈赠"。巴比伦人的几何学也源于实际测量。古埃及人已发现求任意四边形面积的公式，也有了分数。巴比伦人采用了60进制，把一天分为24小时，每小时60分，每分钟60秒。这种记法沿用至今。在巴比伦人留下的50万块楔形字泥板文书中，有300多块是数学文献。他们创造出许多成熟的算法，如开方根。他们还将数学运用于生活中。

希腊人对数学贡献巨大，希腊也出了许多数学家。第一个扬名后世的数学家是泰勒斯。他在游历埃及和巴比伦时掌握了数学和天文学知识。他最有意义的工作是泰勒斯定理，即半圆上的圆周角是直角。他还引入了命题证明的思想，开了论证数学之先河。毕达哥拉斯在数学上贡献颇多，包括毕达哥拉斯定理、特殊的数和数组的发现（如完美数、友好数、三角形数、毕氏三数）、正多面体作图、$\sqrt{2}$的无理性、黄金分割等。毕达哥拉斯学派的巴门尼德创立了爱利亚学派。他的学生芝诺提出"芝诺悖论"。在如今只留下来的8个悖论中，4个关于运动的悖论最为著名，前两个是事物无限可分的观点，后两个包含着不可分无限小量的思想。柏拉图创建的柏拉图学园是希腊时代数学活动的中心，那时大多数重要的数学成就均由柏拉图的弟子取得。亚里士多德在数学上最重要的贡献是将数学推理规范化和系统化。他还是统计学的鼻祖。亚历山大学派的欧几里得留下了《几何原本》，对几何学和数论的知识进行了系统阐述。阿基米德数学手稿甚多，涉及数学、力学及天文学。亚历山大后期，希腊数学的一个重要特点是使算术和代数成为独立学科，而不再继承以前围绕几何学的传统。算术即今天的数论。

中世纪的中国亦对数学有诸多贡献。人们在甲骨文中发现了完整的十进制。春秋时代已有筹算记载。墨家的《墨经》在形式逻辑的基础上提出一系列数学概念的抽象定义，甚至涉及"无穷"。《周髀算经》中有勾股定理、分数的应用、乘法的讨论以及寻找公分母的方法，还应用了平方根。公元前1世纪成书的《九章算术》中最有价值的是"盈不足术"，即求方程式$f(x)=0$的根。刘徽提出割圆术；祖冲之父子计算出圆周率为3.141 592 6和3.141 592 7之间。《孙子算经》《张邱建算经》《缉古算经》各有贡献。宋元时期的沈括和贾宪、杨辉和秦九韶、李冶和朱世杰都有不同的贡献。

印度人和波斯人对数学都有重要贡献。成书于公元前8世纪—前2世纪的《绳法经》讨论祭坛修筑法则，涉及几何学知识。在古印度地区发现的"巴克沙利手稿"中涉及分数、平方数、数列、比例、收支与利润计算、级数求和、代数方程等，也出现了10进制数码。古印度的数学家有阿耶波多、婆罗摩笈多、马哈维拉、婆什迦罗。在阿拉伯世界，八九世纪的数学家花拉子密的《代数学》

和《印度计算法》12世纪后被译为拉丁文,对欧洲产生了巨大影响。11世纪,波斯人欧玛尔·海亚姆从事数学研究,考虑过14种不同类型方程的解法。13世纪,大不里士的纳西尔丁在三部数学著作中将数的研究扩展到无理数等领域,讨论了几何学和三角学。撒马尔罕的卡西计算出了圆周率和sin1°的精确值。这些数学发展在文艺复兴后发扬光大。

中世纪时希腊人的数学和科学经典传入西欧。中世纪最杰出的数学家是斐波那契。他在阿尔及利亚接触到阿拉伯人的数学,并学会用印度数码计算,回到比萨后出版了《算经》。文艺复兴时期,阿尔贝蒂的透视学对艺术和建筑影响甚大。画家达·芬奇和丢勒都对数学有贡献。近代数学的兴起要到微积分的创立。新数学的推进首先从代数学开始,三角学从天文学中分离出来,透视法产生射影几何,对数的发明改进了计算,但主要的成就应该是三次和四次代数方程求解的突破和代数的符号化。这种贡献要归于意大利数学家塔尔塔利亚和卡尔达诺。四次方程的一般解法是卡尔达诺的仆人费拉里给出的。法国的韦达第一个引进了系统的代数符号,并对方程论做出了贡献。17世纪后各种数学理论和分支茁壮成长。法国数学家德扎尔格回答了透视法的数学问题,并建立起射影几何的主要概念。解析几何的真正发明者是法国数学家笛卡儿和费尔马。微积分的思想萌芽可以追溯到古代,先驱有开普勒、笛卡儿、费尔马和巴罗,但突破是牛顿的"流数法"和略晚一点儿的德国数学家莱布尼茨。莱布尼茨是从几何学的角度出发的。

在分析时代对数论做出贡献的是法国数学家费尔马。他所提出的两个命题由拉格朗日证明。18世纪,微积分得到发展和运用,产生了许多新的数学分支,形成了"分析"这样一个在观念上和方法上都有鲜明特点的领域，因此这一时期被称为"分析时代"。英国数学家泰勒、瑞士数学家约翰·伯努利和欧拉都对微积分发展做出巨大贡献。偏微分方程于 1747 年由法国启蒙运动先驱达朗贝尔提出。法国数学家拉普拉斯做出了重要贡献，建立了拉普拉斯方程。对于微积分的发展和应用，伯努利家族做出了卓越贡献。法国大革命期间的数学家有孔多塞。拉普拉斯贡献广泛，被称为"法兰西的牛顿"，他和拉格朗日都与拿破仑关系甚好。敢于顶撞拿破仑的蒙日创立了画法几何，他还是"微分几何之父"。

19 世纪进入现代数学时期。最主要的数学家是法国的柯西。他把在分析方面的许多工作都写入讲义，包括变量、函数、极限、连续性、导数和微分等微积分学的基本概念。此外还有中学老师出身的魏尔斯特拉斯、俄国女数学家柯瓦列夫斯卡娅、挪威人阿贝尔和法国人伽罗华。伽罗华提出了群的概念。代数领域另一个重大发现四元数要归于德国人哈密尔顿。开创英国又一个数学辉煌时期的是凯利。几何学也在变革，德国的高斯、匈牙利的鲍耶和俄国的罗巴切夫斯基创立了非欧几何学。德国数学家黎曼创立了黎曼几何学。数学发展的同时，艺术也进入新纪元。

20 世纪以来，数学的趋势是抽象化。现代数学不只是几何、代数和分析，已成为分支众多、结构庞杂的知识体系，并仍在发展变化中。数学的特点是不仅有严密的逻辑性，还有高度抽象性和广泛的应用性。纯粹数学受集合论的渗透和公理化方法的应用这两个因素的推动。集合论由在圣彼得堡出生的丹麦人康托尔在 19 世纪后期创立。德国数学家希尔伯特重新定义了现代公理化方法。抽象化导致 20 世纪实变函数论、泛函分析、拓扑学和抽象代数四大分支崛起。这时的著名数学家有法国人勒贝格、波兰人巴拿赫、德国人诺特、德裔美国人外尔、法国人庞加莱。与此相应，抽象艺术出现。数学在理论物理学、生物学和经济学中得到广泛应用。计算机的发展与混沌理论相关。对此做出贡献的是冯·诺伊曼和图灵。模糊数学的创始人是美国数学家扎德。数学的抽象化也使得与哲学有效结合成为可能。罗素的数理逻辑、维特根斯坦的《逻辑哲学论》、哥德尔定理都结合了数学与哲学。

作者蔡天新不仅是数学家，也是诗人，随笔和旅游作家。他的《数学传奇》（上下册，商务印书馆，2022年）介绍了历史上中外数学家。《数字与玫瑰》（商务印书馆，2012年）是涉及数学、旅游和诗歌等的随笔集。

关于数学，我还想推荐一本巴西学者写的介绍波斯数学发展的《数学天方夜谭：撒米尔的奇幻之旅》（台湾猫头鹰出版社，2009年）。

想了解数学在经济学中的作用，可以阅读史树中教授的《数学与经济》（湖南教育出版社，1990年）。梁美灵、王则柯的《童心与发现：混沌与均衡纵横谈》（三联书店，1996年）讲混沌理论及其在生物学和经济学中的运用，不过不十分通俗易懂，有点儿数学基础的人才读得懂。

正如我开头所写的，数学在经济学中十分重要。数学运用在经济学中的两个分支是数理经济学和计量经济学，前者是理论的，后者是应用的。不过这两方面的通俗普及性读物还不多。我希望有像蔡天新教授的《数学与人类文明》这样的好书出现。

听局外人讲文学
《1989—1994文学回忆录》

无论什么人都应该了解一点儿文学,企业家也不例外。但要去读文学名著,仅就经典而言,也不止百部,这即使对专业文学工作者来说也不易,对我们一般人来说更不可能。大家读过几本文学名著,能读多少,心中都有数。读文学史是一种概括地了解文学的好方法,但许多专家学者编写的文学史都严肃有余而缺趣味,如同用蛋白质、脂肪、维生素做成的饭,营养充分而缺色香味。作为教科书,这是必要的,但对一般读者来说,实在难读下去。正当我为选文学类书为难时,想起自己在2013年读过的木心讲述、陈丹青笔录的《1989—1994文学回忆录》(上下册,广西师范大学出版社,2013年)。当我读完这本书后,觉得自己对世界文学和中国文学有了一个清晰而全面的了解。结合自己读过的一些经典作品,我感到把这些零星的认识串起来了,又补足了自己没读过更多文学经典的缺陷。于是我决定推荐这本书。

把讲述者木心先生称为"局外人"并不是我的创造,而是引用了香港文人梁文道先生在《文学,局外人的回忆》中的说法。木心先生是艺术家,也是作家,但我们这一代人完全不知道他,因为1949年后他就没什么作品问世了。不仅我们不知道,连继承了民国传统的台湾人也不知道。远离了世界,可称"局外人"。同时,他也不是文学史专业或文学研究者,在文学之外,又是另一种意义上的"局外人"。但"局外人"并不是"门外汉"。他们了解自己要讲的东西,又不受各种传统的约束,讲起来完全放开,还不时冒出专家也没想到的新见解。听他们讲课,要去参加考试是不行的,但要增加知识,走进一个新领域,而且是兴高采烈地进入,是极有效的。从全书所讲的内容看,木心其实是一位在文学上极有造诣的人。

1989—1994年,木心先生在纽约为一群对文学一无所知,但又极有兴趣的中国艺术家讲述"世界文学",陈丹青先生留有五大本完整的笔记,其他听课者也有笔录。木心先生去世后,陈丹青先生把笔记整理出来,就有了这本书。这本书上下两册,有50万字,共83讲,从古希腊神话讲到现代魔幻现实主义。读这本书就是进行一次丰富的世界文学之旅。

上册包括38讲,从古代讲到18世纪。其中古代包括16讲。

木心先讲文学的起源。他认为文学首先源于庆祝战争胜利。战争的胜利是大规模的,开放的,故有声。声有歌,歌有诗。其次是对神的崇拜。对神的崇拜是初民的精神生活。起初是为祈求,求必出声。先是喃喃,后高声,再后来高唱,这就是祷词。劳动号子是实用的。文学来源于战歌、祷词、劳动号子。文字出现后,人们将此记录下来则成文学。

西方的文学还要追溯到古希腊神话。古希腊神话说明人性来自兽性。古希腊神话是说人性的升华，从兽到半人半兽，再到人。第1讲、第2讲介绍希腊罗马神话。但古希腊文学还有其他，这就是第3讲的希腊史诗和第4讲的希腊悲剧及其他。《圣经》对西方文化和文学影响深远，所以从第5讲起讲《新约》《旧约》的故事和含义。第6至8讲都是讲新旧约的。《圣经》的主旨是人寻求上帝，历史、诗歌、预言、福音和书翰都蕴含了对上帝的爱。《旧约》是希伯来民族在千年间所产生的最好的文学。《新约》由马太、马可、路加和约翰这四位犹太人用希腊文所写。《旧约》包括五记，《新约》包括四福音书。

从第10讲起转向东方。印度是宗教国家，最古的经典是《吠陀经》，史诗有《摩诃婆罗多》《罗摩衍那》。从第11讲到16讲是中国古代文学，包括《诗经》《楚辞》，先秦的史学《左传》《国语》《战国策》，以及老子、孔子、墨子、孟子、庄子、荀子、韩非子等诸子百家。

从第17讲起进入中世纪。先从承前启后的中国魏晋文学讲起。《世说新语》给大家留下了魏晋人士的印象。先有曹操、曹植、阮籍、嵇康、左思的"建安风骨"，后有陶渊明这位隐士。中世纪是欧洲的黑暗时代，发光的人物有写《盎格鲁人教会史》的比德和写《忏悔录》的圣·奥古斯丁。德国的长诗《尼伯龙根之歌》和北欧的《贝奥武甫》都极为重要。中世纪之末，但丁的《神曲》，薄伽丘的《十日谈》，托马斯·马洛礼的《亚瑟王之死》也都为文艺复兴的前兆。

第21讲讲中国的"中世纪"。唐诗、宋词都是那个时代的顶峰。第26讲转向波斯文学，介绍诗人鲁达基等。第27讲是阿拉伯文学，诗歌分为泉歌、战歌、祷歌、情歌、挽歌和讽歌。文学名著有《天方夜谭》(《一千零一夜》)。第28讲又回到中国,介绍戏曲和小说。日本文学始于中世纪,有散文《古事记》,诗歌《万叶集》,小说则有紫式部的《源氏物语》和清少纳言的《枕草子》。

中世纪结束了。从第31讲起进入文艺复兴开启的近代文学。文艺复兴起源于意大利,文学名著有马基雅维利的《君主论》、阿里奥斯托的长诗《疯狂的奥兰多》和塔索的《被解放的耶路撒冷》。欧洲的3位文艺复兴大师是写了《巨人传》的法国人拉伯雷,写了《堂吉诃德》的西班牙人塞万提斯,以及写了37部剧本的英国人莎士比亚。

第32讲之后就开始介绍17和18世纪的文学了。17世纪的英国只有一位大天才,这就是弥尔顿。他的《失乐园》与莎士比亚的剧作齐名。法国的帕斯卡的《随想录》全是新教徒的思想。高乃依的《熙德之歌》开启浪漫之风。笛卡儿是哲学家。莫里哀的剧本对法国日常用语的影响如但丁之于意大利、塞万提斯之于西班牙、莎士比亚之于英国。这一时期还有拉辛的剧本、拉封丹的寓言等成就。第33讲和第34讲又回到中国,讲明清的戏曲和小说。第35讲起来到欧洲,讲英国、法国和德国的文学。18世纪英国文学的前导和代表是亚历山大·蒲柏和他的名作《夺发记》。斯威夫特的小说《格列佛游记》和丹尼尔·笛福的《鲁滨孙漂流记》都影响极大。塞缪尔·约翰生是当时英国文坛领袖。有影响的文人中有我们熟悉的爱德华·吉本,他以《罗马帝国衰亡史》成名。大卫·休谟是一位哲学家。法国文学的代表有孟德斯鸠、伏尔泰、狄德罗、卢梭、博马舍等。德国有歌德和席勒。歌德代表作有《少年维特之烦恼》《浮士德》。席勒的剧作和叙事诗都极为优秀。这里也提到意大利和俄罗斯的文学。上册的最后,即第38讲,以曹雪芹的《红楼梦》结尾。

下册从第39讲开始，先介绍19世纪的文学。第39至42讲是英国文学。华兹华斯和柯勒律治的《抒情诗集》是英国浪漫主义的开始。拜伦的诗受到推崇。雪莱是浪漫主义诗人。约翰·济慈地位颇高。丁尼生和勃朗宁为"诗台双星"。19世纪英国小说由玛利亚·埃奇沃思开头，以后有司各特、简·奥斯汀、查尔斯·狄更斯、萨克雷等人。乔治·艾略特、托马斯·哈代都是小说大师。王尔德是唯美主义者。托马斯·卡莱尔的散文也相当美。第44到47讲是法国。雨果、巴尔扎克、司汤达、梅里美、福楼拜、乔治·桑都是那一代现实主义大师。以后有埃米尔·左拉、阿方斯·都德和居伊·德·莫泊桑等。诗人有列尔、普吕多姆、埃雷迪亚、科佩、波德莱尔等。象征派领袖是保罗·魏尔伦和马拉美。兰波是天才。戏剧的代表是大仲马和小仲马。当时的文艺批评大家有维尔曼、圣伯夫、丹纳、勒南等。

第48讲到55讲是德国、俄国、波兰、丹麦、挪威、瑞典、爱尔兰和美国文学。德国这时的文学不能与法国比，浪漫主义的精髓在音乐中，音乐与文学的关系体现为歌剧和歌曲。叔本华、尼采不是浪漫主义，但影响全世界。诗人首推海涅。德国戏剧的代表为黑贝尔、路德维希和瓦格纳。俄国文学浪漫主义始祖是茹可夫斯基，成大器者是普希金。其后有莱蒙托夫。写实主义文学领域有剧作家果戈理、作家冈察洛夫。此后是俄国文学的黄金时代，著名作家有屠格涅夫、陀思妥耶夫斯基和托尔斯泰，同时还有诗人涅克拉索夫。"为人生而艺术"的作家包括别林斯基。俄国文学代表还有高尔基、契诃夫、柯罗连科和安德烈耶夫。象征主义诗人有勃洛克。波兰文学的始祖是密茨凯维奇。此后有斯沃瓦茨基和克拉辛斯基。显克维奇是小说家。丹麦安徒生的童话，全球儿童都读。挪威最知名的戏剧家还是易卜生，此外还有比昂松。爱尔兰文学中最重要的还是诗人叶芝。美国真正的文学从欧文开始。霍桑的《红字》、爱伦·坡的侦探小说闻名世界。写了《汤姆叔叔的小屋》的斯托、马克·吐温、豪威尔斯、亨利·詹姆斯、杰克·伦敦都甚有名。著名的诗人有沃尔特·惠特曼。写散文的有爱默生和梭罗。

第56讲起又回到中国和日本。19世纪中国文学有戏剧、小说、诗歌，但出色的不多。在日本，江户时代（1603—1868年）文艺又兴旺了，有和歌、俳句、小说、戏剧等。明治、大正时代是日本文学最进步的时期。其深受欧洲影响。

第58讲以后介绍20世纪的文学。决定20世纪特征的是第一次世界大战（以下简称一战）和俄国革命。英国的文学从康拉德讲起，以后有乔治·威尔斯、约翰·高尔斯华绥、柯南·道尔、萧伯纳、吉卜林等。美国文学代表是辛克莱·刘易斯。法国文学代表是罗曼·罗兰。德国文学代表凯泽提倡表现主义。俄国文学已成革命文学。此外还有意大利、西班牙和犹太文学。中国文学则以倡导新文学为主。

20世纪出现了各个流派，最早出现的是以波德莱尔《恶之花》为代表的象征主义。三四十年代转向现实主义。二战后存在主义应运而生。又有荒诞派戏剧、新小说、黑色幽默、愤怒的一代。影响文学的哲学家是柏格森，心理学家是弗洛伊德和阿德勒、荣格、威廉·詹姆斯。第62讲以后详细介绍象征主义、意识流、未来主义、表现主义、卡夫卡的作品、达达主义、意象主义、存在主义、萨特、加缪和诺曼·海勒等。从第75讲起介绍各种新流派的作品，包括法国的新小说、原样派、荒诞剧、垮掉的一代、黑色幽默，以及魔幻现实主义。其包括的内容相当广，且对这些不同流派的作家和作品有相当细致的解说。

木心先生的讲座，前半部分主要参考了郑振铎的《文学大纲》。木心先生在"文革"时埋头读书，到美国后又了解了许多新知识，所以对西方现代文学的状况相当熟悉，对许多人闻所未闻的现代流派介绍全面且有自己的见解。

木心的讲座不是正式讲课，而是与朋友在一起闲聊。这样讲得随意、自由，穿插了许多个人读书中的体会与见解。其讲解如行云流水，我们没在现场，但读书也能体会到当时的气氛。不少人对20世纪，尤其二战后的西方现代文学了解并不多。这里的介绍可以作为一个入门。当然，这一部分集中在西方，对西方的这些流派在其他国家，尤其中国、日本的影响介绍不多，不像讲20世纪以前一样，兼顾全球。这样的讲座毕竟时间有限，不能苛求了。

这本书的重点还在西方，对中国文学有兴趣的朋友可以读侯会的《讲给孩子的中国文学经典》（上下册，团结出版社，2011年），是讲中国文学史上的名家和名著的。题目写的是"讲给孩子的"，不过我看孩子们不一定读得下去，我们成人作为通俗读物看，更好一些。

法治是如何形成的
《寻找法律的印迹》

任何动物，为了生存与发展，必须有自己种群或隐含或公开的行为法则或规范。老虎有自己的领地意识，如果用文字表述出来，就是"私人领地神圣不可侵犯"。人类作为一种群居动物，许多人在一起共同生活，更需要这种法则或规范。对于更早的人类如何形成这些法则和规范，以现有的考古技术水平已无法追究了。但自从进入农业社会以来，阶级分化、国家出现，这时成文的法律就出现了。法律正是规范人们的行为、协调人与人之间关系、处理人与人之间冲突的规则。从那时的法律到今天的法治社会，人类已经走了近一万年的历程。想了解最早的成文法如何发展为今天复杂的法律体系，可以阅读余定宇先生的《寻找法律的印迹》（法律出版社，2004年）。

智人走出非洲，首先定居在欧亚交会的地中海沿岸，城市、国家在这里形成，最早的法律也在这里出现。这本书的第一章《地中海沿岸——法律的足印》正是介绍人类早期法律史的。最早的成文的法律是在国家出现后才有的，但最早的"权利""公正"这类法律意识来自人的本能，正如老虎的"领地"意识一样。20世纪初，德国人类学家谢贝斯塔在非洲探险时发现，俾格米人有采摘尼格罗人种植的香蕉的权利，而其他人没有。这源于俾格米人最早发现了香蕉可食用，并告知尼格罗人。因此，他们获得这种权利就是公正的。"权利""公正"这些法律最核心的概念正源于和老虎一样的本能。5 500年前，出现在尼罗河三角洲的古埃及是世界上第一个国家。这里的纸莎草纸文献留下了一位农民关于"法律正义"的演讲。这位农民的货物被一位税务官吏勒索并抢劫。农民上诉，在法老王面前，他讲了"法律就是正义"的道理，说明没有这一点，就无法统治下去。于是他赢了。人类第一部成文的法律出现在4 300年前的古巴比伦（今伊拉克），这就是1901年法国考古队发现的《汉谟拉比法典》。当时巴比伦农业发达，建筑艺术、天文历法、数学、文字成就辉煌，还产生了《汉谟拉比法典》。《汉谟拉比法典》刻在一块高2.5米、宽50厘米的黑色玄武岩大石柱上。《汉谟拉比法典》一开始就是汉谟拉比王庄严的声明："我在这块土地上创立法和公正，在这时光里我使人们幸福。"《汉谟拉比法典》共282条，包括了现代的刑法、民商法和劳工法、社会法等丰富的内容。在约4 000年前，生活在迦南（今巴勒斯坦）的希伯来人又有了一部法律——《摩西十诫》，之后演绎成犹太人权威律法《犹太法典》。《摩西十诫》是人类第二部成文法律。近3 000年前，犹太人中出现了一个智慧的所罗门王。两个女人争儿子，所罗门王建议把这个孩子切为两半，一人一半，亲生母亲不忍，宁可放弃，冒名母亲则同意，由此所罗门王把这个孩子交给亲生母亲。这维护了法律的公正,成为以后的楷模。在古希腊的雅典,希腊神话所记载的俄瑞斯忒斯谋杀母后和继父的案子中,已具备了现代法庭制度的所有要素:原告、被告、检控官、辩护人、陪审团、合议庭;有合理的司法程序,有公正的法官,有双方平等的诉讼辩论,更有根据法律正义的法官"自由裁量权"。这套程序影响了全世界。在索福克勒斯的悲剧《安提戈涅》中也说明了法是天理和人情,"恶法非法"。古希腊的"自然法学"和"民主政治"成为最宝贵的遗产。苏格拉底慨然赴死体现了公民要履行"守法义务"的职责。

离开古希腊,来到古罗马及以后,这正是第二章《古罗马废墟——法律的沉埋》的内容。古希腊之后,辉煌700年的古罗马弘扬了法律正义的精神。矗立在罗马法院广场上的正义女神一手执剑一手持天平,后刻有一句古罗马法律格言:"为了正义,哪怕它天崩地裂。"在罗马司法官的大厅里有罗马法律史上著名的法学家西塞罗、帕比尼安、乌尔比安、盖尤斯、保罗等的石雕像。其中西塞罗研究和整理了大量古希腊和古罗马的法律文献,把自然法学引入罗马,设计了从立法、行政、司法到诉讼、监察一整套法律制度,这些成为古罗马留给我们的最珍贵的遗产。古罗马优秀的辩护律师普利尼为他受诬告的朋友辩护。他提出了"正义从未要求任何人揭露自己的犯罪!他有权保持沉默"。这就是至今仍作为准则的被告人的"沉默权"。他用"公平正义"和"恶法非法"征服了所有富有正义感的法官从而获胜。罗马的兴衰与法律的盛衰相关。罗马衰亡与不公正地审判耶稣、让他蒙难而死相关。在米兰,切萨雷·贝卡利亚写的仅6万字的小册子《论犯罪与刑罚》,提出"罪刑法定""罪刑相应""惩罚人道化"三原则,以及"无罪推定""保障公民的人格尊严"等至今人们公认的司法公正准则。

离开古罗马，我们到英国去。第三章《英格兰原野——法学的重生》介绍英国对当代法学的贡献。1215年6月15日英国约翰王接受了各诸侯王国国王的请愿书，4天后人类历史上第一部宪法《大宪章》诞生。《大宪章》的精神是"法律居于国王之上，连国王也不得违犯"。这成为英国关于人民自由、平等、人身安全、财产安全的全部法律制度的基石。孙中山在伦敦接受了西方法律的观念，创立了"民族、民权、民生"的"三民主义"。莎士比亚的《威尼斯商人》是一个关于"契约法"的剧，这个剧推动"契约法"以"合意""合法""禁止出尔反尔"为三大原则，稳定了英国市场经济秩序。一些小事也会推动重要的原则确立，如烟草批发商胡得乐的假烟草案推动了"严格责任制"，李尔本的案件则确立了"沉默权"。这些司法公正的一小步成为全世界司法文明的一大步。1689年，"光荣革命"中威廉三世接受了《权利法案》，确立了"司法独立，法官在表现良好的任期内不得任意解职"。柯南·道尔写的福尔摩斯的故事推动了刑侦司法活动的科学化。众多的福尔摩斯迷表明公民参与法治、推动司法文明进步的巨大动力和热情。

离开英国，飞过海峡就是西欧了。第四章《西欧风云——法律的蒙尘》写西欧法制的曲折经历。法国人和英国人一样热爱自由，但他们花了200年才学到要靠"改革、渐进和法治"来实现人类的自由。在法国，传播英国洛克"天赋人权"学说的是伏尔泰、孟德斯鸠和卢梭三位启蒙思想家。伏尔泰为蒙冤的卡斯拉鸣不平，写了《卡斯拉先生之死的原始文件》，促使卡斯拉冤案平反，他因此被称为"欧洲的良心"。他著书立说，论述自由平等、宗教宽容、人道主义、公平正义等法哲学的问题。1789年诞生于法国大革命中的《人权宣言》是人类法律史上空前伟大的文件。其中"法律面前，人人平等"的箴言成为全世界法律的第一条基本原则。但断头台上疯狂的滥杀背叛了《人权宣言》。法国多年后才走上"人权、法治、和平"的道路。法国犹太军官德雷菲斯的冤案让法国人认识到公民权利必须至高无上。英国爱德华·亨利勋爵在富尔茨医生和贝蒂荣的基础上形成了指纹学理论，促进了法治。德国二三百年前在教育和立法上已遥遥领先，立法上已有了宪法、刑法、民法、劳工法、行政诉讼法等一系列完备的法律。在波茨坦，1866年普鲁士大公国的国王威廉一世拆毁了农民的一座磨场，农民起诉，最后获胜。这件事体现了法律面前人人平等的精神，这就是法治。1933年2月27日德国法西斯烧毁国会大厦，企图迫害共产党人，并将3名共产党人送上法庭。但坚持司法公正的莱比锡法官仍判3名共产党人无罪。这是德国法官的正义感与良心。德国人极为看重法律。1917年斯巴达克同盟起义冲向王宫时都避开了草坪，因为草地竖立着"禁止穿行"的牌子。但当法西斯制定了反人类的法律时，德国人也执行了。战后的纽伦堡大审判确立了恶法非法的原则，即使在战争中屠杀平民也是犯罪。这说明"真正的法律必须是与道德保持一致"。

离开欧洲，飞到美国去。第五章《新大陆阳光——法治的成长》写美国的法治历史。从1607年起，到美国的英国移民中不少是"异教徒"和罪犯。在美国历史的起点威廉斯堡，1 000名移民选出22名"公民代表"组成一个议会，与总督议事论政。这就是英国民主和法治基因的复活。1776年7月4日，在费城独立宫，包括华盛顿在内的55名代表共同签署了《独立宣言》，要在美国实现"一切人生而平等"。他们努力为美国寻找一条"民主而非君主，法治而非人治"之路。法国人送给美国人的自由女神像"高扬自由的旗帜"，但它的火炬是公民权利的火炬，是法治的火炬。自由女神是法治的化身。华尔街是世界金融中心，也是美国新闻自由的发源地。1735年出版商约翰·彼德·曾格批评英国政府事件中，安德鲁·汉密尔顿号召陪审团按良知而不是现行法律做出判决，并号召让人们有说出真相的自由，这就有了新闻自由来保证法治。1974年尼克松总统因"水门事件"而下台，彰显了法律的权威至高无上。亚利桑那的"米兰达上诉案"有了"你有权保持沉默"的米兰达警告。这已成为现代国际刑事司法的一个基本准则。由于有"民权至上"的原则，1991年用电击枪制服罪犯的洛杉矶警员被判有罪。1995年的辛普森审判采用了疑罪从无的原则。这项原则起源于18世纪的欧洲。它的确会让罪犯逃避法律惩罚，但也减少了冤案。生产万宝路的菲利浦·莫里斯公司被判罚280亿美元，这是对公司广告欺诈的惩罚，也是对消费者的保护。在美国，非洲裔美国人的人权常被侵犯，这就有了人权斗士马丁·路德·金。他的"我有一个梦"是对公正的追求。波士顿鞋匠约翰·奥古斯都的爱心促生了缓刑制度这个司法文明的进步。

最后的第六章《环球法旅——法律的趣闻》是讲全球不同地方的法律故事与法律变化的。夏威夷岛上，一游客被椰子砸死，其弟告椰林的所有者州政府，政府败诉，使椰林不长果。悉尼海滩的裸泳者成为被告，但法官判他们无罪，捍卫了公民自由权。赌城拉斯维加斯简化离婚程序，成为离婚最方便之城。巴西的三权广场建筑呈"H"形（葡文"人"的第一个字母），彰显对人权的重视。美国一家出版公司曾邀请作家艾荣为一位失踪多年的传奇人物"虚构"传记，但这个人并未死，仍住在巴哈马联邦的极东角上。为辨别他的声音而产生了声纹鉴定这门科学。恐怖主义的猖獗使沉默权修改为"有限沉默权"，这又推动了司法进步。这些小故事说明，某些事件,甚至小事件会如何改变法律,以建立一个公正、正义的世界。

关于法律史的书很多。桑本谦教授的《法律简史:人类制度文明的深层逻辑》(三联书店,2022年)写得极有水平,但全书49万字,且写得相当学术化。要让一个对法律史一窍不通的人读这本书也太难了。因此,我选了用旅游、讲故事的方式告诉读者法律史大概历程的书。这本书没什么学术性,但把法律的历程、重要的事件讲清楚了,读来又极为有趣,谁都会有兴趣看,不比严肃的学术著作好吗?

法律是为了公平与正义。但对于什么是公平与正义,在实际审判中法官的理解并不一致。判断什么是公平与正义比提出这个抽象的原则难得多。关于这一点可以阅读美国法学家彼得·萨伯的《洞穴奇案》(三联书店,2012年)。这本书非常有名,是公认的普法教材,我在《书海拾贝》中有较详细介绍。还有一本讲法律史上小故事的书,也可以浏览。这就是日本近代法律主要奠基人穗积陈重的《法窗夜话》(中国法制出版社,2015年),其中还有中国历史上的立法故事。每个故事都是几百字,但颇有趣,内容也相当广泛。关于中国的立法与审判,尚小明的《宋案重审》(社会科学文献出版社,2018年)写对宋教仁被杀案的重新审视,详细,值得一读。

把考古当作有趣的故事来读
《考古的故事》

一个美国小朋友 7 岁时,他妈妈送给他一本《风声呼啸的特洛伊城墙》。这本儿童读物讲了德国考古学家海因里希·谢里曼寻找特洛伊古城遗址的故事。从此他立志长大后当考古学家。之后他进了大学主修考古学。40 多年间他的足迹遍布中东、希腊、美国等地。如今他已是考古学界的领军人物,担任乔治·华盛顿大学国会考古研究所主任,也曾任该校古典学、近东语言与文化系教授。他想把这种对考古的热爱传播给更多的人,写了《文明的崩塌:公元前 1177 年的地中海世界》《大决战:从青铜时代到核时代的美吉多与耶斯列谷》等通俗考古学著作。这些书连续 3 年获得圣经考古学会的"最受欢迎的考古学图书奖"等国家级奖项,成为面向大众读者的考古学畅销书。这位考古学家就是埃里克·H. 克莱因。我要介绍的是他著名的考古学普及读物《考古的故事》(中信出版社,2018 年)。

这本书讲了许多考古学技术、知识方面的常识，以"纠正一些偶尔出现在电视纪录片、媒体报道、博客文章和其他地方的关于某些考古发现的无稽之谈"。但其主题还是讲考古的故事。这本书从考古学的发源开始，一直介绍到它成为一门结构严整的学科，使用系统化科学方法专门研究逝去的民族与文化。其间提及一些探险家和考古学家，包括霍华德·卡特、海因里希·谢里曼、玛丽·利基、海勒姆·宾厄姆、多萝西·加罗德和约翰·劳埃德·斯蒂芬斯等。作者希望"读者通过本书能燃起对考古的兴趣，进而去阅读其他关于特定考古遗址、历史时代和有关民族的专著"。作为考古学的门外汉，读这本书既有趣，又能获得许多考古与其他知识。

序章先讲了1922年霍华德·卡特挖开古埃及图坦卡蒙的陵墓的故事。这次挖掘至今仍是考古学界津津乐道的。他挖掘出的大量文物与珍宝震撼了世界，也扩大了人们对古埃及的兴趣。把这件考古史上的大事作为开头引起了我们对考古的兴趣，使我们继续阅读以后的故事。

全书共分6个部分19章。从早期考古学和考古学家到新世界考古，书中对重要的考古发现都有介绍。

第一部分《早期考古学和考古学家》介绍考古史上早期几次挖掘及发展。1752年意大利考古人员挖掘了被埋在维苏威火山灰下的赫库兰尼姆古城，发现了300个古代纸莎草纸卷轴。早在1594年人们就已经发现了被维苏威火山灰掩埋的另一座古城庞贝，但1750年才正式挖掘它。这里再现了古罗马人民生活的全景。如果不算盗墓贼、"摸金校尉"，赫库兰尼姆古城是人类第一次正式的考古，庞贝古城则影响巨大。1873年，德国商人海因里希·谢里曼在土耳其西北部发掘出特洛伊古城。以后还有其他人挖掘。1988年德国人科夫曼和美国人布莱恩·罗斯带领的考古队再次进行挖掘，并成功运用了遥感技术。现在挖掘仍在继续。1850年左右，法国人奥古斯特·马利耶特受卢浮宫委托，开始在埃及进行考古挖掘，获得许多成果。对美索不达米亚的考古从1922年英国人伍莱和马洛温在乌尔的挖掘开始。但此前已有许多考古学家在这一带活动。19世纪中期，由大英博物馆和卢浮宫出资，一些考古学者已挖掘了尼尼微和尼姆鲁德这两个亚述王国帝都，发现并破译了楔形文字。1842年保罗·埃米尔·博塔在今天的伊拉克进行考古挖掘，以后还有人挖掘，也有许多发现。1750年西班牙人就发现了中美洲丛林中的古城。1784年以后的50年间，西班牙探险队找到了古城，并出版了勘察报告。1839年美国考古学家卡瑟伍德和斯蒂芬斯考察了中美洲科潘、帕伦克和乌斯马尔3个古城和其他遗址，发现了玛雅文字，后来其被人破译。以后还有许多发现。通过这些早期考古历史，作者向我们介绍了第一个考古学知识：如何确定挖掘地？

第二部分《非洲、欧洲、黎凡特：从早期人族到农夫》介绍对早期人类和进入农业时代的人类的考古。史前考古，即古人类学的考古要归功于英国的利基家族，包括路易斯和玛丽·利基夫妇、他们的儿子儿媳及孙女。路易斯和玛丽·利基夫妇1959年在坦桑尼亚的奥杜瓦伊峡谷发现了"鲍氏东非人"，以后又发现了能人以及直立人，确定了人类起源于非洲。以后的考古发现证明了这一点。2007年人们对土耳其的哥贝克力石阵进行考古挖掘，表明新石器时代和农业革命源于中东的新月沃地。早在1930—1936年，英国考古学家约翰·加斯唐就发掘了耶利哥。1952年，年轻的凯瑟琳·凯尼恩来到耶利哥进行挖掘，发现了新石器时代遗址。以后的多次考古证明这里是农业革命之源，驯化动植物是从这里开始的。

第三部分《发掘青铜时代的爱琴海地区》介绍对古希腊文明的考古挖掘。挖掘特洛伊的海因里希·谢里曼也被称为"迈锡尼考古之父"。1874年起，他对迈锡尼遗址进行了探察，发现了许多精美的墓葬品。之后英国考古学家阿瑟·埃文斯发现了米诺斯文明，挖掘出克诺索斯古城。青铜时代的基克拉泽斯群岛中有一个岛叫锡拉岛（今天称为桑托林岛），被公元前17世纪的一场火山爆发掩埋。希腊考古学家斯皮里宗·马里纳托斯从1967年开始在这里挖掘，发现了陶器、石制物品和壁画，使人们认识到古希腊青铜时代的文化。乔治·巴斯和杰马尔·普拉克开创的水下考古所发现的"乌鲁布伦沉船"中有许多物品，包括铜和陶器等，证明了古代发达的贸易活动，以及青铜时代的辉煌。

第四部分《揭秘古典时代》介绍对雅典时代古希腊以及古罗马的考古。在古希腊，德国人1875年开始发掘奥运会的发源地奥林匹亚；法国人1892年开始发掘德尔斐；1931年美国人开始发掘雅典阿哥拉。希腊人也参加了本国遗产的发掘。这本书所讲的古希腊考古就集中在这几个地方。奥运会的场址是1766年英国探险家理查德·钱德勒最先找到的。他发现了当时希腊最大的神庙。1829年法国人发现了宙斯神庙立柱上的石雕碎片。1875年德国人赫尔穆特·基利莱斯对奥林匹亚进行了全面的科学考古，发现了许多文物。当时的德尔斐因阿波罗神庙而出名，1892年法国人在此开展挖掘工作，共用了10年多，出土了雕像、建筑物等文物，发现了雅典娜圣殿。1931年，设在雅典的美国古典研究院在阿哥拉的挖掘开始，一直未中断。阿哥拉是民主的诞生地，人们在这里发现了投票箱和用青铜制作的选票及其他文物。这些考古使我们对古希腊文明有了更全面而深入的了解。对古罗马的发掘不限于意大利，而是包括了古罗马曾入侵过的欧洲其他地区和地中海沿岸的非洲和亚洲。1803年，教皇庇护七世开始对古罗马实施发掘与修复计划。万神庙、塞维鲁凯旋门、君士坦丁凯旋门和大角斗场都被挖掘出来，并得到了保护。从1870年开始，维托里奥·埃马努埃莱二世国王下令进一步挖掘和保护古迹。今天人们看到的大部分古迹是墨索里尼时期挖掘的。考古学家朱塞佩·莫雷蒂和水力工程师乔万尼·罗迪奥是1937年和1938年挖掘行动的负责人。通过这些挖掘，我们又重见了古罗马的辉煌。这一部分，作者又介绍了第二个考古知识：如何确定挖掘法？

第五部分《圣地及以外地区的发现》介绍以色列、叙利亚、约旦的考古发现。以色列的美吉多是《圣经》所说的大决战的战场。1903—1905年，德国人戈特利布·舒马赫最早在美吉多进行挖掘，发现了青铜时代中期的一座坟墓，里面有几具男女骨架、黄金制品和其他装饰品。他发现的最出名的文物之一是一枚约宽4厘米的椭圆形碧玉印章。1925—1939年，美国芝加哥大学考古队用新方法考古，找到了约高3米的纪念碑上的部分铭文，并区分了不同的城，相对准确地确定了其存在的时代。20世纪六七十年代，以色列考古学家伊加尔·亚丁在美吉多进行挖掘。1992年美国考古学家芬克尔斯坦领导了美吉多的挖掘工作，有许多发现。以色列最著名的考古发现是藏在死海西边悬崖上的洞穴里的"死海古卷"，它包括最古老的《希伯来圣经》以及一个信奉世界末日启示的犹太教派的基本教义文件和其他宗教资料，共900多卷。这被称为20世纪最迷人的考古发现之一。亚丁还在20世纪60年代挖掘了马萨达遗址，证明了以色列人宁死不当罗马人俘虏而整体自杀的传说的真实性。罗马大学的保罗·马蒂领导的考古队挖掘了叙利亚的埃布拉遗址，发现了两万块泥板。沙漠中的巴尔米拉古城由巴尔米拉古物研究所前所长哈立德·阿萨德领导的团队研究、开发。可惜阿萨德被"伊斯兰国"恐怖分子杀害,巴尔米拉最著名的两座庙宇和其他古迹,包括矗立了近2 000年的凯旋门被炸毁。这里最早的考古是1929年法国人开始的。最有名的纳巴泰遗址是约旦的佩特拉。20世纪60年代犹他大学的菲利普·哈蒙德领导的美国考古队开始挖掘佩特拉。此外这一带的杰拉什、佩拉、马力和乌加里特等十几处遗址也值得关注。这一部分作者介绍了第三个考古知识:年代有多久?为什么能保留下来?

第六部分《新世界的考古》介绍美洲的考古发现。20世纪20年代,人们在飞越秘鲁南部的高地沙漠时发现了纳斯卡线条图,这并不是新闻中说的古代宇航员画的,而是当地纳斯卡文化中的绘画。1987年,人们在秘鲁北部发现了壮美的皇陵。从纳斯卡线条图向东还有耶鲁大学教授海勒姆·宾厄姆发现的马丘比丘。2003年,在墨西哥城东北约50千米处,人们发现了秘密隧道,通往羽蛇神庙下方。人们还发现了阿兹特克文化的特诺奇蒂特兰遗址和特奥蒂瓦坎遗址。这些都是奥尔梅克人创造的。奥尔梅克人并非这个种族人的自称,而是阿兹特克人对西班牙入侵后仍在这一地区居住的奥尔梅克人后裔的称呼。1925年,杜兰大学的弗兰斯·布洛姆和奥利弗·拉法尔热发现了奥尔梅克遗址。在拉本塔,他们发现了巨石头像、祭坛、石柱和被覆盖的金字塔废墟。至今为止,3个重要的奥尔梅克遗址是圣洛伦索、特雷斯萨波特斯和拉本塔。墨西哥城中心的遗址属于晚期的阿兹特克文明,有神庙金字塔。1995年,人们在美国南卡罗来纳州的查尔斯顿海岸不远处发现南方邦联军的潜艇"亨利号"。在弗吉尼亚州的詹姆斯敦,人们发现了武器、甲胄、陶器、玻璃、钱币和 17 世纪的其他物品。在美国还有其他发现。这一部分作者介绍了第四个考古知识：你发现的东西归你吗？

最后的结语《回到未来》是讲作者对未来考古学家发掘今天的想象，认为他们的理解可能有很多错误，如也许会认为星巴克是一种宗教。

考古的书总是十分吸引人的。我再推荐 3 本不同类型的书。德国学者 C.W. 策拉姆的《神祇、陵墓与学者：考古学传奇》（三联书店，2012 年），这本书是考古名著，国内仅我看过的就有三个译本。其对人类主要考古成就都有介绍。英国学者保罗·G. 巴恩的《剑桥插图考古史》（山东画报出版社，2000 年），讲从 16 世纪到今天考古的历史，图文并茂、印制精美，值得一读。英国学者布莱恩·费根的《耶鲁古文明发现史》（人民日报出版社，2020 年），介绍全面而简洁，作为休闲读物，有趣得很。

《考古的故事》几乎没有涉及中国考古，仅在第五部分的考古知识介绍中提到了兵马俑。因此，我补充两本关于中国考古的书。一本是多位专家合著的《了不起的文明现场：跟着一线考古队长穿越历史》（三联书店，2020 年）。这本书分十讲，全面介绍了中国的考古发现，包括良渚、二里头、殷墟、三星堆、小河墓地、秦始皇陵、海昏侯墓、汉唐长安城、南海Ⅰ号、敦煌莫高窟。其全面而详细，"一书在手，中国考古全有"。二里头是热点，我再介绍一本许宏的《最早的中国：二里头文明的崛起》（三联书店，2021 年）。许宏先生曾任二里头考古队长，由他来介绍二里头考古，最合适了。

奥马尔与拉登的狼狈为奸
《巴米扬大佛之劫》

2001年，恐怖主义者犯了两件引起神人共怒的大案。一件是这年的3月，炸毁了巴米扬大佛；另一件是9月11日用飞机撞毁纽约双子大楼。炸毁巴米扬大佛是塔利班所为，撞毁纽约双子大楼是基地组织所为。这两件事背后的推手都是基地组织的头子本·拉登。他煽动炸毁巴米扬大佛，又策划撞毁纽约双子大楼。他是狼，而愚昧无知的奥马尔是狈。狼狈为奸就有了这两个大灾难。

要了解巴米扬大佛是如何被炸毁的，在这个过程中奥马尔和拉登是如何走到一起狼狈为奸的，可以读日本NHK导演高木彻写的《巴米扬大佛之劫》（上海译文出版社，2023年）。这本书是他去巴基斯坦白沙瓦等地采访多人后所写的，真实而详细。

巴米扬大佛有两尊。西大佛有53米高，东大佛有38米高，都建于6世纪佛教盛行时，为宝贵的世界文化遗产。这两次破坏的主使塔利班和基地组织无论成立经过，还是成员和目的，原本都是截然不同的。1989年苏联入侵阿富汗失败撤军后，阿富汗处于军阀混战之中，人民痛苦不堪。塔利班约在1994年出现，一开始只有十几个青年，为首的是阿富汗古城坎大哈郊外的一个很小的伊斯兰宗教学校校长奥马尔，他是普什图人。塔利班就是神学学生的意思。奥马尔参加过反苏战争，他对当时混乱的情况感到心痛，就与关系好的学生组成自卫团，帮助老百姓讨伐不法之徒。当时他们与恐怖毫无关联。对民众而言，他们是救世主般的存在，受到普遍欢迎。有志之士纷纷加入，数月间已有两万人。他们的目标是将随便持有武器的人解除武装，恢复治安，统一群雄割据的阿富汗，并在成功后把权力交出。他们的理想是高尚的，完全遵循"真主的意旨"。1996年他们逼近首都喀布尔。美国和国际社会对他们充满了期望。奥马尔没什么文化，甚至宗教教育也没完成，但被推举为"穆民的埃米尔"，即虔诚的穆斯林的首领。塔利班占领喀布尔以后，奥马尔成了阿富汗的国家领导人。

改变这一切的是本·拉登。他在1996年5月来到阿富汗。本·拉登是阿拉伯人，出生于沙特阿拉伯一个大富豪的家庭。他在阿卜杜勒·阿齐兹国王大学读书时受恩师影响，热衷于宗教激进主义。1979年他作为志愿兵参加了"圣战"。他以白沙瓦为基地，为各地来的志愿者提供帮助，形成了基地组织。后来拉登被沙特阿拉伯剥夺国籍并被驱逐出境。与塔利班对立的军阀首领尤尼斯·哈利斯念及拉登在抗苏中的贡献，邀请他来到阿富汗。塔利班控制了拉登所在的贾拉拉巴德后，拉登以他的谈判能力使奥马尔同意他留在阿富汗。塔利班进入喀布尔后原政府人员已逃离，塔利班接管政权，成立"劝善惩恶部"，对不按伊斯兰教义行事的人进行惩罚，严重侵犯平民，尤其是妇女的人权，引起全世界反对和阿富汗人民受苦。塔利班占领喀布尔后，奥马尔与拉登第一次会面，同意拉登留下来，但让他不要惹麻烦。

1997年巴米扬大佛遭到第一次危机。塔利班的一名野战司令官阿卜杜勒·瓦希德扬言要毁掉这座大佛，因为巴米扬当地的什叶派哈扎拉人反对逊尼派的塔利班。联合国秘书长安南及国际社会强烈反对。1998年塔利班进攻巴米扬地区，当地哈扎拉人抵抗，在大佛的悬崖上修建了高射炮阵地，下面的石窟成为弹药库，大量难民进入石窟避难。拉登领导的阿拉伯人加入攻打巴米扬的战斗，此后拉登又在阿富汗建立了基地，基地和塔利班结盟。占领巴米扬后他们向大佛开炮，大佛受到损坏。他们又在小的大佛头部都安放炸药，破坏了大佛。这些行动与基地组织密切相关。这是"大佛第一次被毁事件"。此事令为保护阿富汗遗产而成立的非政府组织SPACH（阿富汗文化遗产保护协会）副会长南希·杜亨利感到惊慌，塔利班内部政府信息与文化部副部长阿卜杜勒·拉曼·霍塔克也反对毁佛。塔利班内有阿富汗国家主义与泛伊斯兰主义两个派别，拉登巧妙地在两派之中斡旋。奥马尔的首席助理瓦基尔·艾哈迈德·穆塔瓦基尔也反对毁佛。

拉登通过吹捧奥马尔等方法实际上控制了塔利班。拉登向美国人宣战并召开记者发布会，惹恼了奥马尔。拉登用各种手段讨奥马尔欢心。塔利班面临北方联盟及其他民族的抵抗，陷入困境，故拉登多次购买越野车送给塔利班，又送士兵和补给。阿拉伯士兵打仗不怕死。拉登以后又每年给塔利班1 000万~2 000万美元。塔利班因此走出困境。1998年拉登袭击美驻肯尼亚使馆，奥马尔支持。美国要求塔利班驱逐拉登，并邀请霍塔克访美，使他成为"亲美派"。

奥马尔的助理穆塔瓦基尔也预感到拉登给塔利班带来的危险，要求驱逐拉登。但奥马尔留下了拉登，并提拔了听命于拉登的塔伊布·阿戈，代替穆塔瓦基尔当助理。后者当了外交部长。而霍塔克再次访美。从2000年新年伊始，奥马尔出台了一系列新政策，要改变塔利班。

2000年拉登制造了美国"科尔号"驱逐舰爆炸案。这时拉登逐渐把整个阿富汗变成了他的基地，到处是他的军事训练营，奥马尔已在私通拉登的阿戈的控制中。拉登将全世界的伊斯兰"圣教士"吸引到阿富汗。塔利班已离不开拉登的这些人。拉登在阿富汗来去自如，畅通无阻。劝善惩恶部强化了权力，甚至跟踪霍塔克，破坏喀布尔博物馆的藏品，成为破坏佛像的一股强大力量。霍塔克后被解职。整个塔利班从本质上发生了变化，这种变化发生在2000年秋天。1999年位于坎大哈市中心的奥马尔办公室兼住宅被炸。这种恐怖活动是随拉登而来的，有人劝奥马尔与拉登断绝关系，奥马尔也与北方联盟谈判，并禁止种罂粟。但拉登捷足先登，控制了奥马尔的思想。他们更频繁地接触。奥马尔继续与拉登交往，接受他背后来自全球各地伊斯兰激进派的支援。奥马尔和拉登已无法回头了。危机再次逼近巴米扬大佛。直到广播中传出了奥马尔最新指令：立刻毁掉阿富汗境内的所有佛像。

这个官方决定做出后，全世界人士都为保护巴米扬大佛而奔波。各国大使到喀布尔向塔利班施压，但失败了。非政府组织SPACH对此表示了愤怒。曾任奥马尔助理、时任外交部长的穆塔瓦基尔答应劝奥马尔放弃这个做法，但也失败了。与拉登勾结的时任奥马尔助理阿戈迅速把这一消息告知外国通讯社，使事情无法挽回。喀布尔的考古学家米尔·乔恩为阻止大佛被毁四处奔波，但无果。炸毁佛像的讨论 2000 年秋天就开始了。拉登参加了讨论，强硬派，即以劝善惩恶部为核心的势力主张毁佛。塔利班内部有不同意见，奥马尔开始也不同意。但他受了拉登的挑唆，决定"毁掉大佛"。拉登巧妙地利用劝善惩恶部的权力，甚至凌驾于奥马尔之上，改造了奥马尔。2001 年 2 月 26 日沙里亚广播台发出毁佛指令后震惊了世界。联合国秘书长安南、联合国教科文组织，美德等欧美国家、日本、中国、斯里兰卡、巴基斯坦、伊朗、马来西亚，以及各国媒体都指责这一行径。只有沙特阿拉伯的瓦哈比教派宗教领袖支持。全世界展开拯救大佛运动。联合国阿富汗特派团前政务官、日本外交官田中浩一郎和联合国阿富汗特派团团长本多雷尔一起到喀布尔谋求谈判。法国外交官皮埃尔·拉弗朗斯也来喀布尔劝说、谈判。由伊斯兰法学界精英组成的"梦之队"也来谈判。但最终都没有成功。

2001 年 2 月 26 日奥马尔发布"毁佛令"后，任何人不得进入巴米扬地区。只有卡塔尔泛阿拉伯半岛电视台的记者泰尼尔·艾尔尼拍摄了大佛被毁的过程。他们先是用大炮射击大佛，还配备了 4 辆坦克，六七门火炮，但打了 100 发左右，只留下了划痕。奥马尔下令准备炸药。在塔利班司令官率领下，10 多辆卡车和"特别毁佛部队"进入巴米扬。3 月 5 日，奥马尔发布声明，接下来几天是伊斯兰"宰牲节"，在此期间停止作业。法国外交官拉弗朗斯以为有希望阻止了。塔利班驻巴基斯坦大使阿卜杜勒·萨拉姆·扎伊夫带回了卡塔尔伊斯兰法学家格尔达威的亲笔信，反对毁佛。巴基斯坦宗教领袖萨缪尔·哈克经营一座大型神学院，这个神学院的许多学生进入了塔利班，反对毁佛，使塔利班动摇，毁佛行动也不顺利。但拉登带车队来到巴米扬。他们准备炸药，并把炮弹和子弹都放在大佛身上。拉登看到准备工作有条不紊后离去了。奥马尔不愿反悔。在

3月10日后爆破分数次进行,巴米扬大佛永远消失了。这一天奥马尔会见了巴基斯坦内政部长穆因丁·海德尔,海德尔还想最后挽救一下大佛,但失败了。

大佛被毁,人们的反应不同。塔利班外长穆塔瓦基尔表示无奈,阿富汗老百姓也惋惜,只有极端伊斯兰分子欢呼。塔利班又杀害了巴米扬西部考朗地区的什叶派人。拉登加入了坎大哈最高决策会议舒拉,他已从军事、政治和思想上统治了塔利班,联合国的人道主义事业也停止。拉登后来又策划了对美国的袭击,这就是"9·11"事件。

其实伊斯兰教和其他宗教一样,是要建立一个美好世界,教人行善的。但其极端分子曲解《古兰经》,做出了许多滔天罪行。以后的"伊斯兰国"甚至杀害了巴尔米拉古物研究所所长哈立德·阿萨德博士,还炸毁了巴尔米拉两座著名的庙宇和其他古迹,包括已有近2 000年历史的凯旋门。

要了解恐怖主义的更多历史,可以参看介绍基地组织起源的美国记者劳伦斯·赖特的《末日巨塔:基地组织与"9·11"之路》(上海译文出版社,2014年),介绍二战中欧美等国帮助伊斯兰极端组织的美国作家伊恩·约翰逊的《慕尼黑的清真寺》(上海译文出版社,2017年),以及介绍"伊斯兰国"的美国记者乔比·沃里克的《黑旗:ISIS的崛起》(中信出版社,2017年)。

此外,还可以读郭建龙的《穿越百年中东》(中信出版社,2016年),他亲自到中东一带采访,讲述了从奥斯曼帝国开始到今天的中东冲突历史。其中有伊斯兰内部逊尼派与什叶派的争斗,也有外部力量的干扰。因为他是实地去过,又与当地人交流,且读了大量资料,所以书中对中东问题进行了通俗、有趣而全面的介绍。台湾学者张信刚的《大中东行纪》（广西师范大学出版社，2011年），写他在这一带的旅行，所写的不仅有中东，还有北非、中亚、地中海沿岸，对这些地区的矛盾、冲突、历史、现状进行了介绍，也值得一读。香港女记者张翠容的《中东现场：揭开伊斯兰世界的冲突迷雾》（广西师范大学出版社，2012年）对中东恐怖主义亦有独具一格的介绍。

中东是世界的焦点。也许你去不了中东，但读读这些书，也能"秀才不出门，便知天下事"了。

世界各地老人如何养老
《当世界又老又穷》

20世纪80年代之前，没有计划生育政策，即使有也只是"号召"和"提倡"，并没有严厉的手段。自然生育又适逢海内升平时代，人口增加不少。这些人现在已经成为老人或即将成为老人。中国迎来老龄化时代。关于目前老龄化状况，如60岁、70岁、80岁，甚至更老的人有多少，占人口的比例，可以从网上查到最新的，就不用我引用了。报刊和网上关于老年人的状况也有许多介绍和讨论，总之，老龄化的影响与解决之道是社会热点。

如果从对社会经济总体的影响的角度看老龄化问题，那么你可以读两本书。一本是英国学者查尔斯·古德哈特和马诺吉·普拉丹的《人口大逆转：老龄化、不平等与通胀》（中信出版社，2021年），从全球角度看老龄化的影响。另一本是中国学者梁建章的《人口战略：人口如何影响经济与创新》（中信出版社，2023年），从中国角度，不仅讲老龄化问题，还讲到人口负增长时代，就是老龄化时代，如何通过创新来消除老龄化的影响。

不过这两本书都太宏观了，对我们而言有点儿远，加之它们都是专家所写，理论、资料都相当充分，也不缺自己的见解，但学术味太强，一般读者也不一定有兴趣。我要推荐的是美国记者泰德·菲什曼写的《当世界又老又穷》（三联书店，2018年）。这本书介绍了美国、西班牙、日本和中国的老人状态，以及作者对老龄化及老人的看法。作者写得通俗有趣而贴近现实，书很好读，能带给读者不少收获和启迪。这本书共十章，我们按顺序介绍。

在"导论：白发新世界"中，作者用自己母亲80岁仍在跳舞、冬泳、外出野营和父亲63岁以后就已完全失能举例，说明了不同老人截然不同的生存状态，进而说明社会对老人的照料，以及全球老龄化的状态，包括世界不同国家的老龄化状态。这正是以下各章要描述的。

第一章《来自佛罗里达州的问候，上帝的等待室》写许多国家和美国许多地区的老人来阳光之州佛罗里达安度晚年。75~84岁美国老人长居佛罗里达的比例达8.3%，其中萨拉索塔市居民中超过65岁的占33%，住在萨拉索塔松林疗养院的居民平均年龄在87岁。这里可以享受低物价、阳光普照、悠闲乃至长寿的退休生活。这里有美国人、英国人、德国人和加拿大人。还有"老年候鸟"在这里过冬。老龄化给地方政府带来财政压力。这里吸引老年人的原因之一是投资于年轻公民的服务少，投资于老年人的服务多。佛罗里达更致力于吸引老年人移民于此。萨拉索塔市因此建了适于老人的新居，有各种活动。例如，马戏团和马戏团博物馆让他们回到自己年轻的时光；老人小区举办的艺术活动；非营利服务团体众多；招募老年志愿者的计划；重新界定自己与所属团体。这些帮助老人维持最佳状态。当然这里也有诈骗集团与小偷，有骗子与各种促销手法。"老年诉犯罪"（Seniors vs Crime）办公室努力保护老人。萨拉索塔市居民对老年生活的投入，为老人带来光明与希望。

第二章《长寿简史》用道格拉斯老人的例子说明当代人长寿的特点。教育、公共卫生、都市生活与人权的进步，以及传染病的消除使人长寿。生对地方，生对时代，会让人长寿。

第三章《老年失忆症：在西班牙发现老龄化》，介绍西班牙老龄化状态。西班牙女性的预期寿命84.4岁，位于欧盟第一。预期到2050年，西班牙65岁及以上的老人占人口的37%。老龄化影响了全西班牙，与老龄化相关的是房地产崩盘，国外年轻移民大量增加，年轻人离开农村，家庭人口减少，符合兵役条件的人数减少。西班牙人寿命长了，但仍习惯一天五到七餐。这在于地中海的饮食有益于健康。有研究指出，西班牙人和意大利人长寿与嗜吃腌制的肉制品相关。地中海饮食有助于健康和长寿还在于围绕饮食的生活方式，即人们与家人共享美食，这使他们成为最重视社交的饮食者，而社交网络密切至少可以防止意外或自杀。老龄化社会迫使人们在地方上进行全球化，移民在促进西班牙经济全球化中起重要作用。人员与资金进入老龄化的西班牙，西班牙选择自己需要的移民。西班牙老人中有28%陷入贫困，也有遭遗弃的老人。西班牙人想要生更多孩子。几百万老人需要照料，但他们希望，自己老了，别成为别人的负担。

第四章《我们如何不断地走向衰老？》写人老化的生理过程。人老化首先在于细胞逐一生锈。当氧自由基逐一摧毁动物DNA（脱氧核糖核酸）并造成细胞死亡时，人就开始老化并走向衰竭。这本书还介绍了每十年人老化的表现。老化是一种累积效果的动态混合。用来衡量老人幸福指数的是"日常生活活动",包括步行、上厕所、着装、沐浴、梳理打扮与饮食的能力。

第五章《日本,消失的下一代》介绍日本的老龄化状态。日本65岁以上的老人占人口的21.5%,2050年会达到40%。预计从2008年到2050年日本的劳动力会减少1/3。东京成为世界上老人最多的城市之一,随处可见百岁老人,且老人数量正以11%的速度增长。在老龄化的日本,青春期持续到中年,单身男女已司空见惯,少子化对日本高等教育形成冲击。日本青年人追求时尚。日本的家族企业人手不够,只好有条件地引进外籍员工或把企业迁至中国。

第六章《欺骗死神》讲人的长寿问题。一个人的健康状况与长寿与否取决于一个人在何时、何地出生及成长。这与祖先赋予的基因、出生与成长的环境带给我们的压力,以及我们选择的生活方式有关。如果一个人在出生后幸运地得到良好的照顾,并能借助于医学,那么他的寿命可能会延长。遗传是重要的,出生的时间与是否会早夭、成年后的健康状况和寿命密切相关。人类正在研究如何推迟老化,尽可能让生命维持最佳状态,延长寿命,未来甚至可能有仿生超人,但这些还很难预测。

第七章《螺丝之都的曲折命运:伊利诺伊州罗克福德》介绍罗克福德这座美国曾经名列前20名的富裕城市从制造业向养老业的转型。现在这里正成长的产业是老年白人的看护。在这里找工作的人要学习医疗照料的技能。欧洲与亚洲移民将成为全国居家照护机构的加盟从业者。老人照护已成为该市最具前景的细分行业。作者以卡西·卫特斯的经历说明了这一点。在美国,进入居家照护行业唯一的通道是向加盟经营者购买加盟权利,而后加盟经营者会在营销、训练与管理上给予加盟者各项协助。美国制造业衰落，女性劳动者超过男性。她们更能满足服务业经济的需要。这种服务业包括居家照料与医疗，以及低阶的服务业。客户服务中心在罗克福德设立。这座城市要想靠自己复兴，除了吸引技术工人，还要重视医疗。老年人增加预示了医疗业的前景。从菲律宾引进的护士会来罗克福德，在于菲律宾人也可享有与美国人相同的医疗与福利。老人住在自然退休小区。在一家企业，老员工想延后退休，退休后愿意学习，甚至有事业第二春，成为老企业家或老创新者，或在家里教育孙子辈，等等。总之，这座城市的产业状态和老人状态正在发生改变。

第八章《我们如何看待老人？》介绍对待老人的不同态度，批评"歧视老人"。首先介绍的老人亨利·奥尔森是挪威移民的后裔，他有种族主义，又有阿尔茨海默病，一生积累了400万美元，但被远房亲戚与邻居等诈骗。类似这样的老人很容易成为诈骗对象，他们本身缺乏防御能力。合法地诈骗老年人正是老年人被歧视的例子。当人们注意到老龄化问题时，也开始探讨隐藏在年龄歧视背后的态度问题。与年龄相关的刻板印象比性别的刻板印象还根深蒂固。各地的研究表明，对老年人的态度尤其带有贬义的味道，其原因在于现代性。工业化从各方面降低了老人的地位。人们歧视、害怕老人，社会对老人的苛待相当普遍，老年人应该用多种方法使自己年轻化。

第九章《中国：未富先老？》是讲中国老龄化问题的，中国的发展有可能由于老龄化而停滞，甚至倒退。中国有庞大的老年人群体，预计2025年，中国人口占世界人口的1/5，中国人口中65岁以上人口占1/4。中国贫困地区老龄化更严重，因为年轻人都迁到了发达地区。作者认为，中国人注重家庭，缺乏全面的、全国性的社会福利制度来支持城乡老年人。急速老龄化是中国要面对的一项重大挑战。中国的"四二一"家庭中，当一个成年子女要面对6位老人时，他会很难应对，但法律要求子女必须赡养父母。不孝子女可能增加。年轻人要去工作，老年人成为免费的服务者，公园成为老人的去处。当老人巨浪到来时，代际关系将决定中国的命运。

第十章《数代同桌》是对未来养老的设想，我们应该回到老餐桌上，维系数十年的爱与联系。未来会有职业看护、为老人服务的科技，以及老年人住处的改变。老年人健康改善会使我们进入"活跃老龄化"的时代。未来会有巨大的反馈回路，年轻人为主的国家会成为进入老龄化最快的地方，我们要应对这种趋势。

这本书是一位记者写的，他采访了许多人，讲了许多与老年人相关的故事，或者自己的亲身经历与感受。内容有些散，但有一个中心：如何应对全球不可抗拒的老龄化趋势。由于科技与医学发达，人的预期寿命有不断增加的趋势，与此相应的是出生率的下降，这两者结合一起，探讨如何养老就是一个极有意义的题目。作者所写的许多事情有地方性，看法也有可商榷之处。但书中写到的许多现象和问题，都值得我们关注，比如所写的美国老人诈骗，我国不也有用养老营养品等方式对老年人的诈骗吗？许多城市以养老为主业的产业转型也是值得关注的。这本书不同于严肃的学术分析著作，有如故事书，不过故事背后还是有意义的。

人们都认为预期寿命延长是好事，但老而不死真的好吗？日本作家山田宗树的科幻小说《百年法》（上下册，江苏凤凰文艺出版社，2017年），写人类发明了一种植入不老化病毒后可以长生不老的技术，但这个老而不死的社会出现了一系列问题与冲突，结果是灾难性的。我们应该思考的是，我们应该追求健康地生活，还是衰老地活着？正确对待死亡才是科学的态度。

也许日本老龄化更严重吧,日本关于老人悲惨处境的书不少。我读过的有NHK特别节目录制组编著的《老后破产:名为"长寿"的噩梦》(上海译文出版社,2018年),同一作者的《老后两代破产》(上海译文出版社,2021年),以及《失智失踪:1万走失老人与痛苦的家人》(上海译文出版社,2022年)。读了这些书,我是不想老而不死了。

从依附到独立
《太太的历史》

莎士比亚有一句名言："女人啊！你的名字是弱者。"这句话有对女人的同情，但更多的是轻视。不过不要怪罪莎翁，这是当时包括女人在内大多数人的共识，是社会的主流意识形态。这种在今天看来极其错误的认识是在什么时候出现的，又是如何形成的呢？

这种主流意识从宗教上说来自《圣经》中关于上帝从男人亚当的胸中拿出一根肋骨造了女人夏娃的传说。不过我更愿意从恩格斯的《家庭、私有制和国家的起源》中来理解这种意识的来源。

恩格斯认为，是经济地位决定了男性和女性在家庭和社会中的地位。女人曾经有过辉煌的年代。在狩猎-采集时代，财产是公有的，男人的狩猎活动有极大的不确定性，女人的采集更能保证一个部落的生存安全。在没有私有制、女人的经济活动更有保证时，社会是母系氏族社会，女人的地位至高无上，男人处于依附的地位，恩格斯称之为"母权制"。他认为，共产制的家族经济乃是原始时代到处通行的女性统治的真实基础。进入农业社会后，财富增加，私有制产生，在一夫一妻的家庭内，丈夫的责任是获得食物及为此所必需的劳动工具，从而他也取得了劳动工具的所有权。这时母权制被颠覆，父权制确立。恩格斯认为母权制的颠覆是女性具有世界历史意义的失败。男子掌握了家中的管理权，而妇女失掉了荣誉地位，降为贱役，变成男人淫欲的奴婢，生孩子的工具。他又说，文明时代的贵妇人外表上受尊敬，与一切实际劳动完全脱离，但她们与野蛮时代辛苦劳动的女性相比，实处于无限低下的社会地位。所以，妇女的解放，须以一切女性的重新参加社会劳动为第一个先决条件。（我依据的依然是大学时读过的张仲实译的1954年人民出版社的版本。）

美国学者玛丽莲·亚龙介绍妇女地位从依附到独立的变化的著作《太太的历史》（浙江大学出版社，2016年）所遵循的仍然是恩格斯的这个基本观点。

在这本书中，作者以妻子在家庭和社会中的角色转变来说明女性地位转变的历史。序论《妻子是濒临绝种的动物？》中指出，"过去50年来妻职的转变，其实是长时间的变化累积"，在不同的国家和民族，变化并不一样。在现代社会，欧美人士中认为妻子应依顺丈夫，丈夫可以打妻子的人已经极少。夫妻平等的概念已取得优势，这主要依赖于法律和教育。想知道这个累积的过程是如何发生的，这就要回到古代，从头说起。

第一章《古代世界的妻子（圣经、希腊、罗马模式）》从圣经、希腊和罗马开始，是因为这些古文明的宗教、法律与社会运作成为后来西方世界对待妻子的样板。"妻子是丈夫的动产、倚赖者、获得合法子嗣的途径、孩子的照顾者，也是他的厨师与管家。"这些义务的某些内容仍在我们的集体意识里。在《圣经》里，夏娃堕落后，上帝告诉她："你必恋慕你丈夫；你丈夫必管辖你。"圣经时代对妻子的约束的基本要求是"唯夫命是从"。古希腊时期理想的妻子是《奥德赛》里的珀涅罗珀：成熟、聪明、忠贞。婚姻是财产的安排、金钱的交易，与新人的感情几乎无涉。婚配对象的父母必为公民。婚姻的主要支撑来自习俗、法律与仪式。妻子几乎足不出户。古罗马时代与古希腊相同，对女人的控制权自然由父亲交到丈夫手中。已婚妇人要依据贞洁法行事。神话中的女主角对丈夫忠贞不贰，守寡也不再嫁，成为妇女榜样。罗马帝国时代较为平等的婚姻模式逐渐成形，即强调丈夫与妻子的伙伴关系。择偶中金钱与政治人脉等利益考虑变得重要。定亲有中介，要父亲同意。罗马人颇推崇夫妻情爱。在希腊与罗马时代，夫妻从主从关系变为有限度的伙伴关系。丈夫与妻子各司其职，稳定社会秩序，这时尽管已有"男尊女卑"，但妻子的命运还不像以后那样悲惨。

变化在中世纪，第二章《中世纪的欧洲妻子（1100—1500）》正是介绍这种转变的。中世纪天主教会逐渐取得婚姻的管辖权。教会规定结婚时不仅要有证人、神职人员在场，还要在教堂进行。它还降低了双亲同意的分量，有意婚配者的共同意愿变成婚姻成立的条件。做妻子的无论是哪个阶层，都必须服从丈夫。丈夫的权利扩大到妻子的财产和她的人身，打妻子受法律与习俗支持。法律与宗教都肯定了丈夫为妻子的主人。浪漫之爱只在婚姻之外，妻子要成为母亲与从事其他家务的劳工，负责管理家务，许多文学作品都描述了当时妇女的状态。

宗教改革后，夫妻关系有了什么改变？第三章《日耳曼、英格兰与美国的新教徒妻子（1500—1700）》论述了这个问题。妻子的历史与宗教史盘根错节。马丁·路德支持教士结婚，并不把婚礼作为圣礼，但对女人的看法仍是认为女人较为劣等，主要功能在生孩子，丈夫是一家之主，妻子排在第二。全世界的路德派教徒接受夫妻互敬互爱，但也接受了夫妻权威不平等。1536年英国不再将婚礼作为圣礼，但仍强调"婚姻乃取悦上帝之事"，仍然坚持丈夫对妻子的权威。大约在这时，爱情成为婚姻的首要条件，英国比欧洲其他地区更容许相爱之人的结合。移民到美国的新教徒中，诗人安妮·布莱德斯特里特和一个身份地位与自己相同的男人结婚，养育了8个孩子，符合传统妻子的标准，但又写诗，不同于一般妻子。当时丈夫仍是妻子的监护人，但妻子可做丈夫的遗嘱执行人。在美国，南方男多女少，女人有了更多选择权。新教徒的婚姻更接近现代婚姻，主张男女平等。

18世纪后，美国民主发展，法国推翻君主制，妇女的地位有什么变化？第四章《共和时期的美国与法国妻子》正是讲这些政治制度对妻子地位的影响。当时美国的妻子身兼丈夫的伴侣、母亲与管家三重身份。女人是弱者的想法颇为流行，法律和社会都认为男人应主宰女人。典范是第二任总统亚当斯的妻子。但这时也有了有政治新意识的女人。法国大革命前上层妇女献身文化与知识追求，大革命中又参与丈夫的事业。尽管夫妻地位平等，但人们依然认为，男女有别，女不如男。大革命后，"自由、平等、博爱"的思想对妇女并没有影响，妻子还是要服从丈夫。

维多利亚时代英美两国的妻子如何呢？这正是第五章《维多利亚时期大西洋两岸的妻子》中要介绍的。英国人的婚姻更看重相同的社会与宗教背景以及共同的价值观。英美两地法律并不认为妻子与丈夫平等，但英国通过了"已婚妇女财产法"，允许妻子控制自己的财产与收入。美国之后也这样做了。这时英国出现了女性主义萌芽。美国伊丽莎白·卡迪·斯坦顿成为激进女权运动先锋。美国南方较为落后，女人仍然接受必须依附男人的观念。奴隶不能合法结婚，可以同居。主人决定奴隶的婚姻。

美国有一个开发西部的时代，第六章《维多利亚时期的美国边疆妻子》介绍了这个时代妻子的状况。在这个艰苦创业时代，男人女人的工作很难分开，精神上也颠覆了原有的男女界限。18世纪后英美两地的父权模式开始衰落。英国1857—1882年的立法及美国19世纪40年代开始的立法都给了已婚女性较大自由，新的教育与工作机会也使女性在当妻子之外有了更多选择。新的变革时代来临了。

以下3章讲这种变化。第七章《女性议题与新女性》介绍丹麦剧作家易卜生的《玩偶之家》。这是妇女解放的先声，欧洲的许多知名人士支持女性进步的改变。英国出现了教育水平高、有独立性、不满传统家庭观的新女性。欧洲出现了女性议题的激烈争论。美国也出现了许多追求独立性的新女性。这一切是女性解放的先兆。

第八章《美国的性、避孕与堕胎（1840—1940）》介绍美国人性观念的改变及相关的行动。与传统观念重视男性性欲不同，新的性观念是重视女人的性欲及满足，强调性自身的价值。避孕的人多了，避孕技术也发展了，堕胎技术和药物也有发展与越来越多的应用。

第九章《妻子、战争与工作（1940—1950）》介绍了二战给女人带来的新机会，这将她们推向以前无法想象、独立并承担责任的地位。战争加速了已经开始的妇女解放进程，她们的就业增加，进入专属于男性的行业，拿同样的工资。造船厂就有许多女工，南方女工活跃在国防工业中。妇女组成"妇女陆军辅助部队"和"美国海军自愿救援服务队",为战争提供各种服务。没有外出工作的妻子艰辛地照料家庭和孩子。这时也有了各种妇女参加的义工服务。这种现实的变化使人们对妇女的态度和妇女的实际地位有了根本性改变。战争改变了社会,也改变了妇女。

我把第十章《迈向新妻子(1950—2000)》作为全书的总结。这就是战后所发生的许多根本性变化。这50年变化根植于百年来的历史变迁。最显著的变化是美国夫妇的性态度与性经验,以及女人外出工作的机会增加。性的意义已从繁殖转为愉悦,加上职业妇女增加,这就促成了"新妻子"的形成。金赛所做的报告和大都会报告介绍了美国夫妇性态度与行为的变化。法国西蒙·波伏娃的《第二性》描述了完全不同的女性形象。双薪夫妻的兴起是平等哲学的实践,尽管妇女仍要承担较多家务。许多作品勾画了新妻子的形象。结婚年龄晚了,婚前性行为已普遍。婚姻中浪漫的爱成为首要的,当然离婚率也大幅增加了。女性并未放弃妻子的身份,但是以平等为基础,创造新的完美结合模式。

这本书并不是理论表述,而是用文学作品、报刊报道、调查资料来说明从古至今妇女地位的变化,即从丈夫的附属品变为独立的女人。这也是人类社会进步的一个重要内容。

关于妇女问题的书,我读的并不多。英国学者伊莲·摩根的《女人的起源》(三联书店,2016年),主要是介绍历史上的女性。美国学者弗洛伦斯·威廉姆斯的《乳房:一段自然与非自然的历史》(华东师范大学出版社,2017年)以女性健康为中心,重点是乳房的健康。英国学者露西·德拉普的《女性主义全球史》(南京大学出版社,2023年),全面介绍了女性解放的历史,可以与这本书对照来看。中国学者李银河对女性问题颇有研究,她的《女性主义》(江苏凤凰文艺出版社,2021年)可以作为了解女性解放的入门读物,值得一读。

读有关女性的书,男人更尊敬妻子、女士,女人更珍重自己,也更爱家庭、孩子。这就是和谐家庭、和谐社会吧。

15位医生一部医学史
《蛇杖的传人》

医生是古老的职业。在狩猎-采集时代，会有人受伤、生病，同伴总会用一些方法或巫术为他们治疗。这些人就是兼职的"赤脚医生"。古埃及大量纸莎草纸文献中记载了医疗方法与草药，至今为我们珍重。中国古代有神农尝百草的传说，也有扁鹊这样的名医，还有《黄帝内经》。

西方人讲到科学，总要上溯到古希腊。医学的历史也是从古希腊讲起。美国医生、医学史和医学伦理学教授舍温·努兰的《蛇杖的传人》（浙江大学出版社，2017年），通过对西方历史上15位名医的介绍，概括了一部西方医学史。

第一位名医当然是被誉为"医学之父"的古希腊医生希波克拉底。他与他的弟子们被称为希波克拉底学派。他们最大的贡献是，对于病因及治疗，他们并不诉诸神祇或其他神秘力量。摆脱神灵就是医学科学的开始。希波克拉底学派把疾病与病人的环境联系起来，认为治疗在于修复自然环境，保护病人及重建病人与环境的适当关系。这是以后"整体医学"的来源。古人称医术为一种艺术。大自然总在力求保持稳定状态，人体平衡时健康，失衡时就有病，诊断依据观察。希氏医学是经验性的。他们以不伤害为原则。他们也重视疾病的发展过程。希氏医疗法的主要处方至今仍在应用。他们是实践家，从实践中获得知识。现在希波克拉底誓言仍是西方医生入职前要宣誓的。它包括医生与病人的契约规范以及医学伦理规章。它已成为医学道德的原则。这些原则可归结为一句话："我毕生以纯洁与神圣来执行我的医术。"

进入古罗马时期，最著名的医学家就是盖伦了。盖伦的"神学-生物学"架构是由一系列矛盾与辩证组成的。他是一个矛盾的人，在医学上他既是实验性医学研究法的创始者，又是实验医学的巨大阻力。这就在于他容许哲学和神学的臆测影响到他对所观察到的事物的解释。他用实验及观察的方法去了解大自然，但他留下的知识都被他及其弟子视同圣经般膜拜，阻碍了以后医学的研究。盖伦将疾病根植于解剖的概念引入医学。如此构建的医学进步都是由于我们对人体构造及身体各部位在健康和疾病情况下的运作日益清楚。"从这种意义上说，他真正开启了一切。"盖伦发展出来的系统建立在尸体解剖、生理学实验，以及对病人的临床观察的基础之上。但他对神充满敬意，以目的论来切入他的观察，而且他从未亲眼看过人体解剖。他对医学最重要的贡献是他证实动脉含有血液。他对药物治疗极具信心。

文艺复兴时期，16世纪意大利医生安德烈·维萨里的《人体构造》使医学复兴。这本书是科学、技术和文化的会合，也是文艺复兴狂热精神的外在表现。这本书回忆了古希腊时期的思考方式和观察方法，还提供了表达的工具：精确的技巧和解说丰富的插图。维萨里对盖伦关于解剖学的贡献表达了敬意。《人体构造》的特点是致力于细节描述，每一幅精确的绘图的重要特征都有旁注。该书按顺序分为骨骼、肌肉、血管、神经、腹腔与生殖器官、胸腔器官、大脑7册。维萨里写这本书是为了成为好医生，这本书每一章都提及了疾病所导致的解剖结构改变。这就打破了中世纪医学的停滞，开启了新时代。

16世纪法国的安布鲁瓦兹·巴雷在巴黎当理发匠。他在当外科医生学徒时学会了已有的外科技术，他一生的工作成果改变了外科医生及外科学的角色，创造了外科医师的典范。他的第一本著作简称《枪伤三疗法》，希望在年轻外科医生执业、积累经验的过程中给予其指引。1564年他出版了《外科十书及其所需器械辑要》。他的《教谕书》包含了医学知识和个人心得。他提升了外科医生在医学中的地位。

17世纪英国医学家威廉·哈维发现血液循环的奥秘，这是现代医学发展的重要基础之一。他的发现再次引入了一种生物科学研究的主要方法：实验。他是第一个把培根的归纳法原理运用于研究中的医师。在执业时，他进行解剖学和生理学研究。他在1628年完成了血液循环原理的庞大理论体系，出版了《心血运动论》。经过实验，他证明了心脏在收缩期强有力地收缩，将其内的血液灌注于各主要动脉之内。脉搏正是心脏收缩造成的。这本书前半部分的中心是，当心脏在两次心跳之间的舒张期时，由全身各处回流的静脉血，经心脏右侧下的腔静脉进入心脏。肺循环理论也同时确立了。第二部分触及了血液由动脉进入组织之间的真正途径。哈维研究事物运作的方式，73岁时出版了《论动物的生殖》，勾勒出17世纪科学家在研究自然现象时所需遵行的概念。

18世纪，意大利医师乔凡尼·莫尔加尼的解剖学观念开启了新医学。他为医学界提供了打开科学化临床思维方式的大门的钥匙。他对病因的看法被称为"病理解剖说"，是各种医学理论共同的基石。他的名著简称为《疾病之居所》。他的本行是人体解剖学，但他牢记医师研究的四大支柱，即临床、病理、实验及知识。他的《疾病之居所》提供了一套对疾病本质的全新的理解方式。他不仅是"病理解剖学之父"，也是整个近代医学诊断的奠基者。

18世纪英国外科医师约翰·亨特是医学科学中极富原创性的艺术家，不循规蹈矩的科学家。他创造出自身的准则及行事方式，为许多杰出的后继者指明了新的方向。他不仅改变了外科这个行业技艺的形象，也使医学的面貌焕然一新。亨特的成就显示了外科学是值得具备智慧的人全心投入的行业。他出版了《性病论》和《论血液、炎症反应及枪伤》。这两本书成为描述性临床病理及生理学研究的典范，使原来纯粹机械性的外科技艺进入科学的医学研究殿堂。他在牙科上也贡献颇多，没有一位外科医师能像他一样，在技术、科学及对其追随者所提供的教诲上有那么深远的影响力。

如今听诊器已是每个医生必备的工具了，但你了解发明听诊器的法国医师何内·雷奈克吗？这种发明有些偶然。雷奈克工作的医院里一位年轻的女患者有心脏病，但由于太胖，当时的敲诊或触诊听音的办法都用不上，于是他用纸卷成一个筒去听，果然听出了声音。听诊器就这样产生了。听诊器不仅可以把声音传入医生的耳朵，也教导医生什么是客观的证据，什么是病人自身或检查本身的误差所致的错误。这就可以准确地判断病情：医生倾听来自病人体内隐私处的声音——每一个音符都有不同信息，从而做出判断。1819年，雷奈克出版了他用听诊器所做研究的著作《听诊的媒介——以新的研究方法来诊断心肺疾患的论文集》。

维也纳的医师伊格纳茨·塞麦尔韦斯发现，疾病的发生是由于细菌的散布，这比巴斯德发现"细菌是腐败的原因"早了9年。他又证实产褥感染可以借由医师的手从一个病人传染给另一个病人，这比李斯特发现伤口的感染可以经由医师而传播早了20年。但也很不幸，他的这个重要发现并没有为当时的医学界接受。

外科麻醉的发明是美国医学界对世界的第一个重大贡献，这个发明是由几个人完成的。1846年10月16日，莫顿在麻省总医院公开展示乙醚的效用之日，正是外科麻醉开始之日。当然，古希腊罗马时代就有人把罂粟、曼陀罗等植物作为麻醉止痛剂。中世纪时人们使用了由鸦片等药物混合而成的"催眠海绵"。导致麻醉术诞生的一是对笑气化学与物理性质的研究，二是有关呼吸的研究。直至19世纪初才有研究者注意到乙醚。美国医师隆恩率先用乙醚作为麻醉剂，但他并不是无痛手术的引入者。牙科医生贺拉斯·威尔斯在手术中使用了一氧化二氮，莫顿使用了乙醚。这些人都对麻醉学做出了重要贡献。

19世纪时疾病的最终居所还没有被定位，这给医疗带来困难。德国病理学家鲁道夫·魏尔肖发现细胞不仅是疾病的最小构成单位，也是健康及生命的基础。细胞学的确立使人们可以研究细胞在疾病中的改变，这就有了病理生理学。疾病可以还原为一组失序的生化现象，可以用高度特异的治疗方法矫治，或直接将发生病变的细胞、组织或器官消灭。20世纪的医学是魏尔肖的遗产。除了病理生理学，魏尔肖还关注到疾病与病人所处的环境之间的关系。他的著作《细胞病理学》是20世纪医学研究的基础。这本书提出的主要法则今天仍然是医学中不易的真理。魏尔肖的研究还扩大到人种学及考古学的领域。

外科手术中会由于细菌感染而引起败血症，英国医师约瑟夫·李斯特把巴斯德的科学发现应用于欧洲手术室和医院，解决了这个问题。对李斯特后期见解最有影响的是血液凝集与发炎反应的试验。他深信，一定存在某种"活性物质"使血液凝集。这种活性物质是细菌，或称病菌，李斯特决定用苯酚作为杀菌剂。他成功了，并使灭菌技术发展为"无菌技术"。

美国医学的发展与约翰斯·霍普金斯大学的建立及威廉·斯图尔特·霍尔斯特德相关。巴尔的摩商人约翰斯·霍普金斯1873年去世时留下遗嘱，用他的700万美元遗产办一所大学和一座医院，这就有了约翰斯·霍普金斯大学。霍尔斯特德的贡献是，用新方法训练外科医师，用细心、温和、符合解剖学原理的手术方法取代以前的方法；以及引入一组以恢复正常生理状态为原则的新手术。他的著作是《甲状腺的手术故事》。

约翰斯·霍普金斯大学的医学院成立后，美国的医学教育发展起来，这所学校的学生海伦·陶西格和布莱洛克为先天性心脏病患者进行了成功的手术。到1950年，在他们这里接受心脏病手术的共有1 037人，死亡率由20%下降到小于5%。陶西格成为小儿科心脏学的明灯。她的名著是《心脏的先天性异常》。她与布莱洛克的贡献都是20世纪最伟大的医学成就。

1986年3月，雷蒙德·爱德华接受了心脏移植。器官移植代表现代医学已攀上了成就的最高峰。人体有"自体性"，排斥异物，器官移植要解决的正是排异问题，这就有了组织分类技术，或"组织相容性试验"。器官移植的难题需要生物医学、伦理、法律和经济学共同努力解决。自1967年12月3日南非格鲁特·歇尔医院的克里斯蒂安·巴纳德医师为路易斯·瓦兹康斯基完成了世界首例换心手术以来，器官移植已经为许多人挽回了生命。捐赠器官的人越来越多，这是医学的进步，也是人类文明的进步。

医学和医学史的普及性著作相当多，我再推荐几本有趣的。首先是英国学者史蒂夫·帕克的《DK医学史：从巫术、针灸到基因编辑》（中信出版社，2019年），全书介绍了医学从古至今的发展。此外还有美国学者比尔·海斯的《血液的故事》（三联书店，2016年），看书名就不用我多解释。美国医师默顿·迈耶斯的《现代医学的偶然发现》（三联书店，2011年），说明一些偶然事件或失误如何推动医学和医药的进步。美国著名医学家悉达多·穆克吉以《基因传》成名，他的《众病之王：癌症传》（中信出版社，2013年）写癌症的状况与治疗，也相当有水平，而且有趣。我还读过一本中国医师阿宝的《八卦医学史》（鹭江出版社，2015年），讲一些医学史上的故事，有趣得很。

中国的医学源远流长，博大精深，但这本书没有涉及。对中医有兴趣的朋友可以读于赓哲教授的《疾病如何改变我们的历史》（中华书局，2021年）。中医与中国文化密切相关，想了解这种关系的，可以读台湾学者李建民的《从中医看中国文化》（商务印书馆，2016年）。我常向中医朋友推荐这两本书。

疾病与每个人密切相关，即使你和家人都"身体倍儿棒，吃嘛嘛香"，读几本医学史的书也有趣得很。

基因与不平等

《基因彩票：运气、平等与补偿性公正》

NBA（美国职业篮球联赛）的篮球明星肖恩·布拉德利身高2.29米，是NBA有史以来最高的球员，他的个人净资产达2 700万美元。他成功的原因固然有个人的努力，但关键还是他继承了比平均身高高得多的遗传变异基因。他的增高遗传变异的数量比平均水平高4.2个标准差，换言之，他是人群中最幸运的那0.001%。他与一般人在收入与财富上的巨大差异正来自这种基因变异。历史上和现在收入极高的成功人士，无论是体育演艺明星，还是企业家或学者、科学家，都有某种突变的基因。

这种基因的突变完全是随机的，与彩票一样。沃伦·巴菲特提出了"卵巢彩票"的概念，强调了遗传的作用。但即使同父同母的兄弟姐妹，甚至同卵双胞胎，差别依然会很大，因为每个人所继承的基因会发生不同的突变。因此，还是称为"基因彩票"更为准确。

自从基因理论发展成熟后，人们就注意到基因对人类不平等的重要影响。尤瓦尔·赫拉利在《人类简史：从动物到上帝》中指出："演化的基础是差异，而不是平等。每个人身上带的基因码都有些许不同，而且从出生以后就接受着不同的环境影响，发展出不同的特质，导致不同的生存概率。""人生而平等"只是远古蒙昧时代的一种猜测。每个人的基因尽管只有微不足道的差别，但这点儿差别或基因变异，就能引起人们经济状况与社会地位的巨大差别，正如布拉德利和我们这些普通人的差异。

美国保守党右派，无论是否公开表达，心中还是这样想的。他们认为自己的基因优异，在上帝分派"基因彩票"时，他们中了大彩，理应一代代富下去。穷人只能责怪"上帝不公平"或自己"运气不好"，甘于在富人财富与日俱增的同时，分享残羹剩饭。收入及社会地位不平等自然"天经地义"。美国自由党左派和社会民众当然不能接受这种说法。他们有意无意地否认基因的作用，把不平等归咎于社会制度，提出了许多改革建议，以实现平等为目标。这两种截然对立的观点孰是孰非？

美国"80后"学者凯瑟琳·佩奇·哈登的《基因彩票：运气、平等与补偿性公正》（辽宁人民出版社，2023年）尝试解决这一问题。她的基本观点是，在人类社会的不平等中，基因是重要的，所以这本书原来的副标题是"为什么DNA对社会平等至关重要"。这有点儿接近于右派的观点。但哈登自称是"左派"。她认为，造成不平等的绝不只有基因，还有一个人成长的环境，包括社会与家庭环境。即使两个基因完全相同的人，如同卵双胞胎，在不同的社会和不同的家庭中，也会有不同的结果。因此，社会可以通过改善人成长的环境，用各种社会政策来降低不平等程度。这显然又有了"左派"的色彩。哈登是要在这两个极端之间提出一个中间的观点，既不否认基因论，又不是唯基因论。抓住这条线索阅读这本书，读起来就容易了，也会收获颇丰。

哈登在第一部分第一章中明确指出，"本书的目标是重新认识遗传学与平等之间的关系"，也就是认识基因与平等的关系。这就要摆脱遗传学长期以来与种族主义、阶级主义和优生学等导致的错误政策，甚至种族屠杀或消除劣生人的纠缠，形成一种"新的合题"，以拓展我们对平等以及如何实现平等的理解。第一部分《认真对待遗传学》，作者"希望能说服读者相信，遗传学对理解社会不平等很重要"。这就是用科学理论与证据说明基因对引起不平等的重要性。第二部分《认真对待平等问题》，论述"我们应当如何运用这一知识"，这就是说，遗传差异并不是构成人类先天优劣等级的唯一基础，不是"唯基因论"。这就是要通过改变人成长条件与环境的社会政策和政府干预来消除人与人之间遗传上的差异，实现更大程度的社会平等。这里作者又强调了自己"左派"的立场。

第一部分包括7章。第一章是对全书的一个综合介绍，作为之后阅读的指南。从第二章起进入正式论述。在第二章中作者解释了这本书题为"基因彩票"的原因。为了说明这一点，其引入了基因重组、多基因遗传、正态分布等生物学和统计学的概念。这里重点是关注由偶然（通过遗传的自然抽彩）而非选择（通过胚胎植入前遗传诊断或其他生殖技术）所造成的人与人之间的遗传差异。在不同的人身上，基因彩票的分布完全是随机的、偶然的。偶而中彩，获得优秀基因或基因变异的人就是"好运气"，而这种好运气比优秀更重要。这种遗传的基因差异不仅与身高等身体特征的个体差异相关，而且与财富的个体差异相关，即与经济社会地位的差异相关。

这就是基因彩票的重要性。

　　作者在第三章中解释了一些常用的方法，特别是全基因组关联分析和多基因指数研究，以及如何用这些方法检验个体遗传与生活结果差异之间的关系。哈登用菜谱、厨师和餐馆的比喻来说明基因组的作用。哈登认为，基因与环境同样重要，"先天后天"之争是一个愚蠢的问题，认为仅仅一个DNA序列就能决定一个人的社会态度是荒谬的。关于如何判断是基因还是环境造成的影响，哈登在这一章介绍了全基因组关联分析和多基因指数这两个前沿工具。整个第一部分基本是围绕这两个概念展开的。她说，如果没有足够的数据（比如只掌握了1%的数据），就试图找到微小模式的一个残酷后果是，不仅有可能错过真正存在的模式，而且还有可能采信那些看似真实但实际上只是噪声的假模式。这就强调了研究基因与一个人生活结果时科学方法的重要性。

　　第四章解释全基因组关联分析的结果不能告诉我们群体特别是种族群体之间差异的原因。关于遗传的"先天性"种族差异的结论不仅没有意义，而且还会得出错误的政策，如德国法西斯对犹太人的屠杀。把遗传学上血统的概念与种族联系起来是错误的。种族的区别由文化和历史决定，人们在社会层面上归类为不同的种族并不直接对应于他们的遗传差异程度。在任何一个具有自我认同的族群中，人们可能有一系列迥异的大陆祖先背景，而且血统可以被非常精细地量化。关于社会不平等的遗传研究，包括双生子研究和DNA的测量研究，几乎完全集中于个体差异，且这些个体的遗传血统完全属于欧洲，绝大部分被认定为白人。这不能帮助我们理解种族和民族之间的社会不平等。这就与利用遗传理论认为种族不平等是先天的以及相关错误结论划清了界限。

考虑到群体差异和个体差异的区别，第五章首先讨论了关于全基因组关联分析和多基因指数研究的结果的一个基本问题：这些研究能否解释遗传原因？为了回答这个问题，作者先退一步，回答一个更普遍的问题：什么是原因？明确了什么是原因（以及什么不是原因）之后，第六章探讨全基因组关联分析和遗传率研究的结果。在这一章中，作者审查了大量的证据，说明基因会导致重要的生活结果。她证明了，所有七个不平等的领域（性格、认知能力、教育、就业、社会对健康的危害、精神障碍和人际关系）都有很高的遗传率，有25%~50%是由于遗传的DNA序列的差异。所以，准确的结论是"当人们继承了不同的基因，他们的生活就会变得不同"。第七章是第一部分的总结，描述了基因和教育之间的联系机制。这就是说，基因影响大脑，在人体发育早期就开始产生影响，而且，遗传效应涉及基本认知能力，不仅涉及智力还涉及其他。基因确实对学习成绩、智力、收入、精神病理、健康和福祉有影响。所以，承认基因的作用是明智的。

但承认基因与不平等的关系并不是无所作为，等待基因作用。作者是主张平等的"左派"，她在第二部分中就要说明，如何运用这些知识降低社会的不平等程度。这一部分包括5章。

遗传可以成为社会分层的原因，也可以有效推动社会变革。这就在于遗传原因可以有环境的解决方案。机会平等只会复制不平等，要实现公平就要给不同人不同的扶植。所以教育公平不是对每个人都一视同仁，而是对那些学习困难的孩子提供针对性的强化支持。社会不平等有遗传的原因，但环境变化可以改变人们的DNA和生活结果之间的关系，社会要有这样的政策。以教育为例，已有大量的政策和干预措施被证明，可以有效地解决教育和健康方面的社会不平等。这些是第八章和第九章的中心思想。

第十章说明，出生的意外会影响一个人的教育轨迹，还会影响人们对个人应负的责任的看法，因此要利用社会经济结果的遗传学研究，来主张在社会上进行更大规模的资源再分配。在第十一章，作者探讨为什么很难将遗传对智力测试分数和教育结果的影响"从人类优劣的概念中剥离出来"，并将"我们如何看待关于人类心理这些方面的遗传学研究"与"我们如何看待关于其他特征（如耳聋或孤独症）的遗传学研究"做一个比较。在第十二章，作者介绍反优生的科学和政策的原则：停止浪费本可用于改善人们生活的时间、金钱、人才和工具，这就是不要进行优生学研究；要利用遗传信息来改善机会，而不是把人分成三六九等，这表明遗传学研究是为了促进人的平等，而不是划分优劣或实施种族歧视；利用遗传信息促进公平，而不是将部分人排斥在外；不要把幸运误认为有德，基因幸运并非道德高尚。这些反优生主义的观点可以看作全书的总结，也是作者研究基因彩票的目的。

读了这本书我有三点认识。一是不要忌妒那些成功者。他们是在随机的基因彩票抽取中中大彩的人。他们有特殊的天赋，自己富了，也为社会做出了重大贡献。他们在推动历史进步中起的作用更大。仇富的思想是要不得的，是有害于整个社会的。二是我们这样的一般人，也不要为自己没抽到大奖而丧失信心。毕竟我们是绝大多数人。我们成不了布拉德利那样的体育明星，也成不了赫本那样的知名演员，也与诺贝尔奖无缘。我们有一个天花板，但只要我们努力、勤奋，仍可以过一份舒服的日子，为历史进步添砖加瓦。我们不能面对大人物自卑，只叹息自己命运不好，我们要度过自己有意义的一生。三是社会要对基因抽彩中不幸的人给予帮助，让他们有更多的机会取得成功。

《基因彩票：运气、平等与补偿性公正》这本书涉及许多我们不熟悉的专业名词，思维、写作方式与我们的习惯也有所不同，但值得静下心来一读。要读好这本书除了先读好刘擎先生的"中文版序言：正视不平等的遗传因素"，以及张笑宇先生的"推荐序：运气、平等与补偿性的公正"，还可以看《经济观察报》上的两篇文章。一篇是王豫刚先生的《运气、平等与补偿性公正》（2023年4月24日），另一篇是韩明睿先生的《基因、环境与不平等》，同一份报发表同一本书的两篇长篇书评可见这本书的重要。这两篇文章不仅介绍了这本书，还介绍了相关的论述，可以深化我们对这本书的理解。

大家对基因问题有兴趣，可以读印度裔美国学者悉达多·穆克吉的《基因传》（中信出版社，2017年），我在《书海拾贝》中有详细介绍。这本书全面介绍了基因理论的过去、今天与未来。如觉得此书太长，也可以读一本简单的，即亚当·卢瑟福的《我们人类的基因：全人类的历史与未来》（中信出版社，2017年）。

《基因彩票：运气、平等与补偿性公正》这本书难读一些，但读进去还是大有收获的。读书也不能一味求易读，难读的书也要读一点儿，才能提高阅读能力。

国粹之美
《优雅》丛书

中国文化有5 000年以上的历史,源远流长而博大精深。只要中国在,中国文化就在。我们每个在这片土地上长大的人都深受中国文化的熏陶,因此,要了解与我们息息相关的中国文化。

任何一个国家,不管经历了多么根本性的变革,文化总会留下来,即使日本经历了明治维新那样彻底西化的"脱亚入欧",其传统文化仍然留下来了。中国历史上有多次分裂,但每个分裂的王朝仍然坚持中国文化;有多次少数民族入侵,甚至建立王朝,但都接受、融入了中国文化。当满人入侵后,汉人坚决抵抗,他们所担心的就是中国文化的灭亡。一旦满人全盘接受了中国文化之后,汉人也就顺从了满人的统治。五四运动以批判传统文化为主题,但热潮过去后,五四运动的主将胡适先生也倡导"整理国故",并且身体力行地研究《水经注》和《红楼梦》。鲁迅先生反传统是最彻底的,但他也整理古籍，研究中国小说史。史无前例的"文革"要彻底砸烂旧文化，但"拨乱反正"后，20世纪80年代又兴起中国文化热和"国学热"。

中国文化不仅体现在"四书五经"这样的经典中，而且体现在文化、艺术、建筑、生活等各方面。我们要从更广泛的活动中去领略中国文化。这些也被称为"国粹"。根据《现代汉语词典》的解释，国粹"指我国固有文化中的精华"，用的例句是"国画、京剧堪称国粹"。

要热爱中国文化就必须了解中国文化，知道国粹美在哪里。没有一个专家可以精通中国文化的方方面面，因此，我想让大家了解中国文化，介绍的不是某位专家的某本书，而是诸多专家的著作共同组成的一套丛书。这就是中信出版社在2016—2017年陆续出版的《优雅》丛书。

这套书原来是由台湾大学中文系教授何寄澎先生主编的《华夏之美》丛书。何先生在原来的序言中指出，辉煌的中国文化日趋衰落而黯然无光的原因在于"从没有人配合着现代人的环境与生活，透过浅明易解的方式，正确而完整地把中国文化的精华传达给广大的群众。人们对自己的传统文化既然无从认识，也无从了解，又如何能奢谈赏爱与肯定？"他正是抱着让人们了解中国文化之美的雄心，组织各个方面的专家撰写了这套书，并命名为"华夏之美"，在20世纪七八十年代由台湾幼狮文化公司陆续出版。

几十年后，崔正山先生发现了这套书，并与何先生联系，引进大陆。该丛书按计划仍缺一本关于戏剧的书。引进后，由北京大学教授陈均先生写了《昆曲的声与色》，使这套书完整。《优雅》丛书现在包括10本，各书由各个领域的专家撰写，对中国文化或者说

"国粹"的介绍全面而通俗、有趣，是每一个热爱中国文化的人都应该读的。下面介绍这套丛书中的每一本。

王耀庭先生的《如何看中国画》。王先生是中国艺术史硕士，曾在台北故宫博物院书画处工作30余年，任处长。他退休后任台湾艺术大学书画研究所教授，著作被译为英文、日文和韩文等多种文字，由这样的权威来介绍中国绘画是再合适不过了。

欣赏一幅画当然是见仁见智，但一定要懂得如何欣赏画才有资格发言。中国画和西洋画有不同的风格与特点。这本书正是教我们如何欣赏中国画。全书分为两篇。上篇《中国绘画赏鉴》从中国画的特点出发，结合具体画作告诉你如何欣赏中国画。中国画重在表现一种意境，完全不同于摄影的写实，而是虚虚实实。其在构图上采用了散点透视，重在意境。山水画的意境，人物画的传神，才是画的中心。中国画用毛笔，有各种色彩。笔法的不同、色彩的不同体现出画家的心态与要表现的意境。作者告诉我们欣赏中国画时要注意两点。一是书画同源，即绘画与书法有共性，画的意境与书法的神韵有异曲同工之妙。二是画与诗的关系，"诗中有画""画中有诗"。

下篇是《中国绘画史概览》。只有了解历史上的画家与绘画传承的历史，各个时代不同画派的特点，才能更好地欣赏绘画。作者介绍了上古、隋唐、五代与宋、元、明、清各个时代的绘画流派与特点，重点在各个时代绘画的传承与发展。这本书图文并茂，大师讲家常话，读来亲切、易懂又有趣，让你轻松进入绘画的殿堂。

周凤五先生的《当书法成为艺术》。周先生是台湾大学中国文学研究所教授，以研究书法艺术、文字学著称。由他介绍书法也是非常合适。

中国的文字源于象形文字，这就使书法成为一门独特的艺术。书法成为独立的艺术始于东汉晚期，其原因除了因源于象形文字而有了无限的想象空间之外，就是书写工具笔、纸、墨可以有独特的艺术效果，给人们美的享受。这本书通过书法艺术发展演变的历史来介绍书法。作者把书法艺术分为萌芽与酝酿时期、古典的成立时期、变古与复古时期，以及清中叶至今的发展为主的时期。中国书法可以说从甲骨文、钟鼎文开始，由于隋唐之前留下的书法不多，这本书重点在隋唐之后直至清末。这本书介绍了各个时代的书法家，以及他们的传承、创新与发展。我本人字写得极差，更不懂书法艺术，但读了这本书，茅塞顿开，深感书法之博大精深。

刘良佑先生的《陶瓷之路》。刘先生是艺术史博士，是古陶瓷的收藏家，多次举办个人陶瓷展，也是陶瓷研究专家，任职于台北故宫博物院，并任台湾现代陶瓷艺术学会首任会长。他写陶瓷史的书自然轻车熟路。

在中国传统艺术中，陶瓷是产生最早，流传最久远，又体系最复杂的一门艺术。陶瓷是与历代风俗、生活、礼教、科技等关系最密切的艺术，浸透着中国文化，又是中外贸易与文化交流的媒介。这本书介绍了从远古到清代的陶瓷艺术史及其中包含的文化变迁。

中国最早的陶器是彩陶和黑陶。烧制成的瓷器出现在3 500年前的商代中期。秦汉陶艺有长足的发展。兵马俑代表了秦的陶艺水平。汉代的厚葬风俗促进了陶艺的发展，绿釉陶塑和灰黑陶都非常精美。三国魏晋南北朝时期佛教、道教流行影响了陶艺。陶艺也受到了西域文化的影响。隋唐的统一使陶艺进一步发展，有了加彩技艺，且由铅釉的单绿彩发展出黄、褐、黑、蓝等多彩釉，唐三彩是其代表。宋代是陶瓷艺术的高峰，"汝、官、哥、钧、定"五大窑各有特色而同样精彩。元代陶艺进入全盛时期，不仅有元青花，还有其他瓷器。辽金的瓷器深受中原文化影响。明清是又一个陶瓷全盛时代，明代瓷器美不胜收，"弘治浇黄""永乐甜白""宣德祭红"最为有名。清三代又是一个陶瓷业高峰，珐琅彩进一步丰富了瓷器艺术。各个时代的陶瓷反映了各代的文化，一部陶瓷史就是一部中国文化史。结合书中的图片和博物馆的实物，你会更多地领略中国文化。

潘美月先生的《中国图书三千年》。潘先生先后任台湾大学中文系教授和佛光大学文学系主任，主要研究中国图书发展史、中国印刷史和古籍版本鉴定。这些都与图书相关，由她写中国图书史的书自然得心应手。

图书承载着一个国家的文化传承。中国3 000多年前有了文字，2 000多年前发明了纸，唐代又发明了雕版印刷术，这3个条件具备，图书也是水到渠成。当然中国最早的图书可以追溯到上古用竹简连在一起的典册和战国时期的帛书。中国的书最早采用卷轴的形式，唐代后出现了叶子形式。雕版印刷是唐对图书的最大贡献。虽然宋代就发明了活字印刷，但直至现代印刷术进入，一直是雕版印刷为主。唐代印刷最发达，敦煌的《金刚经》、成都的《陀罗尼经咒》是代表。五代十国开始由国子监刻书，也有私人刻书，书的形式为经折装。两宋是印书业的黄金时代，图书的范围极广，其版式和蝴蝶装一直用到清。字体仿柳、褚、颜各家，至今称为仿宋字，纸张以皮纸和竹纸为主。元代版心多用黑口，字体仿赵孟頫，又发明了圆轮排字架，还有了套印书。明代印刷技术又超过宋元。《永乐大典》为手抄本。这时有了版画的印刷、套色印刷和铜活字印刷，如《十竹斋画谱》。形式上有了包背装、线装。清代出版图书之多超过以前。

《四库全书》是手抄本。图书有内务府刻书处印制的武英殿本、各省官书局的局刻本，以及最有价值的私人刻印的家刻本。

一部中国图书史既有技术的进步，也有文化的发展，值得我们认真阅读思考。

曹淑娟教授的《诗歌在唱什么》。曹教授是文学博士，任教于台湾大学中文系，以研究诗歌为主。

中国是一个诗歌大国，诗歌在文学中居于主流地位。无论是群众的民谣还是文人的诗歌，都以"诗言志"为主旨，体现了从民间到上层的精神状态，这种精神则蕴含了中国文化。值得注意的是，她的介绍到宋词为止，因为在元明清时代戏曲、小说取代了诗歌，诗已不是文学的主流，且精彩的诗歌也不多。这是非常有见地的。

中国诗歌之始《诗经》，是西周武王初年到东周春秋中叶约500年间的305篇诗歌。其反映了那个时代人民的生活与精神。如果说《诗经》是北方的诗歌，《楚辞》就是南方楚国的诗歌，作者是屈原、宋玉、景差、唐勒等。《楚辞》充满了爱国主义与浪漫主义。汉赋是当时辞臣的讽颂，彰显文人特色，它华丽的辞藻对以后影响甚大。六朝自魏、晋、宋、齐、梁、陈入隋，约400年。这时朝代更迭，战乱不断，民不聊生。六朝诗主要源于汉乐府的五言古诗，既有文人创作，也有民间之作，反映了那个时代人民的痛苦和精神。由此也产生了乱世文人自慰的山水诗。唐代诗歌是无法逾越的高峰。"李杜"分别以飞扬和沉郁为特色，也有山水诗、边塞诗。唐代诗人甚多，风格各异，是空前绝后的诗歌繁荣时代。宋的高峰是词，宋词有婉约与豪放两种风格，都留下许多千古名篇。

从小学到中学，我们每个人都背了不少诗词名篇，这本书是提升诗词欣赏水平的台阶。

许淑真的《中国花艺》。许先生是学药物学的。药与花密不可分，有些药就是花。所以，她将药物学知识应用于花艺研究。懂花又对花艺有研究的人不多，要感谢主编何先生找到这样一位懂花的人写这本书。

中国花艺历史悠久，日本的花道、花艺就是唐代时从中国学去的。花艺同样是中国文化的一部分。没有花艺，中国文化就不完整。

爱美是人的天性，花是美的，人人都爱。早在西周时，岁时节庆中花俗就占有重要地位。花艺指文化中的花卉艺术，包括花卉之美、花卉之教和花卉艺术。花卉艺术分为山川花艺、居室花艺、饮馔花艺和巡行花艺四大类。这四大类又有不同种类。这本书讨论了9种花艺类型，包括居室花艺3种，饮馔花艺3种，以及巡行花艺3种。这本书以花艺共存互依的整合为经，以花艺的时代发展为纬，分为先秦、汉魏六朝、隋唐五代、宋辽金元、明代、清代、民国、当代八个时期，勾画出中国传统花艺文化的发展脉络。

夏、商、周三代的花艺以实用为原则，主要用于饮食、祭礼和宴会。当时已有园花艺术、饮花艺术、秉花艺术、佩花艺术、篮花艺术和整合花艺。汉魏六朝近800年，有了皇家园林、私人园林和文人的理想园林，也有了盆花艺术、瓶花艺术、果供艺术、餐花艺术、饮花艺术、秉花艺术、佩花艺术及整合花艺。隋唐五代园林相当发达，园花艺术趋于完美，其他花艺亦有发展。整合花艺方面有唐代罗虬的《花九锡》和南汉张翊的《花经》这样的经典。宋辽金元时园林兴盛。盆花艺术中有了子景，即小景。餐花艺术以陈达叟的《本心斋蔬食谱》为代表，饮花艺术以林洪的《山家清供》为代表。秉花艺术分为宫廷秉花、文士秉花、仕女秉花、儿童秉花和常民秉花。篮花艺术以养生为主。整合花艺开创以花为友的文化。明代园林花艺沿写生花艺与似人花艺发展。盆花艺术以屠隆的《考槃余事·盆玩笺》和高濂的《燕闲清赏笺·兰谱》为代表。瓶花艺术则有各种器具。瓶的花卉、花艺、花器、花泉、花听已经完成。餐花艺术有了种种制法。佩花艺术相当发达，体现在版画和年画上。整合花艺出现了花谱和清供花艺。清代的花艺中还包括了鸟和虫、草，各种文艺更为发达。整合花艺代表有佚名的《百花园梦记》、俞樾的《十二月花神议》和吴友如的《十二花神图》。民国时皇家园林变为公家园林，从日本、欧美引进了花艺理论，体现了中外文化的交流与结合。当代花艺的经典是陈俊愉和程绪珂主编的《中国花经》。

许多人爱花、养花，但对花卉艺术十分陌生，这本书能带你进入一个新领域。

林素清博士的《篆刻的雕琢》。林博士是"中研院"史语所研究员，对古印颇有研究，是这个冷门中不可多得的人选。

篆刻是中国独有的艺术，是绘画、书法和雕刻的结合。小小印章承载了中国文化。篆刻成的印玺起源于殷商时代，到东周春秋时已相当普遍。印文的主体是字体，认识不同时代的字是鉴赏古玺的条件。在宋代，收藏和研究文物成风，玺印是其一。元代，在赵孟頫等名人的倡导下，人们从对印玺的辑录转向篆刻艺术研究；清中叶后，金石学兴盛，古玺印学兴起。作者还向我们介绍了明以来的篆刻名家与他们的风格。

很多人有印章，但对篆刻艺术知之甚少，读此书可以补课。

李乾朗先生的《中国式建筑》。李先生是专业建筑设计师，曾任职于建筑师事务所，《建筑师》杂志前主编，在各大学讲中国建筑史、古迹维修，有多部建筑专著。他讲中国古建筑也是不二人选。

建筑是凝固的艺术。每个民族的建筑都有自己鲜明的特征，是本民族文化的体现。中国的建筑是中国文化的一部分，体现了天人合一的观念。中国的建筑不仅适应自然环境，而且有人文背景及审美与神秘的象征。社会制度、伦理观念及生活习俗都体现在建筑中。中国建筑的特点是，有独特而完整的木构架系统；强调轴线对称的布局；建筑的外观秀丽玲珑，而有拟人化的趣味，屋顶、墙身与台基犹如一个人的意象；装饰蕴含丰富的象征意义；便捷的施工技术。历代有许多建筑名匠。建筑格局重于多栋的群体组合，如四合院。中国的建筑有住宅、皇家都城与宫殿、佛寺与塔、园林、陵墓、牌坊及桥梁，各有不同用途与特色。在介绍这些常识的基础上，作者介绍了各个朝代有代表性的19座建筑。

应该注意的一点是，这本书1986年在台湾出版，此后作者多次到大陆考察、参观，从而有了更多资料，这次出版进行了相当大的修改。除了文字的修改，所有图片与解说也全面更新。

张宏庸先生的《茶的味道》。张先生先学文学，之后开始茶艺、茶学研究，出版了相关著作，并举办"千禧三友茶会"，与当代茶艺大家鉴茶。他对茶的爱与专成为这本书成功的基础。

茶源于中国，中国也因此形成最早的茶艺。日本的茶道、欧洲人的午茶都源于中国。生活中的茶艺分为包括茗茶、茶泉、茶器、茶术在内的本体茶艺和包括茶人、茶所、茶食、茶宴在内的整合茶艺。各章按时间顺序介绍各代茶艺。至晚在周代，茶已出现于四川，汉代后已有湖北、四川、江南、岭南、长江流域茶区。宋代制茶已分为开焙、采茶、拣茶、蒸茶、榨茶、研茶、造茶、过黄八道程序。明清民国茶艺都有进展。作者引用许多茶艺经典来说明这个历史进程。书中对泡茶所用之水、茶器、不同时代的泡茶方法都有介绍。中国茶艺是真、善、美的统一。茗茶、茶泉、茶器、茶术是"茶艺四则"。

这本书包含了丰富的品茶知识，了解这些知识后，饮茶更有文化内涵。

陈均先生的《昆曲的声与色》。陈先生是北京大学博士。原来丛书中中国戏曲部分由台湾两位教授写，但一直未写成。这次《优雅》丛书特邀陈先生写完这一册。

昆曲尽管只有600多年的历史，但其是中国文化的集大成者。昆曲的剧本来自明清传奇类文学作品。昆曲的音乐是中国雅乐传统的遗存。宋金元之南北曲在明代由昆曲融合于一体。昆曲舞台上的"砌末"（道具）是明清物质文化的体现。2001年昆曲成为中国第一个世界非遗项目。昆曲起源于14世纪，经被称为"曲圣"的魏良辅改良后在全国流行。他对海盐腔、弋阳腔和昆山腔进行了改造，将南曲与北曲进行整合，创造出"昆曲时曲水磨调"，此为昆曲之始。昆曲产生于帝国文化珠链上的明珠昆山。另一位对昆曲开创做出重大贡献的是梁伯龙，他是第一部昆曲传奇《浣纱记》的作者。所以昆曲又称"魏梁遗韵"。昆曲产生后，一些原来用其他声腔演唱的戏，如《西厢记》《琵琶行》改用昆曲演唱。昆曲在清代广泛流行，这首先与康雍乾三代皇帝都爱昆曲相关。昆曲是宫廷的，也是文人和百姓的。昆曲在光绪后开始衰落，当代又有所复兴。作者还介绍了昆曲界的一些逸闻趣事，如蔡元培为振兴昆曲请吴梅到北京大学讲昆曲等。

现代娱乐多元化，传统的京剧、昆曲等都已走向衰落，这是时代发展的结果。昆曲一般人不易听懂，也无法欣赏其艺术特点。但其是中国文化代表，我们应略知一二。这本书正是了解昆曲之始。

《优雅》丛书包括的10本书介绍完了。我们从这些介绍中可以看出，一套《优雅》丛书在手，国粹之美全有，何不一读为快呢？

关于中国文化的书还很多，我介绍3种重要的。吴方先生的《图说中国文化史》（三联书店，2019年），按时间顺序介绍了中国文化。诸多专家合著的《中华文明史》（10卷，河北教育出版社，1994年）和袁行霈等主编的《中华文明史》（4卷，北京大学出版社，2006年），这两部书篇幅巨大，都按时代来写，内容丰富。全读不易，但读者可以选择自己有兴趣的章节读。

走进历史

只有既了解今天的世界，又了解过去的世界，我们才会真正认识世界。英国哲人培根说，历史使人睿智。让我们走进遥远的历史，寻找智慧之泉。

从大爆炸到今天

《大历史》

历史的资料和素材如同厨师的食材。厨师可以用各种食材做成风味不同的佳肴，历史学家也可以用丰富的资料和素材写成不同的历史。

历史本来就有不同的写法。我最近看到两本书，由一个人反映一个时代，我称之为"微观史学"。一本是罗新先生的《漫长的余生：一个北魏宫女和她的时代》（北京日报出版社，2022年），通过一个宫女王钟儿漫长而又跌宕起伏的一生写出了北魏这个时代的各种细节。另一本是鲁西奇先生的《喜：一个秦吏和他的世界》（北京日报出版社，2022年）。喜是睡虎地一号秦墓的主人，秦始皇时的一个小吏，这本书通过他的生活反映了秦始皇时代的法律和社会。当然，还有2023年引起读书界广泛关注的王笛先生的《碌碌有为：微观历史视野下的中国社会与民众》（上下卷，中信出版社，2022

年），也是从一些小人物切入，如杜二嫂，来写民国这一段历史。

另一种写法我称之为"宏观历史"，或大历史，不写历史的细节，而是从漫长的历史中抓住关键点，反映历史发展的大趋势。尤瓦尔·赫拉利的《人类简史：从动物到上帝》（中信出版社，2014年）写的就是从人类起源到今天的宏观历史，或称大历史。这本书通过介绍认知革命、农业革命、人类的融合统一和科学革命这几件大事概述了人类的发展。

还有比这更大的历史，这就是美国学者大卫·克里斯蒂安、辛西娅·斯托克斯·布朗、克雷格·本杰明合写的《大历史》（北京联合出版公司，2016年），从大爆炸和宇宙形成写到今天的历史。

作者在序言中指出，这本书是"大历史这个新兴跨学科领域的第一本教材"。什么是大历史？作者回答："大历史考察的，不仅仅是人类甚或地球的过去，而是整个宇宙的过去。阅读本书，教师和学生都会回溯一段旅程，它始于138亿年前的大爆炸和宇宙出现。大历史吸收了宇宙学、地球和生命科学、人类史的成果，并且把它们组合成关于宇宙以及我们在其中之位置的普遍性历史叙事。"这本书的第一作者大卫·克里斯蒂安是这个学科的奠基人之一，他创造了"大历史"（Big History）这个词，并于1989年在悉尼麦考瑞大学开了这门课。比尔·盖茨出资1 000万美元打造这门课的免费网络课程。这门学科越来越受到重视。

作者在导论《什么是大历史以及如何研究它？》中对大历史做了一个高度概括的介绍。大历史是由历史学、地质学和生物学以及宇宙学等构成的。在20世纪精密计时革命之前，历史仅仅是人类历史，而且这种历史不过是富有者和有权势者的历史、帝王将相史。绝大多数人的经历、思想和生活方式没有留下任何文字记载。精密计时革命后，即在放射性测年法和基因测年出现之后，研究从大爆炸起的历史才成为可能。"大历史试图建构关于整个时间的历史，回溯到宇宙的开端。"这也是讲万物起源的故事，但比起源的故事更具普遍性。这个故事的基本形态是不断增强的复杂性。复杂事物五大关键特征为，由多种成分组成，被组合在一种精确的结构中，具有新的或突现的属性，它只出现在环境合适的地方，通过能量流结合在一起。

从138亿年前到今天，大历史经历了复杂性渐增的八大门槛和一个小门槛，第1章简述前三个门槛，第2—6章简述其他五个门槛和一个小门槛。

前三个门槛是宇宙、恒星和新化学元素的出现。第一个门槛是大爆炸：宇宙的起源。这时出现了万物之来源：能量、物质、空间和时间。这时的结构是能量与物质处于一种快速扩张的空间-时间连续体之中。适合的环境（作者称之为金凤花环境）是不确定的，即可能是多重宇宙之中量子的起伏。突现属性是有可能创造出万物。第二个门槛是星系和恒星的起源。这时的成分是原子物质，存在的形式为氢原子和氦原子以及（或者）它们的原子核。结构是内核（聚变），即外层储有氢和氦＋其他元素，直至铁。金凤花环境是早期宇宙中密度和温度的变化率＋引力创造出足以发生聚变的高温。突现属性是新的、局部的能量流，星系，以及有可能通过聚变创造新的化学元素。第三个门槛是新化学元素的创造，成分是氢原子核与氦原子核（即质子）。结构是强核力将越来越多的质子数结合成更大的原子核。金凤花环境是即将消失的恒星或（甚至更极端）超新星中创造出的高温＋强核力。突现属性是化合作用（主要通过电磁）有可能创造出几乎无限多的新物质。

第四个门槛是太阳、太阳系与地球的出现。这时成分是恒星周围轨道上新化学元素和化合物。结构是引力和化合作用把各种物质结合成通常绕恒星旋转的巨大球状物。金凤花环境是恒星形成区域出现更多较重的元素。突现属性是新天体，具有更多物理和化学复杂性，有可能创造出更高程度的化学复杂性。

第五个门槛是从38亿年前到800万年前生命的出现。成分是复杂的化学物质+能量。结构是复杂的分子通过物理和化学作用结合成可以繁殖的细胞。金凤花环境是大量复杂的化学物质+适度的能量流+液态媒介（如水）+合适的行星。突现属性是新陈代谢（能够提取能量）；繁殖（几乎完美地自我复制的能力）；适应（在自然选择的作用下，缓慢地变化和新形式出现）。

第六个门槛是人亚科原人、人类与旧石器时代，时间是从800万年前到1万年前。成分是与其他生命一样+高度发达的控制、感知和神经能力。结构是由人类DNA控制的非常具体的生物结构。金凤花环境是进化的漫长预备期创造出高度发达的控制、感知和神经能力。突现属性是集体学习，即精确和迅速分享知识的能力。这样，知识能够在社会和物种层面上积累，最终引起长远的历史变化。

第七个门槛是农业起源与农业时代早期，时间是从公元前10000年到公元前3500年。这时的成分是日益增长的集体知识发展为创新，增强了人类控制和获取来自环境和其他有机物的资源的能力。结构是人类社会共享信息，这种信息是以新的方式控制它们周围的环境所不可或缺的。金凤花环境是集体学习前的漫长时期，更暖和的气候以及人口压力。突现属性是人类获取能量和食物的能力增强，引起更庞大、更稠密的社会，这就增加了社会复杂性以及不断积累的集体知识。

从公元前3500年开始，大历史又跨越了一个小门槛，这就是城市、国家与农耕文明的出现。第6章一开始就界定了城市、国家和农业文明，介绍了世界第一座城市美索不达米亚的乌鲁克，然后介绍了农业文明在埃及、努比亚、印度河流域、中国黄河和长江流域的出现。接着介绍了中美洲出现的两个国家和秘鲁海岸的两个国家，最后探讨了撒哈拉以南非洲和太平洋群岛的国家。尽管这后几个国家的形成晚一些，但说明，无论环境如何，当人口达到一定密度时，世界各地都会出现一种复杂性日益增强的相似进程。

第7—9章考察日益复杂的国家向大型农业文明占主导地位的人类历史时代的演进，包括公元前3000年到1000年农业文明时期的非洲-欧亚大陆和其他世界区。这一时期统治这一地区的精英不关心商业和农业变革，通过对外征服而获得物品。所以这个时代的特征是常年混战。这一阶段在公元前3000年到公元前500年，公元前500年到500年，以及500年到1000年有3个明显的扩张与收缩周期。文明的发展，以及权力在这些文明的行政机构中的演进只是一部分，这些机构与其他机构结合，创造出更庞大的文明联系网络。这就使人类交换信息和集体学习的能力在农耕文明时代获得了巨大的推动力。这就极大地提升了人类在技术、社会、政治和精神上的创新能力。第7章和第8章考察公元前2000年到1000年农耕文明的发展，关注联系和交换，尤其是丝绸之路交换网络的意义。这些交流发生在文明之间，这些共同体之间，也发生在与主要文明共存的许多采集和游牧共同体之间。农耕文明内部演化而来的复杂的社会和两性关系导致了建立在财富、身份、种族和性别之上的更明确的等级制。在此基础上，第9章考察了公元前1000年到1000年世界上其他地区，包括中美洲阿兹特克文明和南美洲的印加文明。北美人口密度不足以支持农耕文明，但玉米、烟草得到种植，酋邦兴起。此外，太平洋和澳大拉西亚世界区存在多种生活方式，它们没有达到农耕文明阶段，但创新和适应能力一直存在。这说明，人类进行集体学习的能力和适应能力产生了社会进化的普遍模式，这种模式也取决于地理和地方性动植物这类偶然因素。

第10—12章介绍的第八个门槛进入现代社会了。从1000年到1700年是迈向现代革命时期。这种创新的三大关键动力是不断扩大的交换网络、通信和运输方式的改善以及增强的商业化。到1700年，全球已经连接在一个全球交换网络之中。从1700年到1900年是通向现代性突破的200年。现代化体现为工业资本主义和现代民族国家。它开始于英国，以后扩大到欧洲大部分地区、美国、日本及俄国。随着经济变革而来的是政治变革。对市场和原料的需求加上技术威力，导致欧洲对其他地区进行殖民。富国与穷国差异扩大，发达国家出现了大量社会、性别和环境问题。从1900年到2010年，世界处于人类世时代。在这个时代，人类成为生物圈的主宰。人类世与此前全新世的区别是，人类在没有充分理解自己所作所为的情况下，已经开始改变大气的化学成分；此外还体现在动植物的活动范围、多样性和分布，水循环的本质，以及侵蚀和沉降的重要进程等方面。人类进入一个赌场。

未来会有更多的门槛？最后第13章探讨这一问题。第一种未来，即"近期的未来"，显然很难预测，但我们还要勉力为之。我们必须找出不祥的趋势和充满希望的趋势，并尽可能想象，如何才能影响到我们认为最有可能的那些趋势。第二种未来，即接下来的几千年时间，似乎更难预测，因此成了科幻小说家的王国。第三种未来，即遥远的未来，从某些方面说，它更简单，发展更缓慢。我们可以更有信心地预测,太阳会变成一颗红巨星,然后塌缩为一颗白矮星,我们的银河系会与仙女座星系发生碰撞。宇宙会变得越来越大、越来越冷和越来越简单。宇宙会灭亡,所幸的是,我们生活在宇宙的春天。

这本书以近70万字概述了一部宇宙全史,其高度概括,而又脉络清晰,重点突出。这样的大历史书完全不同于我们常见的世界史,值得一读。

这本书采用教科书的写法,前面说明了每一章的中心,后面有小结、供我们思考的问题、关键词与延伸阅读,非常适合从未接触过这种大历史的读者作为入门读物用。

这本书第一作者大卫·克里斯蒂安还有另一本大历史的书:《时间地图:大历史,130亿年前至今》(中信出版社,2017年)。其原版书的出版时间比这本书晚,内容也有不同之处,读者可以参照读一下。

希腊文化奇迹的背后
―――
《古希腊人》

在阅读历史书时,我经常感到中西方文化在源头上就有巨大的差别。古希腊和中国春秋战国大约在同一时代。但当时希腊哲学家想的都是一些极为抽象的问题,如世界由什么组成?本质是什么?我们从哪里来,又要到哪里去?这些问题看似与现实生活毫无关系,但从这种思考、探索中引发的哲学和科学,成为西方文化的源头。

春秋战国时代也是百家争鸣,百花齐放,思想之活跃超过了中国其他时代。但你仔细读会发现,这些思想都是相当实用的,正如很多人拜佛是为了求子或求升迁一样。士要为君王服务,各种学说都是直接或间接为各国君王出谋划策。他们建立各种学说并不只是以探索问题为目的,还以取悦于君王,为他们接受、自己谋得一官半职为目的。所以,商鞅向秦孝公讲王道,秦孝公昏昏欲睡;讲霸道,秦孝公兴趣盎然,于是他就成为法家。如果秦孝公好王道,他岂不就成了儒家？他自己有什么深思熟虑的思想？可能谈不上。历代统治者打着儒家的招牌，于是儒家就成了主流意识形态。这种士为统治者所用，以炮制统治者需要的思想文化为己任的传统就使中国缺少有独立意识的学者，也缺少有原创性的思想。这正是近代中国落后的原因之一。

从起源上，中国文化就不同于西方文化，而且文化一旦形成，改起来相当不易。所以"全盘西化"不适用于中国。中国要从自己的文化出发，逐步地前进。我们所要建立的也是有中国特色的社会主义市场经济，而不是完全西化的市场经济，我们现代化的目标与所走的道路也不会与西方相同。

为什么有这种差别？我想原因是地理位置、经济活动和政治制度的差别。希腊是一个海洋国家，且商业发达。希腊在早期文明最发达的地中海沿岸，且本身土地贫瘠，商业活动极为重要。通过海上交通，希腊与地中海沿岸各国交易，不仅有经济利益，而且各族商人之间的交流开拓了思路，使希腊人思想活跃。古希腊其实不是一个国家，而是各城邦的一个松散联盟。古希腊的中心雅典人口并不多，实行的是民主政治，而且是公民都可以参加的直接民主制。民主制创造了一个思想言论自由的环境，文人敢想、敢说，这才有了各种思想。这种环境也造就了古希腊人的特点。

中国是一个大陆国家，以农业为主。"中原"之外的人被称为"夷"，不同于我们华夏之人。他们比我们还落后，相互也少有交流。尽管春秋战国时是许多国家并存，但都是君主制，由君主一人说了算。虽然当时还没有什么文化思想专制，但思路也难开放。

我们不能走西方之路，但还是要了解西方文化，学习吸收这种文化中优秀的成分。我们不必"言必称希腊"，但要了解希腊文化。

要了解希腊文化的奇迹，我们还要了解古希腊人的个性特征。这样，我就推荐英国希腊文化专家伊迪丝·霍尔的《古希腊人》（中国画报出版社，2022年）。

作者在前言中指出，"公元前800年至公元前300年，希腊世界爆发了一系列的思想革命，推动地中海世界的文明上升至全新的高度"。她把这种现象称为希腊"奇迹"。作者指出，在希腊人之前，两河流域古文明、古埃及文明、赫梯文明已经崛起。这些民族为希腊提供了科技进步的关键元素，包括腓尼基人的字母音标、吕底亚人的铸币技术，甚至还有卢维人谱写精致赞美诗的技巧。公元前600年后波斯帝国的扩张又进一步拓宽了希腊人的视野。但希腊人在这些文化的基础上发展出自己的特殊性和优越性，绝不是对以前文化简单继承。因此就要探讨："除了兼容并蓄的文化、语言、神话和奥林波斯多神信仰外，这些分散居住的希腊人之间到底还有哪些共同点呢？"

在引言中，作者概括了古希腊人的十大特点：热衷于航海，自认为是海的主宰者；思维特征是质疑权威；鲜明的个人独立性及作为独立个体的自尊心和自豪感；具有强烈的求知欲；思想开放；具有幽默感；几乎有些过头的好胜心；在各个领域竭力追求卓越；流利的语言表达能力；他们对待快乐的多种态度。这本书分为10章，通过希腊各城邦国与希腊的历史来介绍这十大特征。

希腊文明源于迈锡尼文明。荷马《奥德赛》背景就是迈锡尼。统治迈锡尼的克里特岛的米诺斯人酷爱航海，实际掌握着"制海权"，通过对海洋的控制实行统治。

希腊人天生不信权威，这种质疑精神使希腊取得了一个关键进展。他们认为，同辈人之间在根本上是平等的。他们捍卫自己的权利,终于实现了民主制度。荷马的《奥德赛》《伊利亚特》和赫西俄德的《工作与时日》《神谱》中表现了这种平等精神。

《奥德赛》中的拓疆思想与考古发现证明了希腊商人"原始殖民"的观念。他们渴望经济独立和政治自治。希腊人个性中的反叛思想,即追求独立的愿望与他们日趋成熟的个人主义不谋而合。希腊人将他们独特的生活方式传播到地中海和黑海沿岸等各地。他们认为自己不只属于某个殖民地或某个阶级,更是拥有个人主权的独立个体。殖民时代也是希腊个人主义的时代。这就是他们的自由观念。作者用希腊史诗中的故事来说明这一点。这些故事正是希腊当时现实的反映。从希腊文学和艺术看,希腊人的核心品质是喜好享乐、聪慧、擅长表达、独立思考、竞争意识强、重视个性,这些孕育了希腊科学和哲学。

科学和哲学起源于米利都,米利都的思想家探索世界起源的同时,也密切关注着世界每时每刻的变化。第一批科学家如伊奥尼亚人泰勒斯、阿那克西曼德、阿那克西米尼和赫拉克利特对世界起源的解释是一场知识革命。它又扩展到雅典。人们开始研究人类社会如何发展变化,人体内部难以觉察的机制,心灵觉知世界与感官体验的物质世界之间的关系,如何明智决策、如何搜集信息,为什么不同族群说不同语言、崇拜不同神灵,为什么一个城市有人争斗、有人结盟,过去如何影响现在,国家如何诞生,等等。对这些问题的研究使一大批学者出现了,如希波克拉底、毕达哥拉斯、希罗多德。希腊人提出了一系列重大问题,并在探讨这些问题的过程中巩固了古希腊的科学和哲学,也为现代科学与哲学打下了基础。

思想开放是雅典人性格中最重要的特点,这一点体现在他们勇于创新、善于思考和长于表达。在公元前6世纪初,梭伦奠定了雅典民主制的政治基础。公元前 507 年雅典民主制建立起来。雅典人欢迎移民，以跨国杂居者而自豪。这个时代出现了悲剧作家索福克勒斯、政治家伯里克利、悲剧作家欧里庇得斯、雕塑家菲狄亚斯、哲学家苏格拉底、历史学家修昔底德、喜剧作家阿里斯托芬、历史学家兼伦理学家色诺芬、哲学家柏拉图等。民主化为雅典国际化、富有创造力的文化奠定了基础。

公元前 480 年，斯巴达列奥尼达及 300 名勇士为抵御波斯人战死在温泉关。这些勇士面对死亡依然可以开玩笑。他们最骁勇善战、最粗暴，但也是最诙谐、最机智的古希腊人。从神话传说看，他们是战无不胜的战士，举止粗野、寡言少语，但说话辛辣幽默。斯巴达的女性比其他城邦更自由。古典时代对斯巴达人的评价充满了矛盾。他们对希洛人残酷无情的剥削与镇压、对本族男孩野蛮的教育方式都恶评如潮。但我们也不得不对斯巴达人的勇气与纪律，以及统治阶级坚持的全民公平、相互忠诚和团结一心的原则表示敬佩。

马其顿亚历山大大帝的征服横跨欧亚。马其顿人将竞争精神发展到斗得你死我活的地步。他们首先在家族内部展开了残酷无情的斗争，然后是对外的扩张。他们从外部引进人才，如亚里士多德。马其顿的兴衰是一部传奇。

马其顿征服世界之后，从公元前 323 年亚历山大去世后到公元前 30 年克里奥帕特拉去世为止是"泛希腊"时期，有 4 个泛希腊王国，即托勒密统治的埃及、马其顿统治的希腊、阿塔利统治的珀加蒙和塞琉古统治的以叙利亚为中心的庞大帝国。在埃及，亚历山大港图书馆汇集了世界上最优秀的知识分子群体。当时埃及是泛希腊王国中最稳定，也最有野心建立文化霸权的国家。托勒密一世资助的第一批学者有写出《几何原本》的欧几里得，他还请来《荷马史诗》编纂者、语法学家泽诺多托斯。托勒密二世时利比亚著名学者兼诗人、昔兰尼的卡利马科斯在图书馆工作。亚历山大港的文学在泛希腊时代首屈一指，它也是科学研究与探索发现的孕育之地，开创了修建希腊式图书馆的风气。

公元前2世纪中叶，罗马帝国统治了希腊，希腊人仍怀念自由希腊时代，坚信希腊文化是最优秀的文化。历史学家波里比阿虽然为罗马人做事，但一直在努力捍卫希腊的权益。罗马统治下，希腊知识分子仍然不少。还有一些人在罗马任职，如盖伦、阿里斯提德斯。其他著名人物有对希腊地理学贡献巨大的保萨尼亚斯、哲学家爱比克泰德、写《希腊罗马名人传》的普鲁塔克、来自罗马行省的约瑟夫等。希腊的文化征服了罗马人的头脑和心灵。这些知识分子用希腊文写作，这体现了希腊文化强大的生命力。

希腊人爱说刻薄话，雕刻的神像健美有力，总喜欢寻根问底，拥有独立的思想和心灵，哲学高度发达，一如既往地追求感官快乐，这在罗马帝国时代仍然总能看到。在公元50年，希腊人和罗马人改信基督教，希腊的异教信仰结束。公元2世纪，基督教传播加强。基督教对历史悠久的希腊文明构成威胁。但基督教徒需要分辨哪些希腊文化遗产要继承，哪些要摒弃。作为异教徒的凯尔苏斯还在《真言》中从希腊哲学的角度批判了基督教。这正说明希腊文明的魅力。

对希腊历史不熟悉的读者可以先读英国学者詹姆斯·伦肖的《探寻希腊人》（中译出版社，2023年）。这本书通篇简洁地介绍了希腊历史，让我们先了解希腊历史，再探求希腊人的精神。

介绍希腊文明的书甚多，这里推荐一本20世纪30年代美国学者依迪丝·汉密尔顿写的《希腊精神》（华夏出版社，2014年），这本书已出版近百年了，仍然受到重视，不断再版。她的另外两本著作是《罗马精神》(华夏出版社，2014年)和《希腊的回声》(华夏出版社，2014年)，都值得一读。我没选《希腊精神》而选了《古希腊人》是因为后者出得晚，同时更适合一般人读。

中外历史比较甚为重要，我再推荐一本比较秦汉与古罗马的书，即欧阳莹之的《龙与鹰的帝国：秦汉与罗马的兴衰，怎样影响了今天的世界？》(中华书局，2016年)。作者是物理学博士，但对历史的分析有独到的视角，不同于一般专业史学家。

从人类历史看传染病
《瘟疫与人》

我写《书中自有经济学》(三联书店，2023年)时正值新冠疫情期间。这一期间关于流行病的书迎来了出版高潮。我也"毫得合时"，以"流行病如何影响历史"为题介绍了美国学者约书亚·S.卢米斯的《传染病与人类历史：从文明起源到21世纪》(社会科学文献出版社，2021年)和英国学者弗朗西斯·艾丹·加斯凯的《黑死病（1348—1349）：大灾难、大死亡与大萧条》(华文出版社，2019年)，还延伸介绍了其他几本书。这些书都大同小异，依次介绍了历史上的各种流行病及影响。但有一本书我没有提及，因为这本书的风格与写法不同于我介绍的这些书。如果说，我在《流行病如何影响历史》中介绍的书，重点还在"流行病"，那么这本书重点则在人类历史。这次我有机会来介绍这本书。这本书就是美国著名历史学家威廉·麦克尼尔的《瘟疫与人》(中信出版社，2018年)。

威廉·麦克尼尔是誉满全球的历史学家，1963年以一本《西方的兴起：人类共同体史》（中信出版社，2018年）而成名，被称为全球史研究的奠基人。他是芝加哥大学历史学荣誉教授，并曾担任美国历史学会主席、美国世界史学会主席。他与著名史学家斯宾格勒、汤因比齐名，被誉为"20世纪对历史进行世界性解释的巨人"，开创了一个西方世界史学的新时代。他已出版30多部著作，其中《西方的兴起：人类共同体史》获美国国家图书奖。1996年他因"在欧洲文化、社会和社会科学领域做出的杰出贡献"荣获伊拉斯谟奖。2010年，美国总统奥巴马为他颁授国家人文勋章，以表彰他在人文科学研究方面做出的卓越贡献。威廉·麦克尼尔于2016年7月8日去世。他的主要作品还有《世界史》《竞逐富强》《人类之网》，与儿子约翰·麦克尼尔合著的《追求真理》，以及本文要介绍的《瘟疫与人》。

他在引言中说，他写这本书缘于对西班牙人征服墨西哥的思考。1520年，科尔特斯只带了不到600人就征服了有数百万人口的阿兹特克帝国。其中固然有西班牙人拥有战马和枪炮，他们采取了挑拨阿兹特克人关系的以夷制夷的策略等原因，但更重要的还在于西班牙人把天花病毒带到新大陆。就在阿兹特克人把科尔特斯逐出墨西哥城的那天晚上，天花已在城中肆虐，那个率队攻打西班牙人的阿兹特克人首领和不计其数的战士死于这个"悲伤之夜"。皮萨罗征服印加帝国也是如此。这就显现出一个尚未被历史学注意到的人类历史中的新领域，"即人类与传染病的互动史，以及当传染病逾越原有界域侵入对它完全缺乏免疫力的人群时，所造成的深远的影响"。因此"本书旨在通过揭示各种疫病循环模式对过去和当代历史的影响，将疫病史纳入历史诠释的范畴"。作者认为应将更高层次的"人类在自然平衡中不断变动的地位"作为我们诠释历史的组成部分。"无论过去与现在，传染病都在自然平衡中扮演着至关重要的角色。"抓住这个中心就可以理解全书的内容。

地球上有各种动物和包括细菌、病毒在内的微生物。在人类出现之前，它们处于一种自我调适的、微妙的生态平衡之中，比如食物链就是这样一种平衡。但人类的出现打破了这种平衡。第一章《狩猎者》正是论述远古时代人类在征服自然过程中如何打破这种平衡，以及在这一过程中，人与传染病的关系以及传染病对人类文化形成的影响。这种变化首先是人发展出杀死大型食草动物的武器和技术。然后是语言的进化提高了社群的合作能力。人学会了各种技巧。人类的这种进化对原有的生态平衡产生了巨大的、至今仍无可比拟的影响。与草原兽群接触而引发的寄生物和疾病已在影响人本身。人处于食物链顶端，数量迅速增长，但在狩猎时代，人确定了与环境相对稳定的关系。人类的技能提高之后，文化进化所产生的新效力仍不足以征服和彻底革新孕育人类自身进化的生态系统。当人口密度增大时，寄生物获得新宿主的机会增加，就会有传染病发生。这又会使人口减少，恢复平衡。人获得胜利并没有改变生态系统本身。但人类技能的不断提高，以及城市的形成，为各种微生物的发展创造了条件。平衡不断被打破，由微生物引发的传染病就开始影响人类本身。

人类在发展。第二章《历史的突破》探讨了公元前3000年到公元前500年人类所遭受的疫病以及与疫病逐渐调整适应的过程。大型猎物灭绝后，人类进入驯化动植物的农业时代。人类改变自然环境，使之适应农业，这就会打破自然生态系统平衡，引发传染病。农耕时代新生活方式，包括长期定居、灌溉，为微生物的滋生传播提供了条件。治水所需要的专制，如埃及法老的专制与瘟疫也有某种关联。农业社会不断稠密的人口最终也会达到可以无限维持细菌和病毒感染的程度。文明社会人的频繁交往加剧了细菌和病毒传播，传染病也是文明社会的病。一个社会群体对另一个群体征战的同时也传播了细菌和病毒。作者认为，人传人的"文明"型传染病，不太可能早于公元前3000年，但一旦它们开始，不同的传染病就在亚欧大陆不同的文明社会中确立下来了。证据是公元纪年前后，原本孤立的文明社会之间出现定期和有组织的交流后，凶猛的传染病很快从一个文明蔓延到另一个文明，对人类造成严重影响。这种影响首先是人口损失。这就引起人口迁移。文明的扩张把关键性文化因素从精致的文化中心地区输入新地区。战争经常与流行病蔓延过程相交错。

第三章《欧亚疾病的大交融：公元前500—公元1200年》论述这一时期的传染病史。地中海沿岸、印度和中国间的贸易在200年左右已在稳定运作。这暗示着在交流物资、贸易扩大的同时，传染病也一并交换。由于天花、麻疹和鼠疫等一些最先出现于印度或非洲的传染病在东西方其他地区相继出现，结果在3世纪前后，出现了流行病多发和人口的减损。这有利于减少流行病，恢复生态平衡。在900年左右，欧亚大陆发展出了相当稳定的流行病模式，人口再度增加。《圣经》等古籍中有瘟疫的记载。疾病也妨碍了中国早期南方文明的发展。良渚文明在4 000年前的消失与水患相关，恐怕也与流行病相关（尽管没有考古证据）。印度看似富足，但霍乱、鼠疫、登革热广泛分布，传染病是其沉重的负荷。印度文明的两个特点也与传染病的流行相关。一是种姓制的形成缘于入侵的雅利安人防止染上当地人的疾病。二是印度宗教的出世主义缘于躲避传染病。

地中海沿岸地区的贸易活动与人口稠密使各种传染病更为普遍，其中最严重的是疟疾。雅典、中国、古印度和中东成为四大"疾病圈"。这些地区的贸易和其他交往使流行病传播到各地。在2—6世纪罗马世界就遭受了严重的瘟疫灾难。麻疹和天花后果严重。鼠疫从印度东北部或中非发源地入侵欧洲，对地中海沿岸影响甚大。之后地方性传染病出现，流行病传播模式不断演进。到10世纪左右，由传染方式的转变引发的生物性适应在欧洲和中国确立，这又使人口增加。

第四章《蒙古帝国颠覆旧有的疾病平衡：1200—1500年》写这一时期世界各地遭受的疾病。这一时期蒙古骑士东征西战，使得鼠疫杆菌等致病性微生物轻易地穿越了河川山脉等天然屏障，造成新一轮的疫病大流行在欧洲和中国等地出现，特别是欧洲的黑死病影响至深。直到1500年前后，新的平衡才在各地陆续达成。13世纪初蒙古人横穿欧亚大陆，随之中国、印度等地和欧洲鼠疫大流行。之后麻风病、肺结核、斑疹伤寒、梅毒也开始流行。饮食的改变、气温的变化、公共沐浴文化的变化、鼠疫反复发作使人口减少等因素使1500年左右新疾病平衡模式重新建立。

第五章《跨越大洋的交流：1500—1700年》写这一时期世界流行病状态。欧洲人在征服美洲过程中，引入的天花在摧垮美洲印第安人的信念和社会结构中所起的作用远远大于武力等人为因素。这一时期，世界各地的传染病模式还出现了均质化倾向，即世界各地的致病性微生物与人类共生模式更趋稳定。传染病以儿童病、地方病的形式出现，流行频度增加，杀伤力减弱。以文明族群的大规模成长和疫病隔离群落的加速崩解为主要特征的现代流行病形式逐渐形成。长期以来新大陆与欧亚大陆分开，美洲有其生物脆弱性，一旦欧洲人带着天花这样的流行病进入，其毫无抗御能力，不仅人口损失了90%，社会结构也被彻底破坏。美洲加入16世纪后的亚欧大陆流行病圈。致命的热病、疟疾、黄热病随非洲奴隶进入美洲。欧洲也有了美洲传来的新流行病，如梅毒和斑疹伤寒、霍乱。新流行病的传播模式影响了历史进程。疫病模式改变和美洲农作物产量增加是近代早期引发文明社会人口增长的两个最活跃因素。

第六章《近代医学实践的影响：1700年—》，写这一时期人类疾病史。随着天花接种的发明推广，近代医学和公共卫生制度的出现和发展，人类第一次通过科学原理在卫生行政上的运用，彻底打败由于交通发达而打破疆界限制的传染病。但疾病与人类的竞争依然存在，疾病永远会与人类共存。随着人类社会的发展，科学进步，在人类与各种疾病的斗争中，现代医学成长起来了，人口快速增长，人类健康状况改善。有重大意义的首先是牛痘的发明、接种与传播到全世界。公共卫生制度和环境的改善，卫生制度的普遍化，医学技术的提高，廉价而有效的预防与控制流行病的方法的发明，营养条件的改善，都有利于人类对抗传染病。但这一切并不是万能的，传染病不可能被消灭，近年来的新冠疫情正说明了这一点。人类与传染病的斗争永不会结束。

作者结合病理学和历史重新解释了人类历史，其独到的见解随处可见。读者在阅读这本书时要注意四点。第一，人类处于细菌、病毒之类"微寄生物"和大型动物与其他族群或阶级的"巨型寄生物"之间的微妙平衡之中，流行病就是这种平衡的打破。第二，这种平衡被打破后，人类会遭受磨难，但人自身的自然免疫力、理性以及自然的调节方式会恢复并维持这种平衡。第三，人类总体上与微生物之间可以维持某种均衡，但在不同时期、地区，对于不同的族群，这种平衡极为脆弱。影响平衡的3个因素是人类进入农业社会，人口增长与集中，以及交通日益发达使人的交往频繁。第四，流行病传播模式因人的行为而改变，现代医学出现前主要靠生物自然调节适应机制实现平衡。传统医学是经验主义的，现代医学才改变了这种状况。

麦克尼尔是大师，但不能要求每一个大师都完美无缺。译者序中指出，其对中国的介绍多有误会，中国疫情年表的编写也有细节错误。一部宏伟巨著中的缺陷是我们读任何一本大师之作时都必须注意的，切勿对大师盲目崇拜。

我在写完《书中自有经济学》中的《流行病如何影响历史》后又读了3本关于流行病的书，都相当好且具有特色，推荐给大家。美国学者弗兰克·M.斯诺登的《流行病与社会》（中央编译出版社，2022年），全面介绍流行病与防治，内容相当丰富，有49万字，可谓宏著。德国学者福尔克尔·赖因哈特的《瘟疫的威力：黑死病如何改变世界，1347—1353》（社会科学文献出版社，2023年），介绍14世纪的黑死病，是个案研究。英国学者约翰·亨德森的《从瘟疫中幸存的佛罗伦萨：1630—1631》（上海人民出版社，2023年），写这次鼠疫在佛罗伦萨的流行与影响，也是个案研究。这3本书都值得一读。

美洲发现的蝴蝶效应
《美洲金银和西方世界的兴起》

哥伦布发现新大陆美洲被认为是全球现代化和全球化的开端，也使包括中国人在内的人民吃上了玉米、土豆，人口激增。这些都是美洲这只蝴蝶扇动翅膀引起的"蝴蝶效应"。这些蝴蝶效应的"引爆点"正在于美洲的金银成为英国社会变革的"魔杖"。要回答美洲金银如何引起英国社会变革及其与西方兴起有何种联系，就必须读张宇燕、高程先生的《美洲金银和西方世界的兴起》（中信出版社，2016年）。

世界现代化始于英国快速的经济增长。诺贝尔奖得主诺斯和托马斯的《西方世界的兴起》（华夏出版社，1989年）指出，经济增长的关键在于制度，这就是增长的"路径依赖"。就英国而言，18、19世纪的快速增长则在于光荣革命。这次资产阶级不流血的革命之后，逐步确立起来了一整套有利于新兴资产阶级壮大和经济增长的制度，如保护产权的制度。这套制度成为工业革命和以后一系列变化的基础。光荣革命发生在 1688 年，而不是更早或更晚，与美洲所发现的白银与黄金有关。这本书正是要说明，在美洲发现而涌入西欧的金银是英国制度变迁和西方世界兴起随机的外在条件。它开启了英国和西欧制度创新的大门，让经济起飞。

这里会有人提出疑问：在经济学教科书中，我们学到的是货币中性论，即在长期中货币量的变动并不影响真实变量，如 GDP 或就业，只影响名义变量价格水平。而且货币量是由中央银行和制度决定的，怎么可以引起制度变动？应该指出，现代社会的纸币法币和金属货币之间有本质性差别。金属货币不由中央银行和制度决定，而由贵金属的发现和开采决定。它是经济体之外的外生冲击。这种随机的、外生的因素会引发不确定的变动。美洲金银流入欧洲和西方制度变迁之间的内在联系是，美洲金银增加既引发了物价上升（称为价格革命），也引起财富重组，财富重组引起阶级兴衰，这就导致制度变迁和经济增长。这本书正是要论述这一机制的。

我们先来看美洲金银流入欧洲如何引起欧洲社会的财富重新分配（第三章）。

欧洲人是抱着对美洲金银的强烈欲望进入美洲的。事实也没有辜负欧洲人。1545 年人们在秘鲁和玻利维亚境内发现了波托西银矿，1563 年在万卡韦利卡发现了水银（分离纯银的工具）矿。波托西银矿开发 12 年后白银产量就超过全球白银产量的一半。墨西哥的萨卡特卡斯、瓜达拉哈拉等银矿和一些金矿也投入开采。低成本的金银自 16 世纪起大量流入西班牙。在此之前，欧洲的黄金仅为 2 000 吨，白银 20 000 吨，如果都折合为白银，欧洲人均白银仅 600 多克。1521—1600 年，仅秘鲁和墨西哥产出的白银就达 1.8 万吨，黄金

200吨。在17和18世纪流入欧洲的白银分别为3.1万吨和5.2万吨。其中政府占有1/4，私人占有3/4。没有计入官方统计的走私在10%之上。这使欧洲的货币存量增加了5倍。当时西班牙垄断了美洲金银。但其他欧洲国家通过正当的贸易途径、非法的走私贸易、金融渠道和海盗掠夺，从西班牙获得金银。以英国为例，在伊丽莎白统治的最后18年间，海盗总计夺得的金银财宝价值270万英镑。西班牙人为他人作嫁衣，最后获利的是以英国为主的西欧其他国家的商人阶级。这些商人迅速富起来。美洲金银涌入还引发了物价上升的价格革命，进一步分化了西欧各国的原有财富和新财富所有者阶级。商人集团是受益者，他们以低成本获得了大量贵金属。土地所有者和劳动者受到严重损失，贵族衰落分化，一部分资产阶级化，另一些成为"无产贵族"。总之，旧贵族阶级衰落，新兴的资产阶级商人成为历史舞台的主角。

美洲金银进入引起的这种财富再分配使西欧的阶级结构及国家功能发生变化（第四章）。

在新兴资产阶级推动的制度变革中，国家是不可或缺的。国家政权与新兴资产阶级之间的互动关系是制度创新的关键。在诺斯的理论中，国家提供"保护性"和"公正"的服务，界定产权并实施保护，以及增加税收。国家总是为统治阶级和得势阶级服务的。随着新兴资产阶级的壮大，国家开始保护它的利益，并摧毁旧贵族。这样，私有制随着工业和商业发展而得以推进。新兴资产阶级和统治者之间的融合促进了制度变迁。财富重新分配引起的阶级结构变化体现在新兴资产阶级和旧贵族之间的经济实力变化上。统治阶级内部性质的改变，即新兴资产阶级在统治集团中地位上升，引起一种自下而上的制度变革，以及新旧有产阶级与最高统治者的相互依赖关系改变而导致的国家政策导向的变革。结果是新兴资产阶级在政治上战胜了旧贵族。在财产状况决定政治权力的时代，新兴资产阶级权力的上升以法律形式固定下来。在英国，表现为议会内部成分的变化。14—15世纪末，上下议院人数之比很少达到1∶2，但在16世纪末这个比例接近1∶6。伊丽莎白时代46届伦敦市长全是几个同业公会或贸易公司的头面人物，市参议院亦由商人政治集团全面控制。商人通过对王室的支持换取各种特权。财产权的这种变化正是制度变迁的关键条件。重商主义的出现是保护新兴资产阶级政策的表现。

正是在这种背景下，产生了西欧各国的资产阶级革命和产权制度的创新（第五章）。

新兴资产阶级财产增加与权力上升使国家性质发生改变，统治权力由王权向议会过渡。经过资产阶级革命，国家由原先主要代表国王个人短期利益的君主专制政体转变为代表新兴资产阶级长期利益的代议制政体。从16世纪中叶起，发生在西欧各国议会和国王之间的争斗和资产阶级革命的背景是产权保护问题。对新兴资产阶级而言，私有财产保护极为关键，但在君主专制体制下，国王的权力不受限制，他们可以强征暴敛，践踏产权。新兴资产阶级不满于王权，在1642—1648年克伦威尔领导的革命中，资产阶级和新贵族结成了同盟，反对君主制和旧贵族（封建贵族）。1688年的光荣革命是由新兴的金融贵族和土地贵族联手发动的"宫廷政变"。英国的一部分贵族并不反对工商业发展，力图从中获益，于是与新兴资产阶级合作，在1689年达成妥协。"俸禄和官职"留给贵族大地主，条件是充分照顾新兴资产阶级的利益。这些政治交易的成功使国家各经济部门确立了共同的支配权。光荣革命的成果体现在1689年的

《权利法案》中。根据这个法案，议会将财权和军权控制在自己手中，根除了君主任意破坏产权的权力。光荣革命使英国人民获得了3项基本权利：选择自己的统治者；可以依法罢免他们；以及为自己建立一个政府。权力转让给了议会，有利于新兴资产阶级的制度选择作为宪法和法律最终牢固地确立下来。政治革命代表的是新兴资产阶级的利益诉求。它所建立的保护产权和相关的制度也是"非中性的"。议会取代王权之后，新兴资产阶级制定的产权保护和实施矛头主要针对社会的下层阶级。这种制度最大限度地剥夺底层阶级的财产，同时防止这个阶级对他们既有财产的侵犯。价格革命降低了生产成本，工人阶级的状况恶化。16—18世纪的"圈地运动"又形成大量廉价劳动力。这些以下层人民的痛苦为代价促进了经济增长。这一切也发生在西欧各国。

这些制度变化促进了西欧有效资本市场的形成（第六章）。

国家制度性质的根本转变和产权制度的建立为其他各种制度的创新铺平了道路。其中对经济增长影响最大的是金融领域的制度创新。这就在于资金获取的便利性和安全性直接刺激了创新活动和投资规模，催生了工业革命。金融市场的规模与效率归根结底是信誉问题。在这个问题上，国家的信誉和对金融市场的支持、保护是必不可缺的。议会代替国王，又有了相关的制度，国家建立了良好的信誉。政府成为借款者，又建立了国债制度，这对金融市场极为重要。金融市场上私人信誉的建立需要政府有良好的信誉；有公正的法律和法院判决；存在资本供求双方的竞争；有使"自发秩序"不断扩展的空间。

西欧贸易与经济迅速发展，虽然有美洲金银进入，但资金仍然需求大于供给，于是信贷工具发展起来。各种信贷技术的应用，无抵押贷款的流行，都依赖于信誉。1600年后私人银行兴起，国家在私人银行兴起中起了相当积极的作用。银行创造了信用货币。准备金金本位制保证了信用货币创造制度。进而又形成了债券市场，可以通过债券市场筹资。股份公司想通过发行股票筹资也必须靠自己的盈利能力。美洲金银进入后，欧洲各国建立了完善的金融机构以及便利的信贷工具。有效率的货币、金融制度带来了资本市场质的飞跃，成为工业革命的先决条件。其中低利率的资本和大规模投资尤为重要。

第七章《简要概括和补充说明》是对全书的总结与内容延伸，从观念、方法、产权、制度、货币二元论方法、国家的作用说明英国为什么领先、中国为什么落后，以及这本书如何运用已有的概念、理论、观点对这些问题做出说明。

这本书以美洲金融流入对欧洲发展的影响为中心，涉及许多广泛的理论，对所涉及的各位学者的见解都做了简单的分析介绍。这本书涉猎相当广，可以让我们了解更多的内容，思考许多更深层次的问题。

美洲的发现对全世界，包括中国的影响是巨大的。对这些影响的研究一直是热点。我再介绍两本书。一本是美国史学家艾尔弗雷德·W.克罗斯比的《哥伦布大交换：1492年以后的生物影响和文化冲击》（中信出版社，2018年）。另一本是美国学者查尔斯·曼恩的《1493：物种大交换开创的世界史》（中信出版社，2016年）。我在《书中自有经济学》中有介绍。

这本书讲到了美洲金银进入欧洲后引发的价格革命。如还想了解更详细的情况，可以阅读美国历史学家大卫·哈克特·费舍尔的《价格革命：一部全新的世界史》（广西师范大学出版社，2021年）中的"第二次浪潮"。

日本的开国

《黑船来航》

19世纪初，英国的工业革命正在蓬勃进行中，英国急于向外扩张，寻求原料与市场。东方自然是它的主要目标。1793年7月大英帝国以给乾隆祝寿为名派出的以马戛尔尼勋爵为首的使团到达天津，并于9月14日在承德避暑山庄觐见了乾隆皇帝，提出了建立正常外交、贸易关系的要求，但被坚决拒绝了。马戛尔尼使团在中国沿路看到一个表面强大、繁荣，实际上衰亡、没落的帝国。于是有了1840年的鸦片战争。从此中国走上被迫开放之路，开始了屈辱的近史历程（关于马戛尔尼使团这一次访华的历史，可以看法国学者阿兰·佩雷菲特的《停滞的帝国：两个世界的撞击》，三联书店，1993年）。

1853年5月26日，美国海军准将佩里的舰队成功地压制了琉球官吏及后盾萨摩藩武士的抵抗，进入那霸港。日本德川幕府最终决定开国。日本经历了全盘西化的明治维新，走上强国之路，征服了朝鲜，在甲午海战中打败了清政府，又在20世纪30年代发动了侵华战争。

两国面对全球化，"开国"还是"锁国"决定了以后国家的发展与国际地位。所以，马戛尔尼来华与佩里到日本分别是中国和日本历史上的重大事件，值得深入研究。这里推荐一本介绍佩里到日本和日本开国历史的书——日本三谷博教授的《黑船来航》（社会科学文献出版社，2017年）。

《黑船来航》共10章，可以分为两部分。前一部分包括第一至第四章，介绍佩里的"黑船"来之前日本德川幕府的锁国政策及知识界对这种政策的看法。后一部分包括其余6章，介绍佩里到来后日本曲折的开国经历。

19世纪初，日本有两本书值得注意。一本是志筑忠雄翻译德国人坎培尔的《日本志》而成的《锁国论》，另一本是根据众多荷兰书籍，对新井白石的《采览异言》修订增补而成的世界地理著作《订正增译：采览异言》。前一本反映了近世来日本的锁国政策，后一本反映了日本学者对国外信息的兴趣与搜集。这两本书对了解日本的"锁国"与"开国"都是一把钥匙。

日本近世对外关系的限制与国家权力的垄断甚于当时的中国和朝鲜。当时日本禁止日本人和幕府官员出国，少数来到日本的外国人，无论朝鲜人、中国人，还是西方人，都处于严密监控之下，传教士亦以失败告终。但这种禁止还没有上升到制度的层次。18世纪以后，日本的海外贸易缩小，经济的自主性相当强。但日本对国外的信息极有兴趣，认识国外的兰学兴起，出版了不少介绍外国的书。在松平定信执政时，只允许在长崎进行对外贸易。日本人被禁止出国，18世纪末以后外国人也被严格禁止进入日本，日本开始有意识地实行"锁国"了。同时日本增加海岸防卫，防止与海外船只发生冲突。松平定信被解职后，日本于1807年把虾夷岛（北海道）纳为直辖地。日本从与俄国关系紧张转向单一的锁国政策，把锁国孤立作为最理想的对外关系的思想扎根了。

这个时代，知识分子既赞成"锁国""孤立"的政策，又对世界产生了浓厚的兴趣。志筑忠雄的《锁国论》中把日本的"锁国"作为对付外国人败坏本国风俗和防止他人盗走财物的合理措施；会泽正志斋的《新论》提出了"重建攘夷体制"的思想。在了解世界时，他们发现仅靠荷兰人的书掌握信息有缺陷，因此就向漂流海外后回来的日本人和被俘的外国人直接采集海外信息，还派出调查队到虾夷地和其他地方搜集信息。情报收集成为"天文署"的主要工作，这在高桥景保的领导下颇有成效。在幕府学问所中，古贺侗庵提出积极开国论。这一点与鸦片战争前中国学人对外部世界几乎一无所知也不想知的情况完全不同。这对以后日本的"开国"与中国顽固排外颇有影响。

鸦片战争中中国的失败对日本造成了强烈的冲击。德川幕府不得不调整对外政策。1837年江户湾"莫里逊号"事件（这艘船名为英国船，实为美国船，以遣送7名日本漂流渔民为名想进入日本，被驱逐）后，幕府不得不讨论处理日本漂流渔民和江户海岸防卫体系问题，在坚持继续驱逐外国船只时，做了一些灵活的让步。鸦片战争后日本又经历了从撤销驱逐令到拒绝开国建议，但这个转变也不易。这时其对海外信息的搜集更为加强，又有一系列认识世界的书出版，如斋藤竹堂的《鸦片始末》、笕作省吾的《坤舆图识》，还引进了清朝魏源的《海国图志》。

德川幕府拒绝了开国建议，主导幕府政务的阿部正弘在"锁国"之路上越走越远。但勘定部门和海防部门认为，"锁国"在鸦片战争后已行不通。于是幕府内形成对立的两派。一派主张强化海防，继续"锁国"体制，另一派则主张不能得罪列强而引发战争。知识分子对处理对外关系有3种意见。一是藤田东湖的《常陆带》为代表的"尊王攘夷"派，但他们也分析了消极开放国门与积极开放国门的得失。此外两派分别是消极开放国门派与积极开放国门派，不过第一派是主流。佩里就是在这种形势下来到日本的。

要了解佩里进入日本，首先要了解当时西洋各国的亚太政策。《南京条约》引起西方各国对中国及周边国家的关注。俄国的派遣计划受阻；法国向琉球当局提出通商要求，美国也向幕府提出通商要求，但都未果；英国的遣使计划夭折。美国有横渡太平洋的计划，并关注日本。这就引起派遣佩里去日本的想法。

1846年，法美两国使臣到访后幕府意识到，西洋使节来日本已是一个现实的问题。他们再次拒绝了荷兰国王的开国建议。其为了继续维持"锁国"的政策而强化海防，但并不顺畅。幕府处于两难境地而茫然无措。在这样的形势下，佩里的船队在1853年5月26日来到那霸。佩里计划首先摸清日本是否有放松锁国的可能。如有就再次率舰队来，如没有就单独与琉球签约，在小笠原建煤炭仓库。7月2日佩里率4艘舰艇驶向江户。佩里做好了与日本谈判的准备。由于日美间不能进行直接交流，由译员用荷兰语和汉语交流，这引发了以后还会提到的《日美和亲条约》中的两处译文歧义。双方谈判并不顺利，佩里采用了软中带硬的策略。佩里强行闯入江户湾内海，日本在久里滨接受了美国国书。然后佩里离去。

佩里离去后幕府讨论假如佩里再次到来的应对之策。幕府否定了有限贸易的方案，采取了拖延回复的策略。在内部有争议的情况下，其采用"内战外和"的方针。其对俄国使节到来也采用推迟答复的对策。这个对策对陷于困境的俄国使节奏效了，然而对率领了更多军舰再度来江户湾的佩里则不起作用。

1854年1月中旬，佩里率领10艘舰艇再次进入江户湾。幕府进行了准备。佩里态度强硬，拒绝了日本建议的谈判地点镰仓和浦贺。最后谈判地点定为神奈川附近，并定于2月1日在横滨举行谈判。谈判实际在2月10日进行，美方递交了已准备好的4份条约草案。在日方避战与拒绝建交通商的争论中，避战一方获胜，做出一些让步，但美方强硬，佩里递交了以美清条约为底本的条约草案。又经过两次谈判，最后在1854年3月31日，日美签订了第一个条约。双方交换了条约文本。佩里完成使命，在1854年7月17日离开日本，1855年1月11日回到纽约，并把相关资料整理成书出版。

《日美和亲条约》在原则上并未确定国家间的正式交往与通商关系，只是一部规定日本向对方国家的船只提供特定港口的开港条约。我们从这个开港条约中可以清楚地看到异质文化突然相遇时发生的误解与解释的多义性。条约共12条，但美日双方理解都不同。美方认为，日本原本是一个"锁国"的国家，条约使日本"开国"，为以后的通商等奠定了基础。日方认为，其仅仅是为进入港口的外国船只提供人道主义物质补给，向美国开放港口仅仅是作为避难，并不涉及通商关系。

《日美和亲条约》缔结后，其他西方国家以此为契机与日本建立了条约关系，开始频繁进入刚刚开放的日本港口。克里米亚战争爆发后，日本与当事国英国与俄国都缔结条约，并开放港口。其实英国只是要求日本采取第三国的态度，但由于误译，变成了开放港口。《日英协约》共6条，内容也多有歧义;《日俄和亲条约》共9条，双方在细节上也有不同理解。

1854年日本在佩里的施压下与美、英、俄签订了3个开港条约。日方的目的在于谋求有限度的"开国"，并限定在可控制的范围内。但涉外的当事人认识到，这最终会导致内地开放，日本的"锁国"国策会出现转机，从而在与西方的交往中探索日本的出路。德川幕府的态度开始转变，加之荷兰的推动作用，最终承认通商，并采取稳步的开放措施。1857年日本得知第二次鸦片战争后决定采纳通商方案，并与美使签订了通信和通商条约，以后又与其他五国签订了通商条约。这就使日本终止了锁国政策，真正走上开国之路。

我想补充的是，日本以后的开放更为彻底，"脱亚入欧"实际上是"全盘西化"。"全盘西化"并不是放弃日本固有的文化传统，而是在政治、经济制度上完全向西方学习。以后的明治维新遵循的正是这一思路。这就有了以后日本的强大，甚至走上了军国主义的侵略之路。但在日本强大后，日本的传统文化仍然完整地保留下来了。

与此相对，中国向西方的学习一直是"中体西用"，坚持以中国的政治制度为主，吸收西方的技术。在这种思想指导下，康梁变法与洋务运动都不成功，最终中国落个不断挨打、长期落后的状态。日本的知识分子还是开放的。反观中国知识界，仍受许多约束。民国时陈序经教授等少数人曾提出"全盘西化"，但受到排斥，即使是相当开放者也不敢苟同。近代中国开放所走的路程值得我们反思。

《黑船来航》仅有22.8万字，但它描述的日本的开放历史对我们认识近代中国所走的路程是极有启发的。

中餐是如何进入美国的
《来份杂碎》

我数次去美国都喜欢在鼎泰丰吃饭,每次都发现来这儿就餐的人中美国人有一半左右。有时要排队等位,美国人坐在那里静静等待。其他中餐馆,外国人也不少。这说明,中餐已融入美国人的饮食文化中,美国人也爱上了中餐。

中餐与西餐是截然不同的两种食物。让美国人喜爱法餐、英餐、意餐并不难,因为尽管风味不同,但毕竟都属于西餐。让从小养成吃西餐习惯的美国人吃中餐并不容易,中餐如何进入美国,又让美国人从接受到喜欢呢?这就要读读美国知名饮食文化学者、熟悉中国饮食传统的安德鲁·科伊的《来份杂碎》(北京时代华文书局,2016年)。

从1784年美国的"中国皇后号"商船载着贸易代表团到达中国广州起,中国的饮食文化就进入了美国人的视野。在此后的200多年里，中餐与中国文化随着一波又一波华人移民的到来，在美国大地上蓬勃发展，与美国文化不断碰撞融合，最终演变成一种中国人并不熟悉的美式中餐文化。到作者写书的 2009 年时，美国中餐馆已超过 4 万家。到如今，我想这个数字该翻一番了吧。

伴随着中美之间人员与文化的冲突和融合，中餐在美国经历了从"舶来食品、穷人食品、快餐食品"到"本土食品、精细食品、文化食品"的过程。在这一过程中，华人群体在美国同时经历了"外来人、开荒人、边缘人"到"美裔华人、文明人"的过程。中餐融入美国的过程也是华人和中国文化融入美国的过程。

这本书正是把中餐在美国的历史与中国移民在美国 200 多年的奋斗历史相结合，呈现出一幅中美文化交流的画卷。

这部历史还要从 1784 年 2 月美国商船"中国皇后号"起航，美国人第一次来中国开始。在广州，这艘船的船长格林和商务代表肖曾应邀和法国朋友一起去富商陈祖官的别墅，但肖发现法国人自备餐具、酒水和大份的菜肴。说明这时洋人尚不敢或不习惯吃中餐。美国人当时对中国的了解来自传教士写的《中华帝国志》和《中国旅行家》。《中国旅行家》中记载，中国人用筷子吃饭，以大米为主，但什么肉都吃，包括狗肉、猫肉、蛇肉、青蛙肉等。1784—1844 年，美国到中国从事贸易的商人不断增加。他们在寻找带什么货物去中国时发现，中国人爱吃海参和燕窝。美国人在中国并不了解中国人的生活。直到 1819 年才有美国人品尝中国菜的记载。美国商人布莱恩特·派洛特·蒂尔登在十三行商人潘正炜家用筷子吃了中餐。美国传教士卫三畏也在中国人家中吃了中餐。他在《丛报》上发文论述"中国人的饮食"，错误地认为"中国人的味道无非就是大蒜味、葱味和体臭味"，根来没认识到中国饮食文化之精华。

1844年第一位美国大使顾盛来华。在《望厦条约》签订后，中国官员耆英请顾盛等使团人员吃满汉全席。顾盛回国后美国掀起一股小小的中国热，几千名美国人参观波士顿的中国博物馆。但当时美国人并不了解真正的中国，更不了解中国饮食文化。有一则故事说明了这一点。顾盛在一林姓官员家吃饭。顾注意到一道菜，以为是鸭子，问主人："嘎、嘎？"主人答："汪、汪"，他好像只注意到中国人吃狗肉。直到1900年以后，才有西方商人表示喜欢中国食物或在中餐馆用餐。传教士卫三畏编纂了《中央之国》，介绍了中国人吃的谷物、蔬菜、水果、动植物油、饮品、牲畜家禽、鱼类及燕窝、海参和鱼翅，并抨击了"猫狗鼠肉在中式饮食中司空见惯"的说法。另一位传教士威廉·迪恩在《中国传教》中介绍了中国饮食。还有一位医学传教士查尔斯·泰勒在《在中国的五年》中承认喜欢中式宴席。这些改变了认为中国饮食是"旧毯子上的烂蒜"的错误看法。

　　作者从清人袁枚的《随园食单》入手介绍中国的饮食历史。《随园食单》代表了18世纪晚期中国东部，尤其是长江下游一带地方菜系的最高水平。要了解这一点，就要对中国饮食从头说起。中国是气候地貌多元的区域，有多种动植物。中国人爱好的食物种类繁多，并以谷物为主食。北方以抗旱的黍稷（五谷）为主，有柿子、桃子等水果和大白菜，动物是狗与猪。长江流域及南方其他地区以水稻为主，动物除狗、猪外，还有牛与鱼类、贝类。学者普遍认为"中国味儿"起源于南方珠三角到北方长城一带。即使在早期，烹饪也被中国人视为一门最重要的艺术。商代出现了许多盛装食物的铜器，商朝的大臣伊尹原本是一个厨子。周朝菜肴呈现出现在的模样。中国人吃五谷，也吃菜、肉、水果。

随着丝绸之路的开通，黄瓜、胡萝卜、菠菜等食物进入中国。蒸的方法出现于北宋。从规模宏大的御膳房到农家小屋中的狭小一隅，都是中华菜系演化之地。到汉代时，中华菜系已自成一派，以后各代都有发展。餐馆由来已久。北方菜系主要以北京及华北平原的菜肴为中心（更准确一些应该是以鲁菜为中心）。南方菜系以广东菜为主。这就是中华菜系在本土形成发展的历史，走向美国的中餐还是从中华大地上走出来的。

中餐是随着华人移民而进入美国的。1865年，华人中的成功者在旧金山的鸿香酒楼宴请了美国众议院议长、伊利诺伊州副州长及两位记者和随行人员，菜肴甚为丰盛。不过旧金山的白人并不怎么喜欢中国食物，参加宴会更多是为了贸易利益。华人来旧金山与这里发现黄金相关。第一批中餐厅正是这时出现的，它们的优势在于价格低廉且有专业水准。这些餐馆因崇尚质量、服务优质，同时又有含探险意趣的食物而成功。"淘金热"使华人数量迅速增加，但美国人厌恶华人的风俗习惯。尽管种族矛盾一触即发，社会暴乱不时发生，但华人总体上并没有受到什么排斥。19世纪60年代早期，已有卖中国食材的中式商店。华人也从事捕捞，并建了菜园。19世纪60年代末至70年代，旧金山一共有几十家中餐馆，其中高档的三四家，不过由于认为中式食物不宜食用，非华人顾客并不多。这不仅在于口味不同，而且更重要的是美国西部反华情绪愈演愈烈，美国人承认喜欢中式菜肴就会使自己陷入政治与社会险境中。但游客们也会来唐人街品尝中式菜肴。后来终于有少数白人放弃偏见，频繁出入于中餐馆。以旧金山为起点，华人沿太平洋南岸南北迁徙。华人为美国与西部大铁路建设做出了贡献。随之中餐馆也向各地延伸。以后加州华人又受打击，1882年，美国议会通过《排华法案》，阻止了华人进入，不少华人离开西部，或回国，或到他地。

1884年初，纽约的一位白人邀朋友同吃中餐，并不成功。但10年后纽约人纷纷品尝中餐。这时炒杂碎出现了。炒杂碎原是珠江三角洲地区的一道农家特色菜肴，在以后的日子里它深深影响了美国人对中式菜肴的看法。19世纪后期华人进入纽约，纽约首家中文报社的主编王清福不仅为反排华呼吁，也介绍中餐。美国人对中餐的主流看法是，美味可口，异域风味，价格低廉。美国人最喜欢的菜肴就是杂碎。杂碎是在一个锅中炒不同的食材。1896年李鸿章访美时关于他是否吃杂碎的争议无意间提高了杂碎的名气。唐人街外也兴起了中餐馆。在20世纪初美国社会迎来吃中餐的高潮，一碗杂碎仅25美分，杂碎风行。杂碎店还扩展到东海岸一带主要城市和其他地区。《芝加哥论坛报》说"杂碎热正在翻涌"。1906年旧金山地震后华人中餐店又兴盛，连西部反华势力最强的地方也阻挡不了杂碎热。杂碎热达到巅峰之后也走上了衰退。杂碎这种并非传统中国菜的饮食产生了持续影响力。但美国人仍然贪恋杂碎的美味。一碗杂碎代表了中餐，折射出中餐在美国的发展历程。

20世纪初又有一股排华潮流。西格尔女士因陷入一场与华人的三角恋而被杀，媒体把白人妇女被诱吸鸦片和中餐馆联系在一起，称中餐馆为"卖杂碎的鸦片窟"。但包含中餐菜谱的小说、电影都反映了美国人对以杂碎为代表的中餐的爱好。中餐馆也在严格迎合美国大众的口味。美式中餐的特色菜肴从杂碎逐渐过渡到蘑菇鸡片，再到黑椒牛排，直至最后，已全然不复之前的异域风味。但"美国人青睐杂碎不仅仅是因为它原料丰富、备菜方式特别，并弥散着遥远的东方气息。更大程度上讲，这其实是因为杂碎渗透进了更广阔的文化，其意义一直在随着环境而改变"。已有公司把杂碎做成罐头，在杂货店卖。20世纪早期，"杂碎迎来了一场词汇学上的蜕变，骤然从中餐馆的菜价表上跨越到了其他餐饮领域的食单中。这也验证了杂碎所具有的文化穿透力。"美式杂碎开始流行。到20世纪20年代，杂碎和炒面已与火腿鸡蛋、咖啡饼干以及周日炖肉一样，在美国人的日常饮食中占据了一席之地。随着杂碎的美国化，华人退到社会边缘。只有在夏威夷，华人仍主导餐饮业。但中餐已失去自己的优势，如不做出改变，中餐店的前景就一片暗淡。

最后是讲二战以后中餐在美国的发展与变化。这几十年里中餐店靠不断适应外部变化维持着生意，从中心城市扩展到新的郊区。面对汉堡、炸鸡和比萨的竞争，中餐店给客人提供量多价低的食物，主打"家庭套餐"。店内的气氛舒适且有中国特色。但到20世纪60年代，炒杂碎、炒面和芙蓉蛋等已同唐人街的老一代人一样逐渐进入衰靡。在移民限制放松，华人大量进入美国之后，美国的中餐业又获得一次缓慢的转机。华人杨步伟（著名学者赵元任的夫人）出版了《做、吃中餐》，全面介绍了中餐的原料、调味、餐具和烹饪方式及食谱，使美国人真正了解杂碎之外的中餐。福禄寿这样的中餐馆吸引了美国人。川菜进入美国，中餐成了纽约餐饮界的火热明星。尼克松访华品尝烤鸭等中餐，促进了中餐业的发展。70年代许多餐馆歇业倒闭，但提供新奇菜品的中餐馆迎来了蓬勃的发展与扩张。湖南菜馆推出的"左宗棠鸡"风行一时。80年代后大量华人进入，中餐又兴盛。2008年北京奥运会之后，北京烤鸭受到欢迎。如今美国超市有中餐原料，美国人习惯了用筷子吃中餐，也不害怕在自家厨房炒与蒸的中式烹饪法。与以前的美国人一样，他们仍希望中餐既便宜又饱肚，既熟悉又清淡。

全球一体化的今天，饮食也在交流。我们在国内能吃到各国大餐，在世界各地也能吃到中餐。这本书所讲的中餐进入美国，正是这种饮食全球化的一部分。

海外华人的生存与奋斗
《他者中的华人》

华人遍及全球。有人处就有华人,无论是发达的城市,偏远的地区,还是仍处于原始状态的太平洋小岛。他们许多人已加入所在国国籍,但他们身上流淌的还是中国血。他们无论在哪里都忘不了自己的"中国根",也保留了许多中国的优秀传统。他们不忘祖国,常回来祭祖、访亲探友,甚至居住和投资。他们是如何出去的?经历了什么苦难?又如何奋斗成为精英?要回答这些问题,可以读美国学者孔飞力的《他者中的华人》(江苏人民出版社,2016年)。

与陆地上的丝绸之路相对应,在秦汉时期海上丝绸之路也开始形成。通过海上丝绸之路,中外进行贸易,也许会有中国人由于各种原因留在国外,成为移民。不过这种移民即使有,也极少,且没有留下什么痕迹,也没有充分的史料可以证明。所以这本书讲华人移民是从5个世纪前的明代世界地理大发现开始的。

第一章《海上扩张与中国移民》正是讲明以后的早期移民史。最重要的是明永乐年间郑和航海。尽管这次远航是为了炫耀国力，并不以贸易为目的，但毕竟带回了关于远洋航路和潜在市场的信息。明代的海禁政策不能阻挡走私贸易。国内对白银的强烈需求成为推动海上贸易的强大动力。东南亚地区一直是宗教、文化和商品贸易的交会之处。欧洲各国与包括中国在内的东亚各国都在这里交会，进行贸易。中国船只航行到欧洲人在东南亚的殖民地成为中国向那里移民的先决条件。随着中国人口增长，土地与人口的矛盾突出，移民成为家庭谋生的策略之一，或在国内流动，如湖广填四川，或向海外迁徙。中国南方及东南沿海省份一直是中国人向外移民的主要区域。共同的方言成为实现连锁迁移的纽带。闽南人是航海的先驱，也是移民的主力。珠江三角洲的广东人到国外当佣工谋生有悠久的传统。潮州人在海外进行航运和贸易，进而定居。生活于边缘地带的边缘人客家人在海外严酷的环境中生存了下来。海南人是乐观而勇敢的先行者。福建的兴化人与福清人成为富有进取精神的后来者。浙江温州人是一个新近兴盛起来的移民群体。与生俱来的乡情和亲情成为他们在异地谋生的重要依靠，这就有了地缘性会馆。影响移民职业生涯形成的原因包括移民家乡的技艺或习俗；移入地社会既有的职业社会分布；可能为其家人和乡亲建立桥头堡的特定移民群体，他们可能得到的进入不同小生境的机会；以及雇用过程。

这些到海外的移民如何形成海外华人社会呢？第二章《早期殖民帝国与华人移民群体》论述了这一问题。早期中国移民在海外建立的华侨社会主要集中于两类地区。一类是被欧洲殖民政权占领的港口城市，另一类是尚未被殖民化的土著王国。移居东南亚殖民地是一种双方互惠互利的共赢模式。这就是华人作为华商或雇工为殖民者提供服务与税收，又服从当地当权者的统治。他们以此得到信任，并通过商贸和包税奠定经济基础，富裕起来。这些地区包括葡萄牙人占领的马六甲、西班牙人占领的马尼拉、荷兰人占领的巴达维亚（今雅加达）。这些地区的殖民者在与中国贸易，从当地获取财富，以及为殖民城市提供服务3个方面依赖华人。未被殖民的君主国包括暹罗（泰国）、越南和日本等。华人主要在殖民统治下或当地君主统治下谋生，也有些华人进入了当地政治管控的边缘或真空地带，从而可以建立自己相对独立的自治政体，如18世纪中叶后在西婆罗洲的客家人。潮州人在亚热带丛林中开矿、定居，形成了一个自主治理的小社会。清朝早期的海禁政策割断了东南亚华人与国内的联系，这种政策受到东南沿海地区官员和士大夫们的反对。乾隆上台后不久允许与南洋诸番通商，这使东南亚华人与家乡的联系基本畅通。18世纪，中国与东南亚贸易大幅增加，英国加紧了对东亚和东南亚的渗透，中国移民集中进入欧洲殖民者统治下的港口、位于河流三角洲的土著王国，以及东南亚大陆及爪哇岛的水稻农作区。英国在东南亚建立的殖民前哨据点实行自由贸易，对中国移民更有吸引力，促进了华人的商业活动。华人作为商人、包税商、城市建设者、工匠及农民，在东南亚殖民体制建立中的作用非同小可。

从19世纪中叶开始，中国大规模向外移民，无论是人口数量还是分布范围都有显著变化。这既有中国内部的变化的影响，也有工业化的影响。第三章《帝国主义和大规模移民》正是分析帝国主义时期中国移民的变化的。鸦片战争对中国向外移民有双重影响。西方人占领五大通商口岸之后，招募数以百万计的华工，将其运出国。其构建了合法的法律框架，并在西方强权保护下长期延续。此外，中国自给自足的经济体系被打破，成千上万人陷入困境也推动了移民。这些移民中，有能力自己承担出国费用者享有充分自由，依靠借贷出国的自由程度差一些，通过签订契约或合同移民者在合同期内受限制，被迫或被骗上了苦力船者与奴隶几无二致。其中第二、三类人居多。"赊单制"或"契约劳工制"都有奴隶制的元素，它的实施还是靠国家的支持。荷属东印度的契约劳工处境悲惨。中国南方各省有自愿向外移民的传统，但也有许多是被骗的非自愿移民。移民的法律地位又往往含糊不清，这给他们在当地的生存与发展带来许多困难。这时中国移民已不限于东南亚。他们来到北美与大洋洲、西印度与秘鲁、太平洋群岛，当然也有朝向东南亚的大移民。

不同的自然和人文环境如何影响移民的发展模式？中国移民又是如何运用他们的适应性技能在不同社会环境中谋求生存发展？第四章《大移民时代的社群Ⅰ：东南亚》，介绍华人在东南亚的发展。这个时代欧洲人在东南亚实行更直接的殖民统治，中国移民都要适应这一社会环境。海外华人社团是华人亲缘群体的正式组织形式，它包括以地缘、血缘、神缘、兄弟会为核心的不同种类。新移民进入后仍传承中华文化，与老移民之间既存在竞争，又形成有意义的合作。在殖民统治后期，海外华人资本增加。他们财富的主要来源是鸦片专营，同时也投资于海洋贸易、农作物加工和锡矿开发。他们的大型商贸网络足以同西方人、日本人抗衡，但绝大多数华人还是经营家庭式小生意。同时也有大量劳动者挣扎于痛苦之中。

排斥华人的美洲与接纳华人的东南亚不同，华人如何从被排斥到被接纳？第五章《大移民时代的社群Ⅱ：移民社会的排斥与接纳》正是分析这一问题的。北美和大洋洲最初也是殖民地，但并没有公正地对待中国移民。从19世纪后期到20世纪中叶，北美和大洋洲都竭力阻止中国移民进入，对已经进入的则设法限制其自由，剥夺其公民权。中国移民受到严重排斥，不能享有公民地位，连谋生的机会也被严格限制。美国的排华源于白种工人队伍日益上升的对华人的敌意。这影响了加州政治，甚至延伸至国家层面。排华体系自身衍生出了若干经济圈，华人社会通过规避排华限制而设法从中获利。大洋洲也存在排华。华人正是在这种充满敌意的环境中谋生的。他们为开矿工人提供各种服务，修建铁路或从事农业。华人退缩到唐人街，通过洗衣坊、小餐馆及杂货店谋生，或者主动适应美国的社会生活。在大洋洲，华人则避免与白人竞争。他们都在苦难中成长。

海外华人与中国之间存在密切的联系。第六章《革命和"民族救亡"》正是介绍海外华人对国内以民族救亡为目的的革命的支持与参与的。19世纪70年代之后，中国政府在国外设立领事，向海外华人示好。清亡之际，改良派和革命派领导人流亡海外，他们的思想在不同程度上被海外华人接受，海外华人也支持他们的革命活动。由于大量移民，华人社会多元分化。新移居的华人受中国民族主义潮流的影响，十分关注中国。海外华人社会出现了政治激进主义。孙中山的革命活动在海外得到支持。日本人入侵中国后，华人也加入"民族救亡"，陈嘉庚先生就是一个例子。但华人的民族主义不同于中国国内同胞，因为他们首先要适应所在国的环境来求生存与发展，而且他们是商人，并非传统士大夫或现代知识精英。他们都怀有民族同情心，但由于他们所处的特殊移民环境，并非人人都能像陈嘉庚先生一样身体力行。

二战期间和以后，华人社会有什么发展呢？第七章《后殖民时期东南亚的华人社会》正是回答这一问题的。在太平洋战争（1941—1945年）期间和战后东南亚殖民体系崩溃后，华人适应环境变化的能力经受了严峻考验。殖民地时代，殖民主义者和当地君主依靠华人打理他们的财务体系，建设城市。华人为城市提供必需品，经营创造财富的商贸事业，获得的小生境从街头小贩到巨商。当这个时代结束后，他们会何去何从？殖民主义结束后，新兴独立国家仍然排华，如印度尼西亚。他们认为"华人控制了我们的经济"。1965 年的政变失败后，印度尼西亚与中国的关系降至最低点。华人更受歧视。这说明进入后殖民时代独立民族国家时代，经济功能与民族文化之间的冲突上升为严峻的问题。在印度尼西亚，华人在经济上扩张，但在政治文化上受压制。在马来西亚，华人族群通过抗争，维护了华人社会和华人个人的民族认同，文化上追求多元化。中国文化的传承通过共同的语言而实现。新加坡一直推崇华人文化。

第八章《新移民》介绍 20 世纪 60 年代之后的移民新时代。这个移民新时代受到四种因素影响：北美和澳大利亚等摒弃了种族歧视政策；中国开放了世界贸易；欧洲重组，包括苏联解体；以及中国在国家层面上移民政策的改变。20 世纪 80 年代以后欧洲的新移民特点是阶层与来源地构成的多样化。其原先以广东人为主体，新增加了不同地域群、方言群，也新增了以投资人和企业家身份迁移的富裕阶层，以及受过高等教育的专业人士。留学海外成为移民国外的重要渠道。当然也有传统渠道与非法移民。非法移民甚至成为一个生意圈。这些非法移民使有许多"血汗工厂"的飞地经济发展起来了。各地也形成层次不同的华人组织，甚至出现了全球性"联谊组织"。移民的变化说明中国已融入世界。

在介绍这本书时，我注意到了另一本关于海上丝绸之路与移民的书：高伟浓的《海上丝绸之路：航线、华商与华工》（社会科学文献出版社，2023 年）。我曾在这两本书中犹豫不决，因为它们都同样优秀,各有特色。最后选择《他者中的华人》,一是因为作者孔飞力的名气。他的《叫魂:1768年中国妖术大恐慌》(上海三联书店,1999年)和《中华帝国晚期的叛乱及其敌人:1796—1864年的军事化与社会结构》(中国社会科学出版社,1990年)早已蜚声中国学术界。尤其是《叫魂:1768年中国妖术大恐慌》常销不衰,至今为人们津津乐道。二是这本书的线索更清楚,更适于一般读者阅读。

此外还要指出,这本书属于刘东主编、江苏人民出版社出版的"海外中国研究丛书"。这套书反映了外国学者对中国的研究,包括许多论述中国问题的名著,如彭慕兰的《大分流》、林满红的《银线》、贺萧的《危险的愉悦》、斯波义信的《宋代江南经济史研究》等。有兴趣的读者可以选几本读读。

人类的进步与不平等
《人类之旅》

如果有时间穿梭机，宋代的人来到今天，看到人们用手机购物，满街的女孩衣着暴露，肯定会惊讶，无法生存下去。如果我们回到宋代，从开封（汴京）来北京要骑驴走几个月，女孩还要裹脚，肯定也无法生存下去。如果清乾隆时代的人回到宋代，那么大体上还是适应的。这一切变化是从 18 世纪下半期的"大分流"开始的。从那时起西方发生工业革命，其他国家仍在停滞之中。要从经济上了解这种长期变化，最应该读的一本书就是安格斯·麦迪森的《世界经济千年史》（北京大学出版社，2022 年）。

人类社会的进步是巨大的，但也付出了巨大的代价。现在的物质生活、精神生活比宋代进步了不知多少倍，但天不如那时蓝，水不如那时清，收入差距比那时不知大了多少倍。人类进步的优点与缺点是任何事物都必然具有的正反面。是什么推动了人类的进步？

又是什么进步中产生了不平等？想了解这个问题还要读以色列学者奥戴德·盖勒的《人类之旅》（中信出版社，2022年）。这本书共分两部分，第一篇《人类的奥德赛之旅》，写人类经济增长与原因。第二篇《财富与不平等的起源》，写人类进步中财富与收入不平等的产生原因。全书主题是严肃的，但写得通俗、有深度，读来又轻松。

作者讲"人类的奥德赛之旅"是从人类的起源开始。不过重点并不是人类演化的历史，而是人类能进步的根本原因。许多动物比人的历史长得多，但并没有像人这样走上奥德赛之旅，这正在于人的大脑极为特殊。所以，"把人类与其他物种区分开的这些文化和技术进步的一个主要驱动因素，则是人类大脑的演化"。这就是"人类的大脑极为特殊：容量大、结构紧密，并且比其他任何物种的大脑都更为复杂"。因此，"人类大脑的演化是人类独有成就的主要驱动力，这至少是因为它有助于实现技术进步，即采用越来越先进的方法利用周围的自然材料和资源。"人就是带着这颗大脑走上奥德赛之旅的。

马尔萨斯悲观地描述了工业革命之前的世界。他认为，由于人口增加与自然资源有限的矛盾，人类的进步迟早会进入停滞的"马尔萨斯陷阱"。不幸的是，在他做出这种预言时，工业革命已经开始了，人类进入飞速进步的时代。这种进步的基础是经济增长，GDP或人均GDP的增加。经济学家对这种增长的原因提出了不同的解释，形成各种经济增长理论，诸如哈罗德-多马模型、新古典增长模型、新经济增长模型等。这些理论从不同的角度分析了决定经济增长的因素，但正如爱因斯坦想用大一统理论来统一物理学一样，作者也想用一种大一统理论来统一各种增长理论。他这种研究的信念是"对全球经济发展驱动力的理解必须反映整个发展进程背后的主要动力"。因此,"统一增长理论则覆盖整个历史时期的人类发展旅程,上溯至 30 万年前智人出现在非洲的时刻"。这个理论"受到了数学研究中分岔理论(bifurcation theory)的启发。该理论表明,在超过某些临界点后,单个因素的微小变化可能导致复杂动态系统突然而剧烈的变化"。"尤其是,这一研究聚焦于找出在表面之下隐形转动的巨型齿轮,在整个马尔萨斯均衡时代不停运转、最终冲破桎梏、开启现代增长的变革之轮。"这个"变革之轮"是什么?

作者把这个"变革之轮"聚焦在人口上。其中首先是人口增加,因为人口规模对社会技术创新来说是关键促进力。另一个则是人口结构。作者用了达尔文所说的人口结构的"有利的变化",这就是"代际传递的使生物体更加适应环境的任何性状,如果能给生物体提供更多资源,带来更多和更可靠的营养与保护,使它们有更多后代存活,就都可以被视为'有利'"。对人而言就是父母对人力资本投资的文化倾向,这就是人力资本的积累。这时变革之轮就是技术创新养活了更多人口,推动人类对生态和技术环境的适应,更多和更适应的人口又激发人类设计新技术,加强掌控环境的能力。这些变革之轮结合起来,最终导致了创新以历史上前所未有的规模集中爆发,这就是工业革命。

工业革命不是蒸汽的时代,也不是棉花或钢铁的时代,而是进步的时代。工业革命时技术变革加速,基础来自前工业化时代的教育。工业化与人力资本并增,公共教育有了巨大进步,童工亦不复存在。19 世纪下半期欧美人口的减少被称为"人口大转型"。引发这一变动的是人力资本回报提升、性别工资差距缩小,这使人的生活水平提高。20 世纪后半叶,变革之旅仍在不断加速,正在于"人力资本在提高当今世界的生活质量上发挥着关键作用"。作者的大一统增长理论其实是人力资本理论。

变革之旅在推动人类进步的同时，也引起了巨大的不平等。世界各国在"人权状况、公民自由权、社会和政治稳定度、教育质量、预期寿命与收入能力，以及近年来尤其突出的暴力冲突的发生频率等"方面存在巨大的差异。用资本与技术，以及国际贸易、殖民主义引起的不平衡发展来解释显然是不充分的。作者在第二篇中正是要分析造成这种不平等的深层次因素，这包括制度、文化、地理与人口多样性。

先谈制度。我们从朝鲜和韩国的对比中可以看出，朝鲜的落后是"因为其政治经济制度限制了个人选择与经济自由。对政府权力缺乏约束、法治作用有限、财产权利不安全，加上中央计划固有的效率低下，都在制约创业创新，鼓励腐败，导致停滞与贫困"。英国的崛起有其制度根源，这就是1689年《权利法案》的签订，"英国建立起包容性制度，保护私人产权，鼓励私人企业，并致力于促进机会平等和经济增长"。许多历史事例表明，"制度确实可以对发展进程产生长期影响"。许多学者把殖民地的落后归咎于西方的殖民统治。但作者认为不能一概而论，"某些殖民地建立起攫取性制度并延续下去，另一些殖民地则建立起更为包容性的制度，这反映了地理特征、疾病环境与人口密度的影响。如今的研究证据显示，制度对前殖民地的经济发展具有显著而持续的效应，但重要的混杂因素导致难以得出确切的定量结论，特别是因为疾病环境与殖民者人力资本等的影响"。大多数时期，制度是在长期压力和趋势作用下逐渐演变的。

再谈文化。新教改革撒播了首批关于文化特征与经济增长关系的现代思想的种子。德国社会学家马克斯·韦伯的《新教伦理与资本主义精神》把新教伦理作为西欧国家资本主义精神的源头。作者认为,"文化特性,即在一个社会占据主流,被数代人延续的共同价值观、习俗、信仰和偏好,往往对发展过程具有显著影响。特别是,鼓励或者不鼓励人们维持紧密家庭纽带、人际信任、个人主义、长远打算和人力资本投资的文化因素,具有强烈的长期经济效应"。一种文化变革的出现可能是随机的,但其生或死的命运绝非偶然。文艺复兴、启蒙运动都抛弃了原有的文化传统,鼓励对世界采取更有怀疑精神和实证精神、更为灵活的态度,这就创造了"增长的文化"。这种文化可以由"文化惯性"而得以延续和发展。文化可以从多个途径影响增长进程和经济繁荣。

最后谈谈地理环境的影响。在非洲的撒哈拉沙漠和卡拉哈里沙漠之间严重缺乏牲畜,这是因为当地有采采蝇。这说明,地理环境不仅影响农业和劳动生产率、技术采纳、贸易活动与自然资源的获取,还会促进竞争、形成制度以及引起某些重要的文化特征的兴起。破碎的地形引起的竞争推动欧洲人的探险与掠夺,也推动了创新与制度变革的文化兴起。地理环境对不同殖民地形成并延续至今的制度性质有重要影响。文化特征也有地理根源。着眼于未来的心态起源于农作物潜在产量更高地区的族群有更长远的眼光。对待职场女性态度的差异源于前工业时代由地理环境决定的农业耕作方式。损失厌恶心理是人群中创业活动水平的重要决定因素之一,这种心态受地理,特别是气候环境的影响。文化和语言特征的演化也受地理环境影响。总之,"地理特征是决定文化、制度和生产率演化走向的部分终极力量,属于驱动人类发展旅程的巨型齿轮的深层影响因素。"

各地区新石器革命和农业社会出现时间的不同缘于生物多样性和大陆走向。中东新月沃地和中国是最早进入农业时代的。地理因素，尤其是不同地区土生土长的农作物类型可以提供一个可行的解释。但这些地区以后让出了领先位置，这仍然是地理环境的影响。

历史上有两次重大的人口迁移，这对社会经济发展也有重要影响。20世纪上半叶，600万非洲裔美国人告别南方贫穷的农村进入城市，这就引起不同族群的融合与冲突，呈现出社会多样性。社会多样性会产生不同的作用。"一方面，它能促进文化的跨界交流，激发创造力，鼓励对新思想保持开放，这些有利于技术进步。另一方面，多样性可能削弱信任水平、挑起冲突、妨碍或削减完成适度公共品投资（如医疗和教育）所需的社会凝聚力。"当然，人类在6万~9万年前走出非洲。构建多样性预测指标说明，"第一，离开非洲的史前迁徙距离显然独立于当前的经济繁荣程度，因此可以利用该指标分析多样性对生活水准的因果效应。第二，上文已强调，体质和认知人类学研究的大量证据显示，与非洲之间的迁徙距离对若干身体和行为上的多样性具有重要影响；由此可以确定，该指标预测的多样性程度会产生社会效果"。多样性对社会生产率有有益效应和有害效应，这两者会平衡。人类多样性是经济繁荣程度的有力决定因素之一。

这本书给人的启示甚多，但其中提到的大一统增长理论目前尚有相当大的争议。正如爱因斯坦的大一统理论并没有统一物理学一样，大一统增长理论也无法统一经济学。决定一国繁荣和文明程度的因素是不同的，不同因素在不同历史时期起的作用也不同。世界上的许多变化都是多种因素决定的，分析不同因素在不同时期、不同国家的重要性比统一各种理论更重要。历史和现实呈现出多样性，解释它们的理论也是多样的。

大一统中国的形成与发展
《说中国》

世界历史上出现过不少大帝国，如罗马帝国、波斯帝国、奥斯曼帝国等。它们的特点一是历史都不长，存在几百年或上千年，最终解体了，而且以后再也没有统一起来。二是都是多民族的综合体，缺乏一个始终如一的主体民族。三是没有形成共同信仰的统一文化和普遍使用的共同文字。

与它们相比，中国的特点是自中国形成以来直至今天，尽管有过"合久必分"的分裂时代，但终究又走向"分久必合"的统一国家。同时，尽管中国有许多民族，历史上也屡有外族入侵，但即使在少数民族处于统治地位的元和清，汉族也始终是中国的主体民族。此外，中国形成了统一的文字与文化。即使在少数民族入侵，甚至成为统治者的时期，他们也接受了中国的文字与文化。在历史上的分裂时期，无论是春秋战国时期、魏晋南北朝时期、五代十国时期，或者民国初的军阀割据时期，都仍然是以传统文化为主流意识形态。这就形成了领土统一，以汉族为主体，文化上统一的大一统中国。

著名历史学家许倬云先生的《说中国》（上海三联书店，2021年）说明了这个大一统的中国、汉族和中国文化是如何形成的。这是一种对历史的鸟瞰，只有大师才能做到。

作者在自序《我们究竟是谁？》中指出，中国的大一统的原因，或者"维系"中国统一的真正力量首先在于，经过长期构建的市场交换网使各地物资可以互通有无，也互相依赖。这就是说在经济上，中国早就大一统了，市场交换的需求使统一成为必须。其次，中国人并没有明确的贵贱阶级之分，百姓都是民，精英有流动性。最后，都使用共同的文字。葛兆光先生在附录"《说中国》·解说"中也肯定了许倬云先生的这些见解。

我们顺着《说中国》的内容来看看大一统中国、汉族和中国文化的形成与发展。

五六万年前，起源于非洲的智人沿东南沿海和太平洋北岸进入中国。但中国的历史通常从一万年前左右进入农业社会开始。从9 000年前开始，中国人在南方地区种植水稻，并在一两千年间将技术传播到广大地区。在东北地区，一万年前左右黄牛被驯化为家畜。七八千年前，在太行山以东到渤海冲积平原的山坡地，人们种植小米。这3种生产方式构成3种形态的文化，决定了这一人群的文化，也确定了这些族属的分类。如养牛的人群被称为"狄"，渔猎族群被称为"夷"，种粮食的被称为"神农之后"。五帝的传说中，黄帝、炎帝的后人都是农业民族，也就是以后汉族的源头。各人群之间的战争、迁移就是不同族群的融合与重组。

夏商周是中国的核心形成时期。这时黄河沿岸的半坡文化稳定发展，延伸到二里头文化，显示社会稳步走向农业文明的特征。族群霸权转移到黄河三角洲，即今天的山西南部和河南西部。尧和舜的活动就在这一带。二里头文化吸收了中亚、西亚的文化，人们引进了小麦，掌握了青铜冶铸技术。二里头文化延伸到关中地区，形成中国历史上第一个核心地区——中原。有了夏朝，以后有了商朝，几经迁都，最后到了今天的安阳。商扩大到河北、湖北、江西，已超越黄河中游。周人原来在陕北、晋西，以牧羊为生，后来南迁至关中地区，转向农业。他们实行族外婚，鼓励与外姓通婚。周取代商之后，又用封建制编织了一个庞大的网络。与外族、外姓通婚就是一种融合。各个封国的通婚、扩张又扩大了中原的范围。从夏朝比较笼统的霸权，经过商人同心圆布局的统治机制，最后到西周的封建网络，形成了中国，形成了一个各种文化交融的新文化。这样的核心加其放射性影响力，形成了后世的中国。各个族群形成一个互相融合的混合体。这一时期对中国和汉族的形成至为关键。

在春秋各国的争霸中，齐桓公提出"尊王攘夷"。"尊王"是尊重周王的地位，"攘夷"就是抵制外族。以王室为代表的华夏是"我者"，"他者"是华夏以外的外族，如以楚国为代表的南方各国和北方的"戎狄"。作者认为，华夷之分是"以自我为中心的内外之分，开启了此后2 000多年中国人傲慢的世界观"。华夏是指黄河中游一带的黄土平原，与此对应的中国是指中央地区。西周以中原为本土，洛阳为核心地区。在春秋争霸中，各个国家不断扩大自己的领土，吸纳本不属于他们的族群，融合为新的族群国家。经过春秋战国之战，华夏的中国吸纳了许多边缘的"他者"，经历了前所未有的扩张、融合，这是秦汉大帝国形成的基础。

秦始皇统一了中国，秦汉两大帝国的体制奠定了"中国"与

"天下"两个观念的内涵。中国的主体民族称为"汉族",也从汉朝延伸而来。"天下"是普天之下,中国是天下的核心地区,已超越了过去的"中原"。在经济上,春秋以来经济发展,交通畅通,已形成农商并重的经济。在思想上,春秋战国的百家争鸣,形成不同思想。秦统一文字,汉确定了儒家文化的主流地位。秦汉时的中国已凝聚为一个巨大的政治、经济和文化的复杂系统。政治力量渗透到了底层,经济力量将全国纳入一个巨大的网络中。在文化方面,人们使用共同的文字系统,以及儒家思想逐渐发展为正统,构建起有一定水平的价值观念。人们对外抵御匈奴,也与其他族群相处。对边防的屯戍是一次族群的混合和重组。通西域改变了中国文化的面貌,也为中华民族注入了新血液,中国的领土扩大到南方和西南。秦汉中国能熔铸为坚实的整体基于文化、政治和经济的软实力。生活在中国的主要人群是汉人。

东汉末帝国崩溃形成三国魏晋和长达400年的"五胡乱华"的分裂。这一期间,中国经历了衰变和重组,到隋唐又统一。南北朝,北方大族向南迁移,带去了儒家文化。中国文化中还吸收了外来宗教的因素。三国以后,蜀国开发西南,东吴开发华中和东南地区,魏在北方开拓。五胡本身是外人,他们进入中国,在北方注入大批外来人口,最终胡汉逐渐融合,形成新的人口结构。北方和西北草原地带的资源进入中国,中国面积更大了。不同种族融入汉族,既有北方的胡人,也有南方各土著,这是东亚人种大融合的时代。隋唐帝室都是胡汉结合的血统。唐代的疆域,西过葱岭,到今天阿富汗一带,东到大海,北方包括整个草原地区,南到今天的越南。在华胡人汉化,接受中国文化,同时汉文化也受胡人影响。沿海东上、由南北上、由北向东的几支古代基因混合为"中国人"。唐代也是种群大融合的时代。

兼有胡汉血统的人或汉化胡人建立的五代十国之后，是宋、辽、西夏并存的时代。辽和西夏都在相当大程度上接受了中国文化。北方的汉人孕育并发展了族群意识。宋就是中国汉人治理中国的朝代。辽代契丹人占领了草原。女真人开创了金代。蒙古人入侵中国后所建立的元朝采取了两元的统治。这就是有不同来源的签军，驻防在中国，以维持其控制；又沿用州县体制，以汉法统治中国。经过辽、金、元时代的战乱，中原和北方汉人向南方转移，南宋时南方有七八千万人，而北方不过两三千万人。从此，南方在经济文化上一直领先于北方。

元代，蒙古人和色目人是统治者，汉人和南人成为亡国奴，这使得明朝一开始就重视华夏与胡虏的差别，确认了汉人中国的归属。这一华夏中国的归属感，肯定了汉人民族对华夏文化的认同。明代是绝对的皇权专制时代。由于战乱使人口减少，政府强制进行了十多次移民。作者认为，移民的目的之一还在于打破地区性人口共同体，防止他们结合为社群，以维护皇权的稳定。明初的移民和后来开发西南和沿海山地的移民，使当地少数民族在大量汉人移入后汉化。这在中国的族群基因中增加了许多新成分，也使全国人口分布重心和区域性人口结构改变。明代专制极权制度化，剥夺了中国人的自由，更无人权可言，对中国民族性的伤害至深、至远。明代南北贫富差距拉大，南方由于移民进入与贸易发展起来，原来作为中国核心区的北方落后了。有明一代，汉族人口不断移入西南，并在各处开路。西南少数民族既不是"我者"，也不是"他者"，处于独立自治的地位，由土司统治，但后来改土归流，最终被融入帝国版图中。

满人不是游牧民族，他们以渔猎为主，农业为辅。满人入关后建立了一个征服王朝，清朝的皇权反映了征服者与被征服者的主从关系。康雍乾三代的扩张，先是与蒙古人合作向西开拓，整个蒙古草原，包括漠北、漠西和天山的准部都归清朝。青海大草原上的蒙古部落以及天山南北的回部也成为清的领土。西藏也由清管理。不过这些民族在清人看来，不是被征服者，而是同盟者。这就形成两元结构，北方和西北方的族群直属皇帝，汉土的百姓由清政府直接统治。在清朝皇帝逊位后才确定全部国土归中华民国。这形成今日中国的疆界。清代的文化是为皇权专制服务的，他们接受了中国文化（在历代皇族中，清代皇族文化水平最高），但也驯服了中国文化精神，使儒家文化成为专制的工具。中国以儒学为中心的文化陷入停滞的状态，且排斥外来文化。中国2 000多年来，政治、文化、经济三位一体，以专制为中心，到清代又极为保守、封闭。这使中国失去进入现代化的机会。中国的开放是在外国枪炮逼迫下被动地开始的。

作者以中国和汉族的形成为中心描绘了极简版的中国史，只有像许倬云这样的大师才有这样的魅力和能力。

关于非洲智人如何进入中国和中国的形成，读者可以参阅姜鹏、李静主编的《五万年中国简史》（文汇出版社，2020年）中的导言"中国的诞生：第一批智人踏上中华大地（从5万年前开始讲起）"。关于中国早期形成的历史可以读许宏先生的《何以中国：公元前2000年的中原图景》（三联书店，2014年）。许宏先生是考古学家，曾任二里头考古队长，他结合考古讲这一段中国史，值得一读。关于中国统一与分裂的历史，要读葛剑雄先生的《统一与分裂：中国历史的启示》（我读的最早版本是1994年三联书店出版的。读者可找近年的,如2013年商务印书馆版)。姚大力先生的《追寻"我们"的根源:中国历史上的民族与国家意识》(三联书店,2018年)是一本关于汉民族形成的论文集,内容有深度,可惜学术化了一些。有兴趣、有时间的读者可以看,从中有所收获。

作为中国人,了解我们自己从哪里来,是很有意义的。

丝绸之路上的外交
―――
《丝绸之路大历史》

德国地理学家李希霍芬在 19 世纪 70 年代提出了"丝绸之路"这个词。现在这个词越用越广,泛指中外友好交往之路,被赋予了更多含义。

李希霍芬当年所指的是西汉张骞开通的由长安到西域之路。这条路在唐以后就衰落了。这可以称为狭义的丝绸之路。在许多人心中,中外交往的许多路中,不仅有这条陆上丝绸之路,还有从月港和广州出发的海上丝绸之路,甚至通往蒙古、俄罗斯的茶叶之路,这些都可以称为广义的丝绸之路。郭建龙先生的《丝绸之路大历史》(天地出版社,2021 年)正是从这种意义上的丝绸之路出发,来探讨从西汉到清的中外交往史的。

作者在《楔子:一个僧人踢开的百年外交》中,通过玄奘西行"踢开了一场跨越数百年的国际大外交活动",描述了开放的盛唐的中外交流。这是中国传统社会历史上中外交流的最频繁时期。把它们作为全书的开头有画龙点睛之妙。全书共分5部，分别介绍各个朝代的中外交往。

第一部《征服时代》写汉代。汉建元二年（公元前139年）张骞带领的使团向基本不了解的西北方向行走，目的是找到大月氏民族，劝他们与汉合作，共同对抗匈奴。这次出使失败了，但彻底改变了中国对世界的认知，也改变了汉帝国的命运。张骞出使发现的一系列新的国家和民族打开了汉朝的视野，从此这个统一的大帝国从封闭的国家变成国际事务的参与者。从汉武帝起开始扩张、征服。汉武帝的策略是，先联合弱小的西域国家反击匈奴，将匈奴击败后再征服这些弱小国家。其对小国通过武力控制；对距离远的大宛、大夏这类国家使之臣服并进贡；对大月氏、康居、乌孙这样的强国采取赠予财物或联姻方式来控制。张骞之后，人们获得更多西域地理知识，汉武帝派大量使团前往各国，一年多达十几个。汉武帝的西域政策花费高而利益少，也不可能整合西域地区。到西汉末年，其在西域的影响力已微弱，连官员都不安全。到王莽死时，西汉对西域的控制以失败告终。到东汉时，匈奴分裂，南匈奴投靠东汉，北匈奴仍与东汉对立。班超又出使西域，东汉再建西域都护，西域的物产胡麻、石榴、黄瓜等通过这条丝绸之路进入中国。在南方，广州和海外在西汉时已有频繁的往来。当时东南亚地区分为以农业为主的陆地文明与以经商和航海为主的海洋文明。中国与东南亚的交流包括行政直辖、朝贡与民间贸易。东汉时期逐渐形成南部的"朝贡"群体。遥远的罗马也有人了解中国。东汉末年天下大乱，中国对西域的征服失败，失去了西域。

第二部《信仰时代》是介绍南北朝到唐代，佛教沿丝绸之路进入中国。丝绸之路不仅仅是贸易之路，更是宗教与文化的交流之路。东汉末年佛教已进入中国，后秦弘始元年（399年）僧人法显走向西域，后又从海上回国，他所经过的国家和城市有40个，地区涵盖了西域、巴基斯坦、阿富汗、尼泊尔、印度、斯里兰卡和爪哇岛或苏门答腊。隋以前去往西域的僧人有百余人。曹魏时期西域南道、中道和北道的国家或国家集团有27个之多，国家集团之下所属的国家更多。前秦苻坚派将军吕光去接鸠摩罗什，让他来到长安。这时佛教已成为前秦、后秦、北魏等少数民族政权的信仰。其间佛教从无到有，成为中国本土化信仰的一部分。从东汉末到南朝齐建元初，到西域的高僧有29人之多。南朝的首都建康和北朝（北魏）的首都洛阳佛教繁盛。北魏有寺庙千余座，又有著名的云冈石窟和龙门石窟这两座佛教石窟。南朝从皇帝到王公均为佛教徒，在最虔诚的梁武帝萧衍统治下，中国南方成就了一个文化艺术的高峰。梁武帝曾四次舍身到寺庙。北魏的宋云还到达了天竺（巴基斯坦）；惠生取回170部大乘佛经。北魏时代，南方的海路也畅通，杨衒之在书中列举了许多国家，最远的是大秦国（东罗马帝国）。这时南海有15国，包括了今天的越南、柬埔寨、印度尼西亚、马来西亚、泰国、印度、尼泊尔、斯里兰卡等地。在南海来往的僧人群体有11个。这时的来往有宗教也有贸易。唐早期，来西域求法的高僧有52人之多。玄奘的《大唐西域记》不仅介绍了佛教，还介绍了他去过的各个国家，他的回程就经过了25个国家。这时传入中国的还有伊斯兰教、摩尼教、祆教和景教。

第三部《贸易时代》是介绍从唐到元的丝绸之路上的贸易。在唐与大食联军的怛罗斯之战中，战败的唐军中的杜环被俘并编入阿拉伯的军队，他随军征战去了不少地方，写了《经行记》（可惜全本已佚失）。唐朝对外有7条道路，包括陆路与海路，是广义上的丝绸之路。唐宋时期改变汉时以征服为主的策略，鼓励和利用贸易。唐宋成为少有的开放王朝，迎来了贸易时代，到宋元时已主导东南亚贸易。唐时海道就已非常繁荣。北宋失去了与西域的联系，把海外联系的重心放在南方的海道上，迎来了它的黄金时代。唐后期和宋代，东南沿岸的港口靠贸易而富庶。广州是唐代最大的对外贸易港口。到南宋时泉州已成为仅次于广州的大港。开放促进了造船业的发展，到宋元时中国船舶工业已领先于世界。在海外贸易发达时，在华的胡人也形成庞大的团体。唐宋时还有了专门管理对外贸易的市舶司。这时还存在民间贸易与官方贸易之争。中外贸易是用中国的丝绸和瓷器交换外国的原材料和奢侈品。宋代之后有了茶叶出口。国外的植物、音乐、舞蹈等进入中国。

第四部《帝国时代》是元帝国时代。元朝时，马可·波罗到了元大都，并在蒙古人宫廷中任职17年，去过中国许多地方，比他早一些到中国的欧洲人是柏朗嘉宾。教皇英诺森四世也曾派人去了解蒙古人，想联合蒙古人。蒙古人建立的帝国是世界性的、开放的。在这个海洋时代，摩洛哥人伊本·白图泰在旅行中也来到蒙古人的帝国。意大利人鄂多立克也有中国之行。浙江温州人周达观来到东南亚，并进入吴哥地区。他写了《真腊风土记》，讲述自己的旅程及对国外的观察。景教徒巴琐玛来到欧洲。商人汪大渊不仅两次去海外，还在海外停留数年，写了一本《岛夷志略》，流传至今。但蒙古人没有留下任何文化遗产。而且作者认为，"事实上，从元代开始，中国就已经出现了颓势"。中国在好奇心和地理发现上被西方超越，没有发现工业革命的秘密，经济上也落后了。

第五部《帝国依旧，中央已失》写明以后中国故步自封，落后于西方世界。与西方相比，明代是一个极端民族主义的朝代，坚持封闭，对外界毫无兴趣，也不许他们进入。进入中国的第一个传教士是方济各·沙勿略。传教士罗明坚伪装成商人，混入广州。在广州的开放气氛、官场规矩和地方政府自由裁量权的作用下，传教士在肇庆获得历史上在中国大陆的第一个立足点。万历十一年（1583年），罗明坚和副手利玛窦在肇庆建立第一个教堂仙花寺。利玛窦进入中国内地，并在1601年进入北京，受到皇帝的赏识和礼遇。在对外政策上，明太祖与明成祖派人到西域和南洋各地宣示改朝换代，招募各小国来朝贡，但并没有继续下去。当时郑和与陈诚都是著名的外交家。永乐十一年（1413年）明成祖派使团到西域各国访问。陈诚写了《西域行程记》和《西域番国志》，书中提到中亚和中东的约18个国家。这一时期也有外国使团来华。最大的"面子工程"应该是郑和七次下西洋。郑和的船队最远来到波斯湾沿海的霍尔木兹岛，以及非洲东岸的索马里和肯尼亚北部的马林迪。《星槎胜览》《瀛涯胜览》《西洋番国志》中记载了50多个地名。但郑和航海中止之后，皇家使团不再出行，又禁止民间出海。这种禁止的后果就是走私盛行与倭寇出现。

在郑和最后一次航海结束67年后，葡萄牙人寻找通往东方的航道。明代中后期，为了便于外国人朝贡，编了《西洋朝贡典录》《殊域周咨录》《东西洋考》这三部世界地理文献。但葡萄牙人来后明政府更加收缩、闭关。在地方政府账务压力之下，实现了"隆庆开关"。外国人找到了空间，港口城市有了更大自由度。西班牙人占领吕宋岛，以此为基地开始探索中国海岸，荷兰人则占领了台湾。"隆庆开关"也不能应对地理大发现的冲击。明晚期，又重归闭关之路。但传教士在中国传播了数学、天文学、地理学、军事学，以及以水利、钟表、冶炼为代表的物理化学。清朝征服中国后，教士受到冲击。康熙对外界有好奇心，但他的孙子乾隆自大而封闭。当欧洲人千方百计要进入中国时，中国人去欧洲的极少，康熙派去罗马的使者是4个洋教士。去往世界的另一个人群是商人和水手。其中最有名的是谢清高。他在《海录》一书中记载了去过的61个地方。乾隆五十八年（1793年），英国马戛尔尼来华，要求建立贸易与外交关系，但被拒绝，这引发了以后的鸦片战争，中国被迫开放。

回看中国曲折而艰辛的开放过程，令我们无限感慨。20世纪80年代后，丝绸之路才真正成为中外交流的渠道，中国才有了今天的繁荣。

这本书的作者郭建龙先生是一位相当受欢迎的作家，他写的《汴京之围：北宋末年的外交、战争和人》（天地出版社，2019年）、《穿越非洲两百年》（天地出版社，2020年）、《穿越百年中东》（中信出版社，2016年）等我都读过，极好。他还写有"帝国密码三部曲"（《中央帝国的财政密码》《中央帝国的哲学密码》《中央帝国的军事密码》）、"亚洲三部曲"（《印度，漂浮的次大陆》《三千佛塔烟云下》《骑车去元朝》）和小说《告别香巴拉》，都值得一读。

在《书中自有经济学》一书中，我以"回望丝绸之路"为题目，介绍了关于这一题目的《丝绸之路新史》和《穿越丝路》，还提到包括《丝绸之路大历史》这本书在内的3本书。这里想再补充推荐一下关于这一题目的张国刚先生的《胡天汉月映西洋：丝路沧桑三千年》（三联书店，2019年）、王阳和陈巍先生的《丝绸之路上的科学技术》以及侯杨方先生的《这才是丝绸之路：重抵历史现场的行走》（中信出版社，2023年）。这些是用现代科学方法对丝绸之路的再现。

晚明有资本主义萌芽吗

《晚明大变局》

中国史学界的主流观点是，明清时代中国商品经济发达，已出现了资本主义萌芽，如果不是鸦片战争后帝国主义入侵，必定会发展为资本主义。20世纪60年代史学界就资本主义萌芽的问题展开了热烈的讨论，这个问题被称为当时史学热点的"五朵金花"之一。

那时对历史问题的讨论有浓重的政治色彩，如今我们可以静下来用科学、客观的态度来探讨这个问题了。是否有"资本主义萌芽"可以暂时不定案，我们先看看这一段商品经济与其他相关因素的史实。在对晚明经济社会变动的论述与分析中，复旦大学樊树志教授的《晚明大变局》（中华书局，2015年）是一本不可多得的好书。

这本书全面介绍晚明经济、社会与文化的变化，共分6章，第一、二章论述外贸的变化与卷入全球化；第三章论述江南商品经济的发展；第四、五、六章说明思想变化、西学东渐以及文人社会组织的形成。

明初期实行严厉的海禁政策，与海禁政策相配合的是朝贡体系。对外贸易只能通过宁波、泉州和广州的官方渠道。朝贡贸易是一种闭关锁国的政策，基本与外部世界隔绝。但对外贸易是任何一个经济本身的内在要求。国外需要中国的瓷器、茶叶、丝绸，即使以自然经济为基础的宫廷也需要龙涎香等奢侈品，人民也要以外贸为生。于是走私贸易屡禁不止，且愈演愈烈，形成福建月港与浙江双屿港这两个以走私为业的突破口。倭寇之乱正是王直等海商对海禁政策和朝贡贸易的反抗。"市禁则商转为寇""禁愈严而寇愈盛"，正是海盗猖獗、倭寇横行的写照。在经济与政治的压力下，明隆庆元年（1567年），朝廷开放海禁，史称"隆庆开关"。月港的走私贸易合法化。广东出现对商船征税，澳门与广州成为广东贸易管理体系的二元中心，新贸易组织出现。这些新制度被称为"广中事例"。这些都促进了中国对外贸易的发展。

加速明政府开放的另一个重大事件是哥伦布发现了新大陆，全球一体化成为不可抗拒的趋势。地理大发现后葡萄牙人向东寻找通往印度之路，并进入中国，与中国人在东南沿海闽浙一带进行贸易。后又进入澳门，形成以澳门为中心的全球化贸易，来往于澳门、果阿和里斯本之间，澳门和日本长崎之间，以及澳门与马尼拉之间。明末葡萄牙衰落之后又有荷兰人进入。荷兰与中国和日本的贸易增长迅速，形成太平洋丝绸之路。外国对中国产品需求旺盛，而中国对外国产品需求不强，形成中国的贸易顺差，并引起白银大量流入中国。据弗兰克在《白银资本：重视经济全球化中的东方》（中央编译出版社，2001年）中估计，中国占有了世界白银产量的1/4~1/3。这时中国进入全球化贸易圈，且成为东亚的国际贸易中心。这种发展不可能不影响国内经济、政治与社会。

国内商品化的发展,以及进入全球贸易圈,都促进了江南商品经济的繁荣。宋代已形成"苏湖熟,天下足"的格局,到明代形成更广泛的江南地区"湖广熟,天下足"的格局。而且,农业的商品化程度不断提高,蚕桑和棉花的种植面积超过稻米,而且形成进行商品化农产品加工的手工业,如丝绸业与棉布业,其发展迅速,被称为"早期工业化"。苏、松、常、嘉、湖、杭六府税收占全国 1/5~1/4。其中苏、松二府税收分别居全国第一、二位。与此同时,江南市镇迅猛发展,不仅数量增加突出,而且人口迅速增加,商业网络形成,各种专业市镇出现,如丝业的震泽镇、南浔镇、乌青镇、菱湖镇等;绸业的濮院镇、王江泾镇、双林镇、盛泽镇等;棉布业的朱泾镇、枫泾镇、七宝镇等。且中国的棉布大量出口,称为"土布出洋"。随着经济发展,社会风尚由俭入奢。这种风尚源于苏州,由来往于各地的商人传播到各地,到万历时已相当明显。人们在盖房、举行各种祭祀活动,以及吃、穿等方面尽显排场。也许从道德层次看并不是好的,但从经济层次看,却是有利于进一步刺激商品经济发展的。明人陆楫在《蒹葭堂稿·杂著》中为奢侈辩护的观点的确是有道理的。

经济史专家李伯重教授在《江南的早期工业化(1550—1850年)》(社会科学文献出版社,2000年)中从纺织业、食品业、服装制作业、日用百货业、造纸业、印刷业、工业制造业、建材业、造船业等方面证明了,1850 年前的 3 个世纪中,江南工业的发展,使得工业在江南经济中所占的比重日益提高。到 19 世纪初,江南大部分地区工业的地位已与农业不相上下,在经济发达的江南东部,甚至可能已经超过农业。用西欧的标准来衡量,此时江南农村甚至可能已经"过度工业化"了。无论有什么争论，到明晚期江南的商品经济已经相当发达。

卷入全球化与商品经济发达必然引起思想文化的激烈变化。这种思想文化的变化既有知识分子对传统儒家学说的质疑，并提出新见解，又有西学东渐带来的影响。

明朝前期，科举考试以朱熹对儒学的解释为标准答案，读书人思想僵化，没有自由的思想。有独立思想的知识分子不满这种状态，于是有了对传统思想的质疑或反对。最早突破传统的是开创"江门心学"的陈献章。他的"小疑则小进，大疑则大进"表明了对传统思想的质疑。陈门弟子众多，如贺钦、林光、李承箕、湛若水等，发扬光大了江门心学。另一位大师王守仁不再"习熟先儒之成说"，不再"述朱"，提出"心学"。王门弟子遍天下，又各立门派，如王畿、王艮、颜山农、何心隐、李贽都对传统儒学提出了挑战，这种对传统的质疑正是新思想产生的前奏，且他们也提出了许多新思想。

地理大发现后的全球化不仅是经济全球化，而且也是思想文化的全球化。西学东渐让中国知识界了解西方的文化科技，也使中国文化与世界接轨。晚明时进入中国传教的耶稣会士给中国带来了新思想，而嘉靖、万历时的思想解放又为中国知识分子提供了接受西方思想的环境。传教士带来的天文、地理、数学、物理、机械学、测量学、水利学、解剖学知识，以及人文思想吸引了中国知识界，成为明代思想解放的一个重要部分。进入中国传教的是西班牙贵族依纳爵·罗耀拉创立的耶稣会。他们通过澳门进入中国，最早是沙勿略神父，以后有范礼安神父、罗明坚神父，最关键的是利玛窦神父。他们使西方科学文化在中国传播。其中影响甚大的有《山海舆地全图》和《坤舆万国全图》介绍的世界地理知识，《几何原本》

《同文算指》《圜容较义》介绍的数学知识,《奇器图说》与《泰西水法》介绍的机械、水利知识,《崇祯历书》介绍的天文学知识。中国知识分子也通过与教士的结识接受了新思想。第一个结识利玛窦的是苏州名士瞿汝夔。松江府上海县人徐光启与利玛窦合译了《几何原本》。此外还有以西法为宗的李之藻,由信仰佛教转而信仰天主教的杨廷筠,明末四公子之一的方以智。他们是最早睁开眼睛看世界的中国知识分子。

晚明大变局中另一个值得注意的地方是文人结社与他们的言论。中国文人历来有结为文社,"以文会友,以友辅仁"的传统。晚明的文社始于天启四年（1624年）的应社。应社是杨廷枢在常熟县唐市创建的。应社也是广应社,包括江南应社、以中州商丘为中心的江北应社和河北应社。江南应社的活动影响最大,他们以"尊经复古"为宗旨。松江的几社成立于崇祯初年。此外还有"十人社""六人社""十八子社"。几社延续"十人社""六人社""十八子社"的传统,与邻近的应社、复社相互呼应。剖析朝政时弊的《几社壬申合稿》,"关于军国,济于时用"的《皇明经世文编》,在当时颇有影响。晚明影响最大的是游走于学术与政治之间的复社。狭义的复社是指众多文社之一的复社,广义的复社是指众多文社联合体的复社。这种文人的结社活动在明末清初的高压之下趋于消失。不过明末的结社及活动反映了知识分子打破传统、求变的理想,也表明了市民社会的萌芽。

明末的这些变化可以称为资本主义萌芽吗？这些都是一个新社会出现的先兆。但更值得我们思考的是,为什么这些萌芽没有成长起来,仅仅昙花一现就从中国历史长河中消失了？首先,进入全球化是新时代出现的重要标志。但明末卷入全球化实际上是被迫的。

中国仍然是一个传统的农耕经济，局部的全球化并没有改变这一点。清以后的专制和文化保守使这种开放开了倒车，中国社会完全闭关锁国了。其次，商品经济发达是市场经济的基础，但商品经济绝不是市场经济，市场经济本质上是一种经济制度。腓尼基、威尼斯、中国宋代都有发达的商品经济，腓尼基、威尼斯甚至以商立国，但它们并不是市场经济。商品经济可以与任何经济制度共存，但本身并不是一种经济制度。商品经济的发展也不会自发地进入市场经济。明末发达的商品经济并没有创造任何市场经济观念与制度。所以古代中国从未进入市场经济。把商品经济说成资本主义的萌芽并不正确。

最后就思想解放而言，启蒙运动的确是资本主义的先声。但明末这些思想的变化，就背离儒家传统而言，主要是"破"而缺乏"立"。而且，"破"也并不彻底，"立"更谈不上。就国外思想的影响而言，即使徐光启这样开明的人，对西方的了解也还处于一知半解的地步，且对自然科学的兴趣大于人文科学。特别是，在科举考试的内容以程朱理学为中心的形势下，知识界对新思想、外来文化认知与接受的程度十分有限，不可能受到深远的影响。如果说有资本主义萌芽，这些脆弱的萌芽在清以后的专制保守社会中又如何能长成参天大树呢？看鸦片战争后，中国被逼着一步步走向开放、走向资本主义的艰难，就可以理解这一点了。说外国入侵粉碎了中国原有的资本主义萌芽，没有这种入侵中国会走上资本主义之路，更是无稽之谈，其实正是这种入侵才迫使中国走上艰难的现代化之路。

樊树志教授是著名明史专家，著作甚多。值得关注的是与此书相关的《重写晚明史》。《晚明大变局》为第一卷，其他四卷为《新政与盛世》《朝廷与党争》《内忧与外患》《王朝的末路》（中华书局，

2019年）。这套书曾获各种奖，在读者中影响相当大。他的《江南市镇的早期城市化》（中华书局，2023年）也是一本研究明代工业化的优秀著作。樊先生虽为严肃的史学家，但写的书并不是学术味的。他的书严谨，但读起来极有趣，外行人也可以读懂，且有收获。

关于明代社会变革的书，我想再推荐3本。第一本是加拿大学者卜正民的《纵乐的困惑：明代的商业与文化》（三联书店，2004年）。这本书重点在明代的商业，从明初写到明末，读这本书可以全面了解明代商业的发展及影响。第二本是李伯重先生的《火枪与账簿：早期经济全球化时代的中国与东亚世界》（三联书店，2017年）。这本书从全球化的角度写明代对外贸易与军事技术的发展。李伯重先生关于江南经济发展的著作，如《江南的早期工业化》《多视角看江南经济史（1250—1850）》等都是值得一读的，对我们了解江南商品经济发展极有帮助。第三本是袁灿兴先生的《朝贡、战争与贸易：大航海时代的明朝》（天地出版社，2022年），论述全球化背景下的明代与世界的关系，对全球化对中国的影响有精彩的分析。

明末是一个值得关注的历史时期，对我们理解中国历史上许多问题，甚至理解明末后中国的发展极为重要。我推荐的这些书都读来有趣。《晚明大变局》全书40万字，但读来一点儿也不觉得长。

说扬州话徽商

《说扬州：1550—1850 年的一座中国城市》

扬州这座运河边上的历史名城有过两个辉煌时期。一是 6—9 世纪的隋唐时期。隋朝时大运河开通，扬州繁荣起来。隋炀帝杨广就喜欢坐着大龙舟到扬州享乐，这也为隋的灭亡埋下了种子。唐代扬州的繁华从诗人们的诗篇中可以看出来，"烟花三月下扬州"说明了扬州对李白这样以享乐为人生第一要义的诗人的魅力。二是 16—19 世纪的清"康乾盛世"时代。澳大利亚学者安东篱的《说扬州：1550—1850 年的一座中国城市》（中华书局，2007 年；2022 年北京联合出版公司又出了新版，译者仍然是李霞、李恭忠，书名是《说扬州：明清商业之都的沉浮》，副标题不同了）正是写这第二个辉煌时期的扬州的。

全书共分为 4 个部分。第一部分《基础》包括第 1 章和第 2 章，介绍这座既是一个史学问题，又是一个可以通过以往记载进行历史认知的场所的城市。第二部分《从明到清》，包括第3—5章，将这座城市置于清代盛世的历史背景之下，关注它在明末清初的发展。第三部分《城市与腹地》，包括第6—8章，考察18世纪扬州城与更大的扬州地区之间的关系。第四部分《徽城，扬城》，包括第9—11章，从社会等级中的性别和同乡关系这一角度来探讨这座城市。最后的结语，包括第12章，提出对19世纪扬州历史的基本看法，以及介绍它的衰落。最后有7个附录。本文是从徽商的角度来认识扬州，重点还在相关的徽商内容，并不按这本书本身的结构来介绍。

在唐代时，扬州是全国最大的贸易中心，以后地位下降。明清以后两淮盐场的盐产量是第二盐业中心两浙盐场的两倍，扬州成为明清盐业贸易的中心。从明初从内地纳粮草到边疆换取盐引的"开中制"开始，统称为"西商"的山西和陕西商人进入盐业贸易，形成晋商和陕商。明弘治五年（1492年），朝廷改"开中制"为"折色制"，即不必纳粮换盐引，在内地用银子就可以换盐引。于是盐业贸易中心移至离两淮盐场近又在运河边的扬州。"西商"中仍经营盐业的迁到扬州，但已不是主力。扬州盐业的主力是徽商。徽州六县（歙县、黟县、休宁、绩溪、祁门、婺源）人是中原移民。当地人多地少，但山上物产丰富，手工业发达。当地人早在东晋时已开始经商，积累了大量财富与官场人脉关系，"折色制"之后进入扬州，形成徽商，成为盐业主力。明万历四十五年（1617年），朝廷改"折色制"为"纲盐制"。在"纲盐制"下，商人只有进入允许从事盐业贸易的"纲本"，才能经营盐业贸易。这等于把国家的盐业贸易垄断权"卖给"私人，并由政府任命某个商人为"总商"，领导、协调这些盐业商人。进入纲本的盐商以徽州商人为主，"总商"也多由徽州商人担任。清道光十二年（1832年）改为"票盐制"，即任何商人无须进入"纲本",都可以从事盐业贸易。这300多年是徽商最辉煌的时期。这一时期徽商活动的中心在扬州。扬州的繁华也依靠徽商的经济基础。这就是这本书所说的"各地盐商对该城物质构造的贡献"。

书中介绍了晚明一个成功的盐商家族——郑氏家族。郑家第一代经商的是郑景濂,他在很短时间内成功。他成为史学家何炳棣教授关于扬州盐商的研究中所讲的典型,即通过盐业贸易创造财富进入士绅行列。他的孙子郑元勋成为明末扬州最有影响的人物之一。郑元勋考中进士,热心于公益慈善事业,参与了复社的活动,还修建了园林。他的几个兄弟都以拥有园林闻名。他弟弟郑侠如在清初修建了休园。他们在这些园林中与其他文人交往。郑元勋的园主、赞助人、士人和慈善家角色被以后的徽商继承并发扬。

在明末清初经历了悲惨的"扬州十日"之后,扬州又重建与复兴,主角还是徽商。清代继承了明代的"纲盐制"。盐业专卖结构重新得到肯定,扬州又成为商业和文化活动中心。扬州因盐业而成长,盐政决定着这座城市与这一地区的主要关系。1684年崔华被任命为盐运使,他在《两淮盐法志》中写:"夫山泽之利,盐赋为最,而两淮盐赋,实居天下诸司之半。"盐业之作用在于"裕国、便民、惠商、恤灶四者"。就盐商与朝廷的关系而言,在漫长的18世纪中,朝廷与盐商的关系最紧密。康熙第二次南巡来到扬州,乾隆六次南巡都由盐商接待。这就建立了朝廷与盐商的密切关系。直至19世纪初,朝廷在税收和其他资金中都高度依赖盐商,盐商也依靠朝廷。1677年,盐运使任命了24名"总商"。盐商在盐业中的总资本达6 000万~8 000万两银子,每年获利2 000万两左右。拥有数百万家产的盐商不在少数。这本书以程氏家族的程量入及其子程之龣为例，说明他们是扬州盐商中的精英。程之龣之孙程梦星中进士，担任翰林院编修，后又接管家族盐业生意，并修建了筱园。盐商们还通过其他方式获利。制盐者，即从事盐业生产的众多工人处于工作艰辛、生活贫困的状态。在盐年销售达4.5亿斤（1斤=500克），销售额700万两银子中，他们仅得到150万两。盐业的管理者两淮盐政极有权势。两淮巡盐御史中许多是从王室贵族中选拔的。盐运使是实际管理者，责任包括监督盐丁和食盐生产、审核食盐重量和销售情况、迅速递解盐税、报告食盐积压等情况、向盐商颁发许可证，并监督他们。盐课司大使地位较低，在零售制度之下，盐业走私者一直存在。盐务治理一直是扬州财富的来源。扬州水利建设极为重要，盐商的利润成为水利维护经费的主要来源。

在扬州的城市建设中，徽商起了重要的作用。18世纪扬州城市建设的特点是大型园林郊区在城西北的发展，以及城市内部的变化。与城外园林发展同步，消费和娱乐场所在新城涌现，并在很多情况下显示出更长久的生命力。这种发展在1751—1784年乾隆6次南巡期间达到顶峰。新城发展风月场所就是一个例子，当时新城运河两侧发展成一个青楼区域。从钞关门向东是盐商们的宅邸。这里"郁郁几千户，不许贫士邻"。徽商的文化是家族文化，聚族而居，17世纪的郑宅可容1 000多人同灶吃饭，18世纪商人汪交如的宅邸可以五世同堂。新城西北部是艺术家的居住地，"扬州八怪"中的黄慎、郑板桥等都在这里住过。城西北有僧道、妓女、士人，还有盐务官员。盐运使司衙署就在这里的校场附近。扬州园林是中国独特的文化现象。私家园林的拥有者几乎都是徽商。郑氏家族兄弟每人有一座园林。黄氏家族四兄弟的园林中最著名的是乾隆赐名的"四桥烟雨"。乾隆年间的筱园、贺园都被列入康熙年间"八大名园"。余元甲的万石园、马氏兄弟的行庵等都相当有名。杏园结合了马氏兄弟的行庵和马氏兄弟两位近亲的让圃的特点。园林成为文人聚会之所，形成城市文化，扬州也迎来了旅游业的黄金时代。清道光十二年（1832年），"纲盐制"改为"票盐制"，徽商失去盐业中的垄断地位，衰落了，随之，扬州也衰落了。

徽州人构成了扬州的商人和士绅精英，当地人靠地租或提供服务为生。先看看扬州的女人。生长于扬州的朱自清在一篇回忆扬州的文章中写道："提起扬州这个地名，许多人想到的是出女人的地方。"他解释，这里的"出女人"，并非良家妇女，实指姨太太与妓女。明文人张岱在《陶庵梦忆》中把这类女人称为"扬州瘦马"。林语堂介绍中国文化的书中也提到了这一点。徽商的原配都在徽州家乡，他们在扬州娶姨太太，或到风月场所寻欢。"扬州瘦马"经调教，精于琴棋书画或女红，所以"瘦马"指多才多艺的女子。这些女子或被徽商、士绅、官员纳为妾，或进入妓院成为高级妓女，如名妓苏高三。当然也有大量普通妓女。各行各业的妇女都是扬州市场上的消费者。她们的消费时尚被称为"扬州风格"，与"苏州风格"竞争。作为生产者，妇女从事的是纺纱和织布，手工艺训练成为女孩受教育的一部分。徽商极为重视妇德，所以建了许多贞节牌坊。

徽州家族在扬州居于主导地位，在扬州的大姓中，徽州人有汪、程、江等13户，扬州人仅孙、李等5户。家族文化使徽州人"抱团"。他们建立了以会馆为名的同乡组织，从事各种慈善和社会公益活动，如创办育婴堂、济贫的普济堂，参与救火、书院建设等事业。扬州靠徽商的支持，教育发达，到1806年，扬州府有进士226名，其中包括取得"客籍"的徽商子弟。

依靠徽商的实力，扬州文化发达，不仅有"扬州八怪"画派和位列中国八大菜系的淮扬菜,还有学术上的扬州学派。扬州学派的名称来自桐城派学者方东树,以后的解释极泛,从研究朱熹的17世纪文人王懋竑到近代文人刘师培,其间还有阮元、焦循、凌廷堪、任大椿、王念孙、汪中等,都属于扬州学派。徽商对书院的资助是扬州文化发达、扬州学派形成的基础。扬州学术的另一个特点是考据学兴起,其中阎若璩、戴震都是佼佼者。扬州以"容忍差异"为特征。扬州的戏曲艺术主要是来自苏州昆山的昆曲,以及民间的"本地乱弹"。

扬州的衰落缘于盐业、水道和区域的衰落以及太平天国的破坏,但关键还是大运河的衰落。近代经济文化中心转移到上海。

对于研究徽商的书,我一直认为最权威的还是日本学者藤井宏20世纪50年代初写的《新安商人研究》(收入《江淮论坛》编辑部编的《徽商研究论文集》,安徽人民出版社,1985年)。此外,王廷元、王世华的《徽商》(安徽人民出版社,2005年),写得全面而通俗,适于一般读者读。王振忠的《明清徽商与淮扬社会变迁》(三联书店,2014年)是一本名著,对徽商与明清两淮盐政、徽商的社会流动及其影响、徽商与东南文化变迁都有独到的研究。最新出的是吴玉廉女士的《奢华之网:十八世纪的徽州盐商、社会阶层和经世之道》(社会科学文献出版社,2023年)。当然,关于徽商与扬州,最应看的书是清人李斗的《扬州画舫录》(中华书局,2004年)。《说扬州》引用最多的就是这本书。想了解徽商和中国商帮还可以看我的《回望商帮》(三联书店,2024年)。

一代徽商过去了,但读几本关于徽州文化和徽商的书还是有意义的。

曹寅如何成为朝廷重臣
《曹寅与康熙》

曹寅是康熙朝重臣，又是《红楼梦》作者曹雪芹的祖父。《红楼梦》中有曹雪芹对幼时在曹府的回忆，我们从贾府可以看出曹府当年的辉煌。这更加重了人们对曹寅的兴趣。我们都想知道曹寅如何从一个包衣家奴成为康熙重臣，这对理解《红楼梦》也不无意义。为此，我推荐美国的中国史权威史景迁教授的《曹寅与康熙》（广西师范大学出版社，2014年）。

说到这本书，我们必须先了解一下史景迁先生。史景迁先生是耶鲁大学教授。他从小对历史有兴趣，对神秘的中国更是着迷。进入中国史研究领域后他就把个人对中国历史文化的兴趣上升为毕生追索的知识探究。他认为，不能以西方为中心的文化思维来理解中国，要认真钻研历史，体会研究对象所处的文化语境，融入真实的历史环境，以当事人的心境来看待当时的中国历史。他的特色是通过讲故事展现中国历史画面，帮助读者理解中国历史中的人物与事件。在耶鲁大学他师从芮沃寿、芮玛丽夫妇。他们指点他去跟随房兆楹、杜联喆夫妇学习清史。这对夫妇是明清史大师。在写博士论文《曹寅与康熙》时他利用了存放在台中故宫档案处的康熙御批奏折，又仔细查阅了《八旗通志》《大清全典》《苏州府志》《盐法通志》，以及相关的中日与西方的研究，还引用了一些研究《红楼梦》的资料。在此基础上，他写成了这篇论文。他的论文资料丰富，考据细密，剪裁得体，文笔优美，非常精彩，展现出他的智慧和功力。他的论文于1966年由耶鲁大学出版社出版，奠定了他的学术地位。我介绍的正是这本书。

《曹寅与康熙》写曹寅从一个正白旗的包衣家奴，受康熙看重，升为苏州与江宁织造，并兼管两淮盐务，成为"钦差大臣"，最后又没落的一生。但作者在初版序言中强调："这并不是一本传记。本书试图把曹寅的一生与他生活时代的制度相勾连，并给予这些制度同等的重视。"换言之，他是通过一个人写一个时代的制度。这是一本严谨的学术著作，但他是用讲故事的方法讲历史，所以读起来生动、有趣，让人仿佛处于当时的历史之中。

第一章《内务府》介绍曹寅的身世。曹寅的先祖由北直隶迁居沈阳（奉天），在清人攻克沈阳后被编入正白旗包衣，这是一种世袭的身份。旗制是兵民合一的治理手段。八旗制度始于1601年。正白旗属上三旗。包衣就是私家奴仆。上三旗的包衣，其子孙便成为皇帝家的奴才。在署理皇家事务的内务府建制之后，"包衣昂邦"成为"总管内务府大臣"，上三旗包衣成为"内务府三旗"，为皇帝个人办差。包衣是补充宦官功能的一群人，康熙利用包衣牵制常规官僚体系。包衣也是"专制政治执事的工具"。曹家作为正白旗包衣发迹于曹寅祖父曹振彦时。曹振彦在1650年出任山西平阳府吉州知州，1652年升任山西大同府知府，1656—1658年任两浙都转运盐使司盐法道，同时期升任两浙都转运盐使司运盐使。到其子曹玺时曹家已荣华富贵。曹玺在北京内务府当差，其妻孙氏给玄烨，即以后的康熙当保姆。康熙对孙氏一直念念不忘。曹家的兴旺不仅在于包衣的身份，还在于成为皇帝的心腹。1663年，曹玺出任江宁织造。1668年，他被授工部尚书衔，妻子被授一品夫人衔。曹寅14或15岁时北上内务府，入銮仪卫第六班。銮仪卫是内务府的一个独立小衙门，职司皇家的典器仪礼。曹寅担任仪尉，大半生都在内务府办差。他担任过包衣佐领，又是慎刑司三郎中之一。

第二章《京城与苏州，诗词与社交》写曹寅在北京和苏州的生活。1675年左右至1690年曹寅住在京城，任职内务府与銮仪卫，随皇帝外出狩猎，也与文人吟诗作赋。1690年他奉派接任苏州织造，与江南鸿儒尤侗为首的文人颇有往来，饮酒作诗。作者把当时的社会精英分为汉官精英、旗人精英、皇家精英和地方精英。曹寅属于皇家精英，与其他精英都有密切的合作来往。他在京城时虽未担任要职，但家境优越。他的弟弟曹子猷任职御前侍卫。曹寅通过纳兰性德认识了一批知名文人，融贯满汉文化，有不少诗作。他恪尽孝道，父亲去世后，他广邀当朝文人、画家等名流为文，编成《楝亭集》。这部集刊中有20多人是名重一时的学者、作家、诗人。他在苏州近3年，记载文字未见政绩，但社交生活及所处圈子的细节颇多。这个圈子至少有17人，其中6人为当时知名学者，其余也为地方精英。

第三章《织造曹寅》写他任苏州织造和江宁织造时的工作与经历。曹寅在内务府任郎中之后，1690年奉派署理苏州织造，两年后任江宁织造。清代有江宁、苏州、杭州三大织造，"职司这三个地方皇家纺织作坊的署理，并将定额的宫内与官用丝织品运至北京"。此前其父曹玺曾任此职，曹家人在65年中做了57年江宁织造。当时三大织造以江宁为首。曹寅身为江宁织造，除了检查织机、督导织匠之外，还身负各种例行事务，并与苏州、杭州织造轮流，每3年必须监督丝绸成品从织坊运至北京。他也懂得随机应变，而且唯有他接任巡盐御史，取得额外银两，用支问题才能得到解决。皇帝对此满意。他也是个干练能臣。他离开苏州时，当地百姓还在虎丘为他立生祠，说明他是个好官。织造的额外收入包括用盐税贴补织造的开支，也包括通过操纵生丝的价格获利。还有一项收入来源是署理长江和大运河上的重要钞关。其中重要的是邻近苏州的浒墅关。曹寅得到五大钞关的购铜权利。在署理江宁织造期间，一个额外的差事是查核、稳定米价。他代表皇帝，与省级官员合作完成这一任务。在采购、赈济这些事情上，康熙给予曹寅很大的裁量空间。除了身为织造、介入购铜、协助赈济米粮外，他还替康熙办一些与省级官府无涉的差事，包括为康熙搜罗珍品，组织戏班子进京，充当皇帝与洋人的中间人；等等。

第四章《南巡》写曹寅以江宁织造的身份在康熙的6次南巡中接驾了4次。皇帝南巡是为了检阅河工以及体现皇帝的爱民。康熙曾在1684年、1689年、1699年、1703年、1705年和1707年6次南巡。康熙利用南巡机会与耶稣会教士汪汝望、毕嘉、洪若翰、白晋等相见。曹寅接驾南巡，以织造衙门为行宫。康熙与曹寅寡母亲切交谈，并御书"萱瑞堂"。1699年南巡时曹寅接驾安排奢华铺张，康熙不认同。1705年南巡，康熙接受了曹寅的奢华款待。曹寅还随康熙到扬州。曹寅似乎精通讨皇帝欢心的门道，受到皇帝公开褒扬。

《红楼梦》中的元妃省亲就有曹寅接待康熙南巡的影子。在1705年康熙第五次南巡时，曹寅奉旨刊刻《全唐诗》。

第五章《两淮盐政》写曹寅1704年被任命为巡视两淮盐课监察御史（简称两淮巡盐御史）并于1706年、1708年、1710年三度续任的经历。两淮盐政每年税收250万两银子，既重要又复杂，且其中贪腐丛生。曹寅接手了一个腐败的制度和巨大的亏空。从各种律例和盐法来看，有5种基本方法可以调整盐引运盐重量、盐引价格和总收入之间的比例关系。第一，在两淮地区不同区域调整盐引定额；第二，增加每引运盐量，价格不变；第三，按比例增加盐引；第四，增加盐引的运盐量，同时调高盐引的税；第五，减少盐引，增加税负。这5种方法对盐商和政府的影响不同。两淮巡盐御史署理两淮地区的盐政，康熙时由上三旗包衣担任。两淮盐商是复杂的盐政制度中的一个环节。康熙时的盐商不如以后那么富有而稳定。作为两淮巡盐御史的曹寅是康熙的心腹，通过他，既可以稳定两淮税收，又使皇帝有更多的权力和银两。他面临的是纠缠不清的财政问题、贪腐。1704年，他与盐运使李灿细查近两年亏空并限两月还清。曹寅有过一些关于盐政的建议，但实施起来颇为不易。他上任时有286.2万两亏空，交给下任李煦时为69万两，说明相当成功。李煦接任后，留下一个健全的财政制度，清偿了大部分亏空，课征足额的税收，大量余银也流入藩库。

第六章《曹寅——皇帝的耳目》写曹寅为康熙收集情报之事。康熙发展出一套"奏折"制度，奏折直接进呈宫中，仅由皇帝一人亲览。最早运用奏折制度的是曹寅和李煦。奏折的递送不用官方的驿站，而由家人或"家奴"带回；奏折由奏事处接下转呈皇帝；传递奏折从江宁到北京往返分别为31天和35天；奏折的样貌为写在长长的纸上，折成20厘米长、10厘米宽的小册子；奏折的性质除请安外，还有一种密奏，言疑难之事。康熙通过奏折搜集南方的舆情并做出决策。曹寅对官员、流言和强贼情况进行报告，1708年成为康熙的密探，被赋予皇家耳目的重任。1711年科场弊案中噶礼、张伯行互参，曹寅和李煦的奏折说明了科场案进展细节，使此案得以查清处理。

第七章《曹家的没落》写曹寅死后曹家衰落的情况。曹寅于1712年去世，曹家负债累累，并因盐务上的亏空而遭非难，但康熙仍格外眷顾曹家。曹寅的独子曹颙没有行政经验，前途黯淡。曹家得到李煦和两江总督郎廷极的帮助。康熙接受郎廷极请求，补放曹颙江宁织造职，又恩准李煦代偿曹家亏空。曹寅还没安葬，曹颙就去世，年仅21岁。曹寅的侄子曹頫过继为其儿子，并承袭嗣父的官职。曹頫除了执行织造的职责，经手皇上交办的各种额外的差事之外，也成为皇家耳目。但他关于浙江的详细奏报失实，因此失去康熙信任。他在经办钱粮方面又过于轻率，为皇帝办的一些差事出错，如瓷器不翼而飞。在康熙末期，对曹家的容忍已达到极限。1722年12月康熙去世，李煦被革去苏州织造一职。雍正待人与治理政务的态度对曹家极为不利。曹頫倒台的直接原因是皇帝收到一道不利于他的奏折。这就是噶尔泰评价官员时把曹頫列为第三等，说他"年少无才，遇事畏缩"，雍正朱批"原不成器"，又在"人亦平常"之处批"岂止平常而已"。1728年1月曹頫被革职，又被抄家，曹家衰亡。曹寅的孙子曹雪芹写《红楼梦》正是哀叹这70多年家族的兴亡。所以，认为《红楼梦》以阶级斗争为主线，是有点儿以后人的视角在解读，说它写一个大家族的兴衰是接近曹雪芹的原意的。

这本书读来极为顺畅，但这是以作者深厚的学术功力为基础的，我们从各章的注释和附录中可以看出这一点。史景迁先生共写了 13 本有关中国历史的通俗读物，除这本书外还有《前朝梦忆：张岱的浮华与苍凉》《康熙：重构一位中国皇帝的内心世界》《雍正王朝之大义觉迷》《太平天国》《大汗之国：西方眼中的中国》《王氏之死：大历史背后的小人物命运》《胡若望的疑问》《利玛窦的记忆宫殿》《中国纵横：一个汉学家的学术探索之旅》《改变中国：在中国的西方顾问》《天安门：知识分子与中国革命》《追寻现代中国》。这些书大都由广西师范大学出版社出版。除《天安门：知识分子与中国革命》，其他 12 本主编是鄢秀和郑培凯，前面有郑培凯、鄢秀写的总序。郑培凯先生是史景迁先生的第一个中国博士生，对史景迁先生思想的理解非同一般。他在《三联生活周刊》2023 年第 24 期上发表的介绍史景迁的《史景迁的历史关怀》对阅读这本书和史景迁的其他作品都有极大的帮助。

通过读史景迁先生的书了解中国历史是一个好主意。

读进去，读出来
《极高明而道中庸》

我上中学时颇爱读书。一位南开大学历史系毕业的历史老师黄老师见我"孺子可教"，就告诉我他的读书经验。他说读书的关键是"读进去"，又能"读出来"。

所谓"读进去"就是要能"把厚书读薄"。这就是说，要读懂一本书，表现是能从它庞大的篇幅中概括出它在讲什么，中心思想是什么，有什么你觉得有启发的思想和观点，并用简单的语言把这些看法总结出来。一本书不就变薄了吗？

"读出来"就是要能"把薄书读厚"。这就是说，在读别人书的基础上，形成自己的思想、观点，甚至体系，再写出一本厚书。那本"薄书"不又成了一本"厚书"吗？

我这一生中认识许多读书人。许多人读书甚多，但都是"浏览"，甚至"标题党"，哪一本都没有读懂、读精，又没有陶渊明那两下子，读书不求甚解，连"浅解"也没有。他们说来读书甚广，实际是游书山而一无所获，进书海而无宝可得，进书窟宝洞而两手空空。还有一些读书人，书读懂了，也能头头是道地讲出书的内容，但没有形成自己的思想，也没什么成果。我的一位老师，终生爱读书，一本帕廷金的《货币、利息与价格》，不知读了多少遍，对这本书的内容也极为熟悉。但他一生讲课平平，没有任何著作，甚至也没有像样点的文章，评职称也颇有周折。他是真爱读书，也读进去了，但沉没于前人知识的泥潭中，始终出不来。

我想起这些是因为读了卢周来先生的《极高明而道中庸》（三联书店，2023年）。卢周来先生是某国防科研单位的领导，平日工作十分繁忙，但十分喜爱读书，且读得极为认真，不但抓住了一本书的中心思想与内容，而且还注意到往往被一般人忽略的观点，真正"读进去"了。他不满足于读，还在读书中思考与本职工作并没有直接关系的经济学问题，写出了自己的认识和思考。这正是"读出来"了。

我们先来看看他是如何读书的。亚当·斯密的《国富论》是每个学经济学的人或粗或细地读过的，但每个人的理解不同。有人只看到亚当·斯密对市场经济中那只"看不见的手"和"利己"的观点，忽略了其他。也有人只注意亚当·斯密对市场经济中弊病的揭露，而忽略了更根本的观点。这些人应该是还没有完全读懂。卢周来先生读《国富论》时与《道德情操论》一起读，对比着读。应该说，这样读《国富论》是十分正确的，许多人没有读懂《国富论》正是在于只读《国富论》而忽略了《道德情操论》。这两本书是亚当·斯密一生公开发表的著作中仅存的两本著作。《道德情操论》的出版先于《国富论》，而且亚当·斯密对前者的重视超过后者。《国富论》无非适应了那个时代的需求，阅读的人更多，对以后经济学的形成和市场经济的发展影响也更大。但离开《道德情操论》，我们实际上也读不懂《国富论》。卢周来先生深知这一点，所以读《国富论》的方法对头。

大家都知道，经济学中有所谓"斯密悖论"。"斯密悖论"之一就是《国富论》中对"利己"的肯定与《道德情操论》中对"利他"的肯定是矛盾的。卢周来先生正是从对这个"斯密悖论"的解释来说明他对这两本书的理解。

我们知道，亚当·斯密不仅是一位经济学家，还是苏格兰三位启蒙思想家之一。他深受大卫·休谟的影响，从人性论出发，为创建一个符合人性的社会而设计蓝图。卢周来先生解释了斯密对人性的理解。第一，人性是丰富的、复杂的，绝非"利己"二字可以简单概括的。"利己""利他"都属于人性。"利己"是自爱而不是"自私"。第二，利己之心也需要被约束。第三，公民的幸福生活，即符合人性的社会，绝非是以利己之心支配行为的社会里可以实现的。由此，他从两个维度来理解"利己"与"利他"的区别与联系。第一，社会领域与经济领域的区分。人性的丰富性——既有"利己"，又有"利他"——在不同领域有不同表现。比尔·盖茨在市场上拼命赚钱与他在社会上拼命做慈善事业并不矛盾。第二，这两个领域在现实世界中是相互影响甚至相互重叠的。对于如何"中和"这两个领域不同的人性法则，如何使个体利益符合群体利益，如何防止利己之心发展为损人之心，如何提倡道德并抨击恶行，这就要引入"公正的旁观者"，从而引出《国富论》中"国家干预"的必要性。反对国家干预，主张完全放任自由，并不是亚当·斯密的思想。吹捧英国曼德维尔的《蜜蜂的寓言》更是违背了亚当·斯密的思想宗旨。读了这些，你就知道，卢周来先生读懂了《道德情操论》和《国富论》。他提出这些看法就是因为把这两本厚书读薄了。

他还用功读懂了美国经济学家保罗·斯威齐、托马斯·谢林、斯蒂格利茨，英国经济学家穆勒、保罗·马蒂克，中国经济学家柳红等人的书，以及其他的书。

卢周来先生不仅是一个善于读书的人，也是一个深入思考，把薄书又读厚的人。随着市场经济的发展，我们要思考的问题太多了，但一个人当然不可能什么都思考。思考要深入，必须集中于一个问题。卢周来先生集中思考市场经济中的贫困问题。20多年前，他出版的随笔集《穷人经济学》就已经开始思考这个问题了。

市场经济的诞生与发展极大地推动了社会的繁荣和进步。马克思、恩格斯在《共产党宣言》中充分肯定了这一点。中国市场经济改革带来的繁荣和人民生活水平的极大提高又一次证明了这一点。为市场经济唱赞歌、"鼓与呼"的人太多了。但许多人在看到市场经济进步的同时却忽略了市场经济引起的严重问题，尤其是收入差距扩大，贫富悬殊，以及穷人的生活状态。其实从早期乌托邦主义者莫尔，到以后的马克思、恩格斯，以及更多的人都关注了这个问题。但在市场经济的大合唱中，他们的声音太弱了，甚至被视为"异端"或"非主流"而遭到排斥。其实，我们要建立的是一个符合人性又人人幸福的社会。要想实现这个目标，关心资源配置与利用效率和增长的"主流经济学"必不可缺，但关心贫穷与公正的"非主流经济学"也不可少。其实把经济学分为"主流"与"非主流"本身就是一个错误的观念。经济学为建立美好社会服务，每一个问题都需要研究，没有什么主次之分。卢周来先生不想挤入纷纷攘攘的主流之中，而愿意考虑一些被许多人忽视的问题，这正是他思考的可贵之处。

卢周来先生对公平与贫穷问题的思考是从中国特色社会主义市场经济开始的。他认为，在马克思的"世界历史"与"东方社会"理论框架下，社会主义市场经济是一种中间状态。这就要"既能发展生产力，又能避免用人头做酒杯"。要避免的两种倾向是，以发展生产力之名，将"'市场经济'异化为资本无序扩张；另一种是，以维护公平之名，将'社会主义'异化为权力无序扩张"。从这种认识出发，他认为，改革最难处理的是利益不一致问题。按"卡尔多-希克斯标准"增加社会财富往往只会使一部分人福利得到增进，而另一部分人受到相对损失。中国改革的成功在于较好地处理了"利益不一致"问题，但渐进式改革也会使"利益不一致性"由小往大积累，社会公平状况恶化。从这种情况出发，关注公正和贫困问题就更有意义。

保证公平或是古罗马军队中一人切面包而另一人先选的制度保证，或是中国古代孔融让梨的道德保证。两者相比，还是制度保证更好。所以，在保证公平方面，我们要建立与倡导道德，但更重要的还是建立一套保证公平的制度。这是实现公平的正确路径。在保证公平上，条件平等比机会平等更重要。美国自由主义经济学家弗里德曼在《自由选择：个人声明》中也对机会平等做出了批评。由于每个人家庭背景不同，是不可能站在同一起跑线上的，机会平等无法保证公平。因此我们要强调条件平等，这就需要政府协调各阶层的利益关系，以发展社会事业解决民生问题为重点，优化公共资源配置，形成全民的公共服务体系。

卢周来先生读了许多书，也思考了更广泛的问题。他的思考一直围绕在中国如何实现公正与效率兼得的目标。他阅读英国学者彼得·高恩的《华盛顿的全球赌博》，思考了美国如何在全球化过程中改变世界。这是全球贫富差距扩大的根源。他读日本学者大前研一的著作《M型社会：中产阶级消失的危机与商机》，思考M型社会的形成与影响。他读美国作家詹姆斯·大卫·万斯的小说《乡下人的悲歌》和社会学家阿莉·拉塞尔·霍赫希尔德的《故土的陌生人：美国保守派的愤怒与哀痛》，思考美国底层如何失去社会流动、上升、奋斗自强的空间、机会和动力，以及美国保守派面对全球化与移民冲击时的愤怒与哀痛。这就是美国社会的分裂。他广泛读书，对自由与保守之间的关系，有限理性与理性预期，效率与公平；经济学应该做什么；作为一种意识形态与乌托邦的新古典经济学；宏观经济学中故事的启示；寻找"最大公约数"；构建有中国"历史特性"的经济学理论等都有相当深入的思考。应该再一次强调，他的这些思考都来自读书与对现实的观察。

我读卢周来先生的书后深感，任何一个人，只有不断地认真阅读和思考，才能对现实问题有自己的见解，有自己的认识。读书是起点，思考是过程，见解就是结果。这就是读书的意义，也是从"读进去"到"读出来"的全过程。

与这本书同时出版的还有《致广大而尽精微：理解政治经济学时代》（商务印书馆，2023年）。其更多是对许多经济学问题的思考。

《极高明而道中庸》中的确有许多真知灼见。但我介绍这本书重点不在于书本身的内容，而在于让大家了解一种读书方法。如果你像卢周来先生一样去读、去思考，也同样可以把厚书读成薄书，又把薄书读成厚书。

第二部分

第二重境界

上下求索,走出混沌

企业家在领导企业时，老百姓在日常生活中，都做对了许多事，也做错了不少事。为什么有些事会做对，有些会做错？往往我们并不明白，这就要读书，学习新知识、新方法，并学以致用。我们在实践和读书中求真，当我们的行为从自发走向自觉时，我们就走出了混沌，企业会更好，人生也会更好。这是读书的第二重境界。

纵观经济

在各种知识中，经济学对我们是至关重要的。经济学分析企业与人生的决策，与每个人息息相关。读经济学的书，可以让你从更高、更广的角度认识企业与人生的各种向往，在每一个关键之处做出正确的决策。正如英国大文豪萧伯纳所说的：经济学让你更幸福。

中国经济中的政府

《置身事内》

市场经济并非只有一个普遍适用的模式。不同的国家根据自己的历史传统和现实国情，采取了不同的市场经济模式。欧洲的市场经济与美国的不同，日本和"亚洲四小龙"的市场经济又不同于欧美。判断各种模式的对错时要看其是否有利于经济发展与人民生活水平提高。现在世界上已没有完全自由放任的古典市场经济。各种市场经济模式的重要差别在于政府参与经济的程度不同。

中国的市场经济是政府主导的市场经济模式。这既是因为中国在相当长一个时期以来实行计划经济，转变为完全依靠市场调节需要一个漫长的过程；也是因为中国地域广大、各地差异大，人口众多，经济问题十分复杂，许多问题远非市场能解决的。想要读懂中国经济，必须先读懂中国政府；中国的企业家在这种制度框架下经营企业，也必须了解政府在经济中的作用。

读懂政府就要读复旦大学兰小欢教授的《置身事内》（上海人民出版社，2021年）。作者在前言中指出，"本书主角既不是微观的价格机制，也不是宏观的经济周期，而是政府和政策"，这是因为"在我国，政府不但影响'蛋糕'的分配，也参与'蛋糕'的生产，所以我们不可能脱离政府谈经济。必须深入了解这一政治经济机体如何运作，才可能对其进行评判"。可以说，"让我们骄傲的繁华""让我们梦碎的房价"，都根源于政府。全书分为上下篇，上篇《微观机制》讲地方政府，下篇《宏观现象》讲整体经济中的问题。

上篇共分4章。第一章《地方政府的权力与事务》首先讨论了事权划分的三种理论：公共服务的规模经济与边界、信息复杂性和激励相容，为政府职能分工勾勒了一个大致框架。地方政府不仅提供公共服务，也深度参与生产和分配，这是理解政府作用的关键。第二章《财税与政府行为》介绍了1994年分税制改革的前因后果。这次改革对地方政府影响深远，改变了地方政府发展经济的模式，催生了"土地财政"和"土地融资"，这成为地方政府快速城市化和工业化的资金来源。第三章和第四章详细分析其中的逻辑、机制和案例，同时解释地方政府的债务和风险，以及相关改革。第三章《政府投融资与债务》，介绍政府的投融资的方式及所引起的债务。第四章《工业化中的政府角色》，介绍政府如何推动经济发展。

从以上分析中我们可以看到，传统理论所说的政府干预越少越好，以及相关的"有限政府"理论并不符合中国的现实。地方政府投融资对地方经济的推动作用极大。这首先体现为城市化中的旧城改造，如成都把窄巷子拓宽和成都文旅集团的成功。地方政府可以开发新的工业区，如苏州工业园区，以及由政府出让土地、民企开发，如华夏幸福。由地方政府投资、国企改制的京东方使我国的高清液晶显示屏由完全依赖国外到无论技术还是销售都在世界上领先。光伏产业也是依靠政府获得成功。我国的民营企业起步晚，规模大多偏小，无力在高科技行业开拓与发展，等待民营企业在自由放任中成长起来是不现实的。这样，政府和传统又实力强大的国企就有了用武之地。

当然，任何事情都有两面性。地方政府通过投融资推进城市化和发展经济的过程中也出现了一些问题。这主要是土地财政迟早会走到头，地方债务在一些地区加剧，以及招商引资中出现的腐败、贪污、受贿等。但不能因为这些问题否定地方政府参与经济的成绩，而且各地政府对这些问题也提出了改革措施，反腐败已成为全党共识，且硕果累累。

全国是由一个个地方组成的。地方的微观经济是全国宏观经济的基础。各地政府发挥自己在经济中的作用，搞好本地经济，全国经济就好了。从这种意义上看，讲地方政府的"微观机制"也是全书的出发点。

由地方政府主导的城市化与经济发展引起了哪些问题？这正是下篇的主题。

第五章《城市化与不平衡》中分析，地方政府投资迅速推进了城市化和基础设施建设，但也引起公共服务供给不足，推高了房价和居民债务负担，拉大了地区差距和贫富差距。在新冠疫情期间，有些公司破产，许多原本处于中产的年轻人背上了沉重的房贷负担。收入与财产不平等加剧又不利于社会和家庭稳定。这就需要土地流转和户籍改革等要素市场的改革。

第六章《债务与风险》中分析，招商引资竞争中"重规模、重扩张"推动了企业成长和加速了工业化，但也加重了债务负担。而且，企业、地方政府和居民三个主体的债务互相作用又增大了整体的债务和金融风险。我国的债务总量在2018年达到GDP的258%，与美国持平，远高于德国和其他发展中大国。政府债务可以发新还旧，问题不严重，但对个人和企业来说则会有相当大的风险。这就需要进行"供给侧结构性改革"，"去库存、去产能、去杠杆"以及采取有力措施，"防范化解重大金融风险"。

第七章《国内国际失衡》中分析，当我们的发展战略是"重投资、重生产、轻消费"时，拉动了经济快速增长，扩大了对外贸易，使我国成为制造业强国，GDP位于世界第二，但也引起经济结构的不平衡。对内，资源向企业部门转移，居民收入和消费占比偏低。2018年，GDP中居民最终消费占比只有44%，低于美国的近70%、欧盟和日本的55%。这也导致产能过剩。对外，国内无法消化的产能向国外输出，加剧了贸易冲突，尤其是中美贸易冲突。这就需要改革，形成以国内大循环为主体、国内国际双循环相互促进的新发展格局。

最后的第八章《总结：政府与经济发展》是对全书的总结。政府主导的市场经济完全不同于计划经济，因为计划经济下公有制为唯一的产权形式，同时没有市场机制的作用，也不对外开放、参与全球化进程。概括全书，有3个重要问题。一是地方权力扩大也引起地区之间的竞争。张五常先生在《中国的经济制度》（中信出版社，2009年）中分析了中国分权式改革中的县域经济与竞争，并对此加以赞扬。《中国的经济制度》这本书得到了美国经济学家科斯的好评，尽管是10多年前的著作，仍值得一读。《置身事内》的作者还介绍了"官场+市场"的竞争体制。其与真正的市场竞争的差别在于缺乏真正的淘汰机制；市场竞争是正和博弈，而官员升迁是零和博弈，可能产生地方保护主义；地方官员任期有限，会刺激投资冲动，引起长期风险和债务负担。因此，政府就需要从"生产型政府"向"服务型政府"转型。二是接着上个问题讨论政府能力的建设和角色的转变。作者介绍了"生产型政府"的历史作用和局限，也解释了向"服务型政府"转型的必要性。对我们这样从传统计划经济转向市场经济的国家而言，不是简单的"市场进，政府出"，而是政府能否为市场运行打造出一个基本框架和空间。这就需要提高政府能力和实现角色转化。三是总结全书的关键视角。这就是要区分经济发展过程和发展目标，既不要高估发达国家经验的普遍适用性，又不要高估自己过去成功经验的未来适用性。要在发展中探索，与时俱进。

应该指出的是，这本书的作者兰小欢教授是美国弗吉尼亚大学经济学博士。这个学校对政府与经济关系的研究是相当出色的。用经济学方法分析政府行为的公共选择理论的创立者布坎南正是该校教授。他以公共选择理论获得了诺贝尔经济学奖。兰小欢在此攻读博士，肯定受到了这种传统的影响。回国后兰小欢教授研究中国问题，不仅熟知各种资料、信息，而且经常到各地进行调研，从这本书中我们可以看出他的学术根底和对中国的熟悉。

"画鬼容易，画马难"，写中国现实经济的书是最难的。作者在书中站在客观立场上，既分析了中国现在转型阶段政府对推动经济发展的巨大作用，又指出了这种模式会引起的问题及以后的转型，分析深入、可信，又有独到的见解。同时，他把经济学理论与中国的现实结合起来，既不是空洞的政府与经济关系的理论介绍，也不是仅仅摆现象、列数字。全书的分析既不是单纯的"歌德"，也不是鲁迅式的贬低、嘲讽。这本书是一本学术著作，但并没有抽象、难以接近的学术味，它极为接地气。他讲的问题，我们每个人都能感觉到，但他说出了其中的奥秘。这本书把理论、事例分析和资料、数字、图表结合起来，读起来并不费劲，且令人兴趣盎然。市场是最好的检验。一位出版业的朋友告诉我，这本书出版以来，发行量达200万册。在图书市场低迷的今天，有这样的销售业绩，只能归因于书好。

对企业家来说，企业的发展需要政府创造的良好环境和支持。只有了解政府的运行与政策，才能借政府之力。对每个普通人来说，了解政府也能理解各种客观问题及政府的各项政策。所以，这本书对每一个人都是有意义的。

还应该指出的是，中国政府在经济发展中的作用的确重要。这是我推荐这本书的原因。但也应该注意两点。无论以后中国是否沿政府主导走下去，首先要注意如何使政府的决策、投资更有作用，同时避免所引发的问题。其次要发展与壮大民营企业，使更多的企业成为像华为一样有高科技实力的企业。政府已注意到这些问题，政府与民企融合的市场经济会更成功。

作者在每一章的扩展阅读中都介绍了相关的书，不是只列出作者、书名，而是做了简单介绍，有兴趣的读者可以按图索骥去读。这些书中不少我也读过，的确是好书。

关于政府与经济的书可以说是车载斗量，我想再推荐两本。一本是新加坡陈惠华女士的《变革：市场中的政府角色》（北京大学出版社，2014年）。她曾在多家公司任职，又曾担任新加坡总理公署部长，既有理论水平，又有实践经验，对政府在经济中的作用的分析颇有特色。另一本是周其仁教授的《改革的逻辑》（中信出版社，2017年）。这本书讲中国改革中做对了什么，用真实的例证分析探索中国经济改革的方向和路径，对理解《置身事内》一书有帮助。

全球价值链中的中国
――
《中国出口之谜》

计划经济时代的中国是一个封闭的国家,在全球经济中无足轻重。如今全世界都离不开中国。

挪威记者埃丽卡·法特兰在游记《中亚行纪》(河南文艺出版社,2022 年)中说,在哈萨克斯坦,70% 的产品来自中国。一位当地居民告诉她,自己从头到脚都是中国产品。美国记者莎拉·博恩吉尔尼写了一本《没有"中国制造"的一年》(我没有见过中译本),描述了她的家庭在一年中不用中国产品后遇到的困境。不仅要花大量时间、用高价购买非中国制造的产品,而且孩子们生日聚会没有蜡烛,无法玩任何游戏,圣诞节也没有传统装饰品。她的结论是,没有中国产品的日子是没法过的。

短短 40 年,中国成为全球制造业产品出口第一、高科技产品出口第一。中国的国际贸易已不是简单的进出口,而是演变为以全球价值链为主导的任务贸易，即完成在这个价值链中中国的职能。在这个过程中，中国与世界紧密融合。中国为跨国公司提供了向中国延伸价值链和利用中国庞大的廉价劳动力的绝佳机会；而且，全球价值链也为中国制造、组装产品进入国际市场提供了一条捷径。中国企业深度参与全球制造业的价值链，极大地加速了中国工业化的进程，推动了中国出口快速增长和经济繁荣。这一切是如何发生的？邢予青教授的《中国出口之谜》（三联书店，2022年）正是要回答这一问题的。

二战后，在关于发展中国家发展战略的讨论中，一直有"进口替代"与"出口替代"之争。"进口替代"就是独立自主发展经济，进口的仅仅是本国缺乏的设备与原料，目的在于国内经济发展起来后替代进口。显然这是一条封闭锁国的战略。"出口替代"就是向世界市场开放，大进大出。这是开放的战略。拉美国家采用前一种战略，失败了。"亚洲四小龙"采用后一种策略，成功了。所以，我认为"改革开放"中，开放比改革更重要。仅仅是关起门来改革，不会有什么根本性变化。只有开放，引进国外的新观念、资本和技术，改革才有成效，经济才能快速发展。中国40年的实践证明了这一点。

作者指出："中国出口的爆炸性增长，是引导中国经济持续高速增长的一个最为重要的发动机。"看看20世纪80年代之后中国经济的持续高增长，现在中国之繁荣与富强，人民生活水平之提高，就会感到此言不虚。中国的出口奇迹不仅可以用数字来说明，还体现在出口结构的变化上。这就是"高价值和技术含量相对较高的产品，在中国出口中的比重大幅增加，而农业、资源和劳动密集型产品的比重则大幅下降"。1990年，资源和劳动密集型产品占中国出口的一半以上。2018年，制造品主导了中国的出口格局，占全部出口货物的 93.2%，农产品、燃料和矿产品的比例降至 7% 以下。有报告称，在 2007 年，中国已成为世界第一高科技产品出口国。中国也成为美国巨大贸易逆差的最重要来源，且没有"之一"。

对中国的出口奇迹有各种不同的解释，第一种解释是，根据传统的比较优势理论，中国有庞大的廉价劳动力（人口红利），在劳动资源上有比较优势。第二种解释是经济体制的改革，尤其是对国有企业垄断的国际贸易体制的改革，鼓励企业出口。第三种解释是中国开放后采取了一系列贸易自由化行动，如加入世界贸易组织、签署双边和多边自由贸易协定、废除《多纤维协定》等。此外也有学者认为，人民币贬值和与美元挂钩的汇率制度提高了中国产品的国际竞争力，以及引进外资加大了中国的出口能力。作者认为这些都可以从不同角度解释这个奇迹，但并不全面，也没有抓住关键。

作者从全球价值链的角度分析中国的出口奇迹。这一部分在第三章《全球价值链：中国出口爆炸性增长的催化剂》中。这一章是全书的中心及作者的创新之见。全球价值链就是国际市场上流通和交易的产品都是不同国家的企业协同合作的产物。全球价值链主导企业的产品品牌、技术及全球销售网络，这种全球价值链的形成使中国在国际市场上有了竞争力。这种作用在于全球价值链的 3 种溢出效应。在全球价值链下，产品的研究与开发、设计、零部件制造、产品组装、市场推广、批发和零售等均由不同国家的企业完成，贡献了全球价值的增加值。在这个过程中，产品的第一种效应是品牌的溢出效应。市场上品牌主导了消费者的购买，中国可以利用国际上已出名的品牌，销售自己生产或组装的产品，使中国产品进入世界市场。如衣服、鞋、电脑等都是如此。第二种效应是技术和产品创新的溢出效应。全球的技术和产品创新由发达国家的跨国公司主导，这为中国企业提供了一条快速进入世界高科技产品市场的捷径。中国可以生产这些产品的核心部件并进行组装，提供相关的劳动密集型服务，如笔记本电脑、智能手机和数码相机等。第三种效应是批发和零售网络的溢出效应。中国可以利用加入全球价值链这一机会，通过全球销售网络使中国产品进入世界市场。第三种效应使中国出口在全球迅速扩张。作者以 iPhone（苹果手机）和沃尔玛为例说明了这一点。

中国出口的迅速扩张引起中美贸易失衡，美国出现巨额贸易赤字。主流经济学家认为，这主要是由于美国人高消费、低储蓄的特点，以及中国限制美国产品进入中国的不公平贸易，但在全球价值链下，中美贸易中美国逆差巨大首先是一种统计上的失误。其把中国产品的全部增加值都作为中国创造的，没有考虑中国产品中使用的国外的中间产品。这就大大夸大了中国的出口以及低估了美国对中国的出口。作者以 iPhone 为例说明了这一点，如 2009 年中国对美国的 iPhone 出口约为 20 亿美元，从美国进口零部件为 1.215 亿美元。按总价值计算，中国出口顺差为 19 亿美元，但按增加值计算仅为 7 300 万美元。低估美国对中国的出口就在于遗漏了美国无工厂制造商的对华出口。2000 年以后苹果公司已无工厂，但它的设计、软件、品牌等无形资产在每一件产品上的增值服务都卖给了中国消费者，这显然是被传统统计方法遗漏的对中国出口。2018 年，苹果、耐克、高通和 AMD（超威半导体公司）4 家公司在中国获得的无形资产和服务的收入为 279 亿美元，相当于美国当年对华服务出口的 48.9%，占美国官方统计对华贸易赤字的 7.3%。

关于中国出口迅速增长的另一个争论是人民币汇率。许多国外学者认为，人民币被低估是导致中国贸易顺差，尤其是对美贸易顺差的主要原因。全球金融危机的根本原因是全球失衡，而全球失衡的讨论大多集中在中国汇率制度上。作者以 iPhone 的贸易为例，说明在全球价值链下，即使人民币升值也不能对中国的出口和贸易平衡产生预期的影响。因为人民币升值只影响中国的增加值。中国组装的 iPhone 3G 成本为 178.96 美元，中国组装的增加值仅为 6.5 美元。即使人民币兑美元升值 50%，中国的组装成本也只增加 3.25 美元，其他进口零部件的成本与人民币升值无关，iPhone 3G 的总成本仅增加 1.8%。人民币贬值也不可能抵销特朗普政府实行的高关税。这是因为全球价值链贸易下汇率传导机制不同于传统贸易下的机制。人民币汇率变化的传递渠道不是中国出口产品的价格，而是中国企业进入和退出外国跨国公司主导的全球价值链。这条价值链已离不开中国，中国在全球价值链中会越来越重要。

中国能成功进入全球价值链，创造出口奇迹，不仅在于全球一体化的发展，还在于国内改革的支持。这些政策包括价格自由化、国企改革、财政改革、进出口贸易体制改革，以及外国直接投资政策改革。最早是加工贸易制度，以及外国直接投资促进改革，关键的一步是中国加入世界贸易组织。这些都有力促进了中国对外开放与经济发展。

进入全球价值链，不仅仅是组装名牌产品，在这一过程中也会实现技术创新，培养本土品牌。现在中国本土品牌华为、OPPO 和小米已跻身全球五大智能手机品牌的成功案例证明了这一点。中国手机产业已从组装向价值链高端发展，沿着全球价值链打入国际市场，沿着 iPhone 的价值链升级。这种升级可以是沿着价值链的线性升级，也可以是沿着价值链创新的非线性升级。中国的自有品牌制造商（OBM）利用手机生产的模块化，成功打破国外竞争对手的垄断就是非线性升级。然而不要忘记，中国的高科技行业在全球价值链中还缺乏许多关键的核心技术，如芯片。国产C919飞机之所以迟迟才推出，原因是民用客机的核心技术仍由美国控制，美国对中国的出口限制使我们面临困境。作者在书中只满足于肯定成绩，对缺乏核心技术没有涉及。读者在读这本书时要注意这一点。

但是，贸易摩擦与新冠疫情大流行也使中国在全球价值链上遇到了新的挑战。中国处于全球价值链中的核心地位，与世界"一荣俱荣，一损俱损"。这使中国会随世界政治、经济以及各种关系的变化而面临各种风险，遇到不同的挑战。就这几年而言，一是由于中美贸易摩擦、美国对华巨大的贸易赤字，特朗普政府指责中国的不公平贸易，用高关税来阻止中国产品进入，禁止美国的高科技产品与零部件进入中国，并把部分组装、服务业务转移到印度等国。二是由于新冠疫情大流行，中国部分工厂停工，使部分国外企业把生产转移他国。而且医疗用品的紧张使供应链存在危险。这些挑战也许意味着利用美国技术实现工业化的时代已经结束，我们应该立足于自己进行技术创新。

这本书的作者邢予青教授获美国伊利诺伊大学经济学博士学位，现为日本国立政策研究大学经济学教授。他一直在关注并研究中美之间的贸易，开创性地运用贸易增加值来评估贸易平衡理论及汇率传导理论。他既有深厚的理论基础，又极为熟悉中美贸易的实际情况，把这些结合在一起写出了这本书。这本书既有理论深度、新见解，又有丰富的资料与实例，写得通俗而有趣，任何一个人都读得懂。

对企业家来说，掌握这本书的中心思想，寻找自己企业在全球价值链中的地位，企业才会有更好的未来。对普通人来说，中国在全球价值链中的地位与作用关系到每一个人的切身利益，而且通过这本书，你可以更好地理解当前中美关系等世界热点问题。

  关于中国出口的资料与研究的论文和专著车载斗量，不仅我们，就是专业人士也看不过来。所以，我只再介绍一本与此相关，又具体而有趣的书：美国学者皮翠拉·瑞沃莉的《一件T恤的全球经济之旅》(中信出版社，2011年)，通过一件T恤的生产过程介绍了全球价值链和中国在其中的地位。我在《书中自有经济学》(三联书店，2023年)中进行了较详细的介绍，可以参阅。

前沿竞争在芯片

《芯片战争》

芯片是现代高科技产品的核心。中国已在全球价值链中居于重要地位，高科技产品的出口已居全球首位，但对国外的芯片依赖程度相当高，进口芯片的价值已超过石油。在愈演愈烈的中美贸易战中，美国政府在芯片上卡中国的脖子，禁止向中国出口高端芯片和制造芯片的光刻机。中国也努力在芯片上打翻身战，但目前状况还不乐观。据《经济观察报》报道，OPPO旗下的芯片公司哲库，在前期投入300亿元之后，已经关停，不再研发、制造芯片。

芯片竞争绝不仅仅涉及技术，其还涉及政府在经济中的作用、企业家精神的培育、市场运行、创新环境的营造、教育制度改革等政治、社会与文化的变革中更深层次的大问题。发达国家芯片发展的历史证明了这一点。要了解这一点，并从中吸取对中国芯片发展有用的经验与教训，就应该读美国学者克里斯·米勒的《芯片战争》

（浙江人民出版社，2023年）。

　　这本书并不是一部枯燥的芯片技术发展史，而是一部内容丰富且极为生动有趣的芯片技术发展与竞争的历史。其内容包括少数创意精英的创新史、商业融资与运用史，更有激烈的商战与大国博弈。这本书2022年一出版就被《金融时报》评为2022年最佳商业图书奖，中译本出版后在国内也是洛阳纸贵。

　　要想知道这本书能给我们什么启示，需要先了解一下它的内容。全书共分8部分，介绍了从二战后到今天，围绕芯片的创新与竞争。

　　第一部分《冷战时期的筹码》介绍芯片的出现。二战中以美国为首的同盟国的胜利靠的是以钢铁为基础的工业实力。二战后期已经有计算机出现，并起了重要作用，但用的是真空管，体积庞大，造价高昂，且需要不断更换损坏的真空管。二战后贝尔实验室的肖克利、沃尔特·布拉顿和约翰·巴丁发现了半导体，并生产出晶体管，他们为此获得诺贝尔奖。1958年，得州仪器公司（TI）的工程师杰克·基尔比发明了集成电路，这也被称为芯片。罗伯特·诺伊斯和戈登·摩尔成立仙童公司，从事芯片的研发和制造。杰伊·莱思罗普用光刻技术制造芯片，以后创建台积电的张忠谋也投入了这一行业。美国政府的军事和太空计划对仙童的早期成功至关重要。芯片由此起步了。

　　第二部分《美国世界的电路》介绍20世纪60年代美国在芯片业中的成功。这是"硅谷"最辉煌的时代。这时苏联采用复制策略；日本盛田昭夫创建了索尼公司；仙童开始到海外组装；张忠谋回台湾创建台积电。在美国，诺伊斯和摩尔离开仙童，创建英特尔。芯片不仅被用于军事，也走向了更广泛的民用。

　　第三部分《失去领导能力？》描述20世纪80年代后美国在芯

片行业失去领导地位的过程。芯片行业竞争很激烈,对美国整个半导体行业而言,80年代是"地狱般的10年"。日本的索尼、东芝、NEC(日本电气公司)的产品质量高而价格低。硅谷面临困境。随着日本的发展,美国光刻机巨头GCA(美国地球物理公司)失去优势。日本人狂妄地说"日本可以说'不'"。

第四部分《美国复兴》介绍20世纪90年代后美国芯片业的振兴。硅谷的复苏是由充满活力的创业公司和痛苦的企业转型推动的。它们通过创新,并将生产外迁到中国台湾和韩国,重新获得了竞争优势。"土豆大王"杰克·辛普劳对美光公司的支持,以及来自匈牙利的移民安迪·格鲁夫对英特尔的变革,拯救了硅谷。与此同时,韩国李秉喆创办的三星也在兴起;苏联振兴芯片制造的努力彻底失败。

第五部分《集成电路,集成世界?》描述芯片业的全球化。这时芯片的设计、制造、销售已不是某一个国家的事,而是全球各国共同努力的结果。芯片行业依赖于国际生产和组装。中国台湾的台积电进入这个行业的供给链。中国大陆任正非创建的华为也进入这个行业。留学生张汝京在政府支持下建立了半导体芯片制造厂。美国和日本生产的芯片在全球的份额下降,韩国、新加坡和中国台湾的份额迅速增加。光刻机的竞争也异常激烈,荷兰阿斯麦公司脱颖而出。

第六部分《离岸创新?》介绍全球化时代芯片业的创新。尽管芯片行业的许多领域面临设计与制造分离,但并非所有领域都如此。半导体分为3类:逻辑芯片、存储芯片和模拟芯片。模拟芯片主要在美国、欧洲和日本设计制造;存储芯片以亚洲为中心,制造商包括韩国的三星和SK海力士、日本的铠侠以及美国的美光和西数;逻辑芯片则由桑德斯的 AMD 公司设计，但在台积电或其他亚洲公司制造。围绕张忠谋的台积电，组成了一个包括数十个设计芯片、销售知识产权、生产材料或制造机械的公司的大联盟。美国史蒂夫·乔布斯的苹果公司设计了越来越多的硅芯片并在中国制造。英特尔、三星和台积电投资的阿斯麦生产出 EUV（极紫外光）光刻机。但英特尔遗忘了创新，开始了衰退。

第七部分《中国的挑战》介绍中国决心改变芯片落后状态，对芯片业加大投资。清华紫光通过并购实现飞跃；华为正在崛起。

第八部分《芯片瓶颈》写美国在芯片行业中出于遏制中国的政治目的对中国的制裁。早在 2015 年，英特尔首席执行官、美国芯片行业贸易组织半导体行业协会主席布莱恩·克扎尼奇就说服政府对中国大规模半导体补贴采取行动。奥巴马政府考虑对中兴通讯实施金融制裁。生产光刻机的美光不向福建晋华提供任何帮助，美国禁止光刻机出口，晋华生产因此停滞。美国还全面打击华为，特朗普政府禁止向华为出售美国制造的芯片。但中国芯片业也有所发展，生产领先的 NAND（闪存）存储器的武汉的长江存储，其产品被广泛运用。当新冠流行时，全球芯片短缺，供应链受冲击，也使中国受到影响。台海关系也会影响台湾与大陆的芯片业。

最后的《结论》是全书的总结。美国的半导体产业吸引了全世界最优秀的人。"硅谷的故事"不仅仅是一个关于科学或工程的故事。技术只有在找到市场时才会进步。半导体的历史也是一个关于销售、营销、供应链管理和成本降低的故事。没有创业者，硅谷就不会存在。

中国芯片业的发展迫在眉睫，读完这本书我有 3 点深刻的感受。

第一，芯片业成功的关键是那些科技和商业精英。谷歌总裁埃里克·施密特等人的《重新定义公司》(中信出版社，2015年。我在《书海拾贝》中有详细介绍)把这些人称为"创意精英"。这些人对谷歌这样的高科技公司至关重要，对整个社会高科技的发展也同样重要。我国"两弹一星"的成功不也是靠邓稼先、钱学森、于敏这样的创意精英吗？但芯片业的成功与"两弹一星"又有本质的不同，这就在于"两弹一星"出于国家安全的考虑，完全由国家出资，不计成本，只要成果，没有筹资与市场化问题。从芯片的历史看，创造辉煌的不仅有威廉·肖克利、沃尔特·布拉顿、约翰·巴丁、卡弗·米德这样的科技精英，以及既懂科技又会经营企业的安迪·格鲁夫、帕特·哈格蒂、张忠谋、盛田昭夫这样的商业精英，还有"土豆大王"杰克·辛普劳这样敢冒风险的投资家。他们的努力缔造了今日芯片业的辉煌。因此，如何培养这样的人，给他们一个顺利的成长环境是一个关键问题。这些人取得成功固然有先天的因素，但这样的超天才在任何一个社会都存在。中国有14亿人，这样的超天才肯定不少，关键是如何让他们脱颖而出。这里社会环境是重要的。就像来自匈牙利的安迪·格鲁夫只有在美国才能成功，如果他一直在匈牙利，恐怕就谈不上创新了。

第二，在芯片业的成功中民营企业是关键。无论是美国的英特尔、苹果，日本的索尼、东芝，还是韩国的三星、中国台湾的台积电，这些在芯片发展中举足轻重的巨头都是民营企业。苏联一直依靠国有企业，过去靠工业间谍的窃取来复制西方的技术。民营企业由于利润的动机和竞争的压力才有冒险与创新精神，才能取得巨大成功。世界上举足轻重的芯片巨头都是民营企业原因正在于此。重视民营企业在芯片业中的作用，乃至高科技企业的作用，是唯一正确的道路。在中国，这个行业的成功者华为、OPPO、小米等也都是民营企业。因此，中国芯片业的成功还在于为民营企业创造一个良好的环境，让它们健康成长，充分发挥潜力。

第三，各国的芯片业发展离不了政府。美国芯片业的成功与军方订货、政府对大学和研究机构的资助密不可分。日本和韩国的企业也都得到政府在各方面的资助。但如果完全由政府主导、政府出资，那就适得其反了。苏联政府的完全控制、20世纪80年代日本政府主导的集成电路突破，从长期来看都不成功。俄罗斯至今落后，日本也落后于美国。这使我想起中国经济学界关于产业政策的讨论。政府能否选出未来要发展的行业？政府的投资能否得到有效运用？这都是值得思考的问题。从历史与现实看，没有一个国家的高科技发展完全由政府操作。主导仍要是民营企业，政府仅仅在某些关键时刻给予必要的支持。而且政府更主要的作用也不是不惜血本地投资，而是创造一个有利于人才成长、企业发展的环境。在我国，民营企业仍然不够强大，这时政府的作用会更重要一些，但不能把一切希望全寄托于政府，政府也不能包打天下。给民营企业一个良好的环境，它们就会壮大起来，成为推动高科技行业，包括芯片业发展的主力。

对于芯片及计算机在未来的发展，赫拉利在《未来简史》（中信出版社，2017年，我在《书海拾贝》中有较详细介绍）中有精彩的论述，值得一读。在计算机中芯片是硬件，它的运行还离不了编程的软件，想了解有关编程技术的发展，可以读美国记者沃尔特·艾萨克森写的《创新者》（中信出版社，2017年）。在这些为编程发展做出贡献的人中，不少是女性。这些女性还在二战中为编写与破译密码做出了贡献。这些故事就是美国记者莉莎·芒迪所写的《密码女孩：未被讲述的二战往事》（三联书店，2023年）中的内容。这本书也值得一读。

家族企业的基业长青

《家族企业》

美国社会学家弗朗西斯·福山在《信任：社会美德与创造经济繁荣》（广西师范大学出版社，2016年，我在《书海拾贝》中有较详细介绍）中指出，以制度为基础的可以信任任何人的高层次信任是社会繁荣和企业成功的基础。中国包括世界各地的华人企业规模小或者生命短暂的原因之一正在于华人的信任是建立在血缘、亲情、熟人之间的以道德为基础的低层次信任。在讲这个道理时，他举了美国华人企业王安实验室这个例子。20世纪80年代，王安实验室的名气在国内并不比今天的苹果、谷歌差。1984年，这家电脑公司的收入为22.8亿美元，员工24 800名。但王安只信任自己的儿子，退休时安排并不具有领导企业能力的儿子接班，而排斥能力强、业绩卓著的美国人约翰·康宁汉，结果公司在1992年破产。

家族企业都难免这样的悲剧吗？不！我们固然看到许多其兴也

忽，其衰也速的家族企业，但无论在国外还是中国，家族企业仍然是市场经济中不可忽略的一块。美国的福特公司尽管已上市，但仍然是福特家族控股，目前的首席执行官是第四代福特。中国的福耀玻璃公司仍为曹德旺的家族企业。在国内外，成功的家族企业到处可见。

家族企业如何才能基业长青？美国普林斯顿大学教授哈罗德·詹姆斯的《家族企业》（三联书店，2008年）以法国汪代尔家族、德国哈尼尔家族和意大利法尔克家族的家族企业为案例来说明这个问题。这3个家族企业发展与演变的历史说明，家族企业只要能与时俱进，不断调整自己的企业治理机制和业务方向，就一定能基业长青。

作者在前言中指出，他研究家族企业时关注"家族企业对形成资本主义国家特点起到关键作用的4个问题"。这就是关于家族企业的4个重要问题。第一，企业家的行为是否因国家和文化的差异而有所不同？这就是指不同家族企业家的信仰不同，所处国家的法律体系（尤其是继承法）的不同，如何影响家族企业。第二，业主与管理人员是什么关系？所有者与管理者的关系被称为"委托-代理关系"，在家族企业中应该如何处理这一关系？第三，企业与政府如何相互作用？这是指家族企业与政府和政治的关系。第四，跨国企业的行为对企业制定战略起哪些作用？这是指全球化时代家族企业的战略转移。在不同的时代，这几个问题有不同的答案，表明家族企业的与时俱进，这也是这3个家族企业经200余年而基业长青的原因。这本书通过6个部分分析这3个家族企业。

第一部分《个体发展的时代》介绍这3个家族企业的出现及早期发展。18世纪欧洲的新王政时期，社会结构的每个层次都以家族结构为主。家族价值与传统的制造业结合在一起就有了家族企业。汪代尔家族的工业之路始于法国和与法国关系甚密的洛林公国。这一家族源于佛兰德斯地区的布鲁日。这个家族的让-马丁与颇为富有的税务员女儿安妮-玛格丽特结婚，用妻子的9 000利弗从国王手中买下阿扬日炼铁厂。这成为这个家族从事钢铁业之始。到1737年让-马丁去世时家族已有70万利弗。当时欧洲各国战事频繁，用于制造枪炮的钢铁需求甚旺，这家企业因此迅速成长。同时它也铺成了畅通的政治门路，发展更快。汪代尔家族在法国大革命中受到冲击，但以钢铁为主的企业仍在发展，并受政坛注意。他们从英国聘请工人，引进新技术，提高了效率。尽管有继承权风波，但在小夏尔实施管理期间，汪代尔家族的业务有了巨大发展。

德国的哈尼尔家族在13世纪时开磨坊、面点坊和酒坊，已有名气。18世纪80年代开始从事煤炭贸易。这个家族的弗朗茨·哈尼尔进入炼铁制铁业与拿破仑摧毁神圣罗马帝国、改变欧洲版图相关。他们买下原属克虏伯的"好希望"炼铁厂，以后又创办了平板轧钢厂，用锤铁法生产钢，有44座熔炼炉，3 558名工人。到1843年，鲁尔地区有36座普通式炼焦炉和33座倒焰炉，哈尼尔家族拥有2/3的普通式炼焦炉和全部倒焰炉。他们又在莱茵河左岸开煤矿，并修建了铁路。他们的产业还涉及其他方面。

意大利的法尔克家族并非意大利族裔，而是来自一个被德法两国拉锯占领的地方。从19世纪20年代起第一代法尔克家族的人从事炼铁业，经历了向英国学习和种种困难，到20世纪初成功。

第二部分《股份公司的时代》介绍19世纪中期，欧洲出现股份制这种企业形式后，这3个家族企业先后走上股份制之路，完成了从家族企业向股份制企业的转变。19世纪70年代德国哈尼尔家族的好希望公司转变为股份公司。股份公司带来机会与风险。以后的卡特尔让它们获得发展。法德战争后，法国的汪代尔家族在两国都有企业。1880年汪代尔家族与德国施奈德家族合作创建股份公司。其在法国的家族成员在政治上努力并取得成果，家族企业得到政府支持。在意大利，1906年伦巴第钢铁股份公司成立，法尔克家族并没有提供多少资金，但对技术、生产和市场起了重要作用。在1911年后的危机中，法尔克二世奠定了该家族在钢铁业的领袖地位。一战后法尔克二世控制了伦巴第钢铁公司。这3个家族企业完成股份制改造对它们以后的发展是关键的一步。

第三部分《管理组织化的时代》介绍在20世纪上半期家族企业遇到的挑战和应对方法。这种挑战一方面是在公司内管理人员取得了决定性优势，另一方面是家族财产的代代传承受到国家发展和追求目标的影响，企业活动和家族公司高度政治化。特别是遗产税的增加使家族企业的资金主要来自社会而非家族。它们将如何应对这种形势呢？法国的汪代尔家族成为政企两栖人物。汪代尔二世进入议会，并出任法国钢铁企业委员会会长，影响法国政坛，但两次世界大战使这一家族在法德两国的企业都面临困难。许多法国人相信，家族所有制显然没有造福法国，甚至没有保卫法国，应该将工业置于公众监督和国家管理之下。德国的哈尼尔家族受到20世纪家族公司和家族经营理念被严重冲击的影响。影响哈尼尔家族的是好希望公司总经理保罗·罗伊施和弗朗茨以及哈尼尔有限公司的约翰·韦尔克。他们都不是哈尼尔家族的人。二战后哈尼尔家族才回到企业经营中，重振雄风。罗伊施将好希望改造成由一系列公司纵向连成一体的涵盖钢铁生产加工、船舶运输、机床生产和工业制造的企业王国，又加强企业界联系和同盟化，组建康采恩，且使企业国际化。

好希望成为康采恩，但仍由哈尼尔家族实施控股。意大利法尔克家族的伦巴第钢铁股份公司生产粗钢和各种钢材，但根基是能源工业，如电厂。二战并没有给法尔克家族带来多少机遇。

第四部分《"二战"后的奇迹时代》介绍二战后由家族公司向非家族企业的转变在代际交替中实现。意大利的法尔克家族企业扩张，进行新一轮投资，建多个工厂，又进行重大技术更新，到20世纪60年代，伦巴第钢铁公司在生产发展、技术更新和创造就业上都业绩突出。二战后德国的康采恩被解散，哈尼尔家族的好希望康采恩被分为4个公司，只保留了机械和制造部分。这种改变直接威胁到家族体系。但50年代后这种体系得到迅速恢复，几个新成立的哈尼尔家族企业彼此相知，相互照应。1955年，弗朗茨·哈尼尔公司的资本达1 500万马克。1959年新希望矿业股份公司与奥伯豪森钢铁股份公司合并。哈尼尔家族成员积极寻找将家族成员凝聚到一起的新方向，他们的许多企业也在转型。法国战后计划以国有化为中心振兴钢铁业，但汪代尔家族在钢铁业中的地位仍然不可小觑。洛林地区钢铁业合并，成立新的洛林带钢连轧公司，参与的9个企业中，为首的是汪代尔家族的3个公司。汪代尔家族的企业还在扩展，1960年生产钢276万吨。在工业现代化改造时，汪代尔家族投入196亿法郎。其从1955年到1958年共投资380亿法郎，其中379亿法郎是自筹的。70年代钢铁业受到冲击。汪代尔家族对自己的产业结构进行重组，形成洛林工业与金融公司。到80年代，法国的钢铁业已与汪代尔家族没有任何实际联系。

第五部分《全球化时代》介绍20世纪70年代以来世界格局的变化是技术迅速发展、公司多元化发展以及经济全球化。在这种形势下，汪代尔家族变为混合联合企业，但仍是法国式的。他们离开钢铁业务，从事其他经营，并塑造新的企业特点。他们活跃于企业界与政界。意大利法尔克家族在战后普遍繁荣中获得成功。但 70 年代后钢铁工业危机使他们关闭了几个钢铁厂，转向多元化经营。德国哈尼尔家族创立了麦德龙批发零售超市，并向国外发展。他们还进入医药连锁经营、环保行业等。多元化使哈尼尔家族的企业变成一个新企业。2002 年其国外雇员达 39 200 人，国内雇员 16 800 人。20 世纪末，欧洲各国政府退出经济舞台、资本市场活跃以及企业活动国际化给家族企业的发展带来机遇，这是这 3 个家族企业至今仍然活跃而有实力的基础。

总体上看，这本书并不好读。作者是学者，研究问题全面而深入，写的书内容丰富、有见解，但也极其烦琐，我们一般读者，尤其中国读者会觉得有点儿乱，抓不住中心。所以，我多次给企业家荐书时，都割爱了。但这本书对民营企业家极有意义，这次考虑再三还是选上了。我给大家概述了这本书大体的思路、线索，仔细读是会有收获的。不过大家即使没时间细读，也要牢记家族企业基业长青的根基在于与时俱进。书中的 3 个家族企业都是在股份制改革、不断调整与政府的关系、调整经营战略中经历 200 余年而不衰的。

对中国民营企业而言，还要避免犯各种错误。在这一点上，吴晓波先生的《大败局》（浙江人民出版社，2007 年）尽管是近 20 年前的作品，但在今天仍有意义。他在书中写到的民营企业犯的许多错误，至今仍没有完全消除。企业一时成功易，长期基业长存难。正是在这个意义上，《大败局》和《家族企业》所总结的经验和教训都是极有价值的。

霸主轮流坐

《大国的兴衰：1500—2000年的经济变革与军事冲突》

世界上无论有没有正式的评定或选举程序，总有一两个国家经济、军事力量强大，实际上充当霸主。春秋时有"五霸"之说，不是同时的"霸"，而是不同时期的"霸"。能入"五霸"者至今有争议，但齐国和晋国是一致公认的。齐国国家垄断盐铁，有鱼盐之利，又兼办国有妓院（女闾）；晋国鼓励民间通商，让大家都富起来。有钱，当然军事力量强大。战国时秦国当然是"独霸"了。比这略晚一点儿，在西方称霸的自然是罗马帝国了。

一个国家当霸主和失去霸主地位的过程就是它兴衰的过程。"兴"了，霸主自然当仁不让，无论你有多谦虚；"衰"了，自然要让位，无论你有多么恋恋不舍。了解一国如何兴盛起来，成为霸主，又如何衰落下去，失去霸主地位，对通过历史思考今天是十分重要的。美国耶鲁大学教授保罗·肯尼迪的《大国的兴衰：1500—2000

年的经济变革与军事冲突》（上下册，中信出版社，2013年）正是论述这一问题的名著。

我们从副标题可以看出，这本书写的是从16世纪到20世纪500年的历史。全书分为3篇，分别论述前工业社会、工业时代以及当代和未来。

第一篇《前工业社会》从1500年到1815年，分为3章。第一章《西方的兴起》是以后分析的出发点，考虑1500年前后的世界形势，介绍当时世界上几个大国（起码是地区霸主）的状况。这一时期，欧洲并没有优势，地不肥，人不多，地理位置也没有优势，且在文化、数学、工程学或航海和其他技术方面并不比亚洲有什么优势。就中国明代而言，没有一个国家的文明比中国更发达。当时中国人口是欧洲的两倍多，土地肥沃，又有灌溉体系，有统一的等级制的行政机构，凝聚力强，技术上早熟，且进行海外开发与贸易。但信奉儒家的官吏们的保守性阻碍了它进一步发展。奥斯曼帝国入侵欧洲，且在数学、制图学、医学及科学和工业的许多方面具有优势，但内战使它失去支配世界的机会，宗教又反对自由思想。印度莫卧儿王朝逐渐衰落。日本和俄罗斯尽管向西方学习，但技术上自然落后。欧洲的优势来自经济自由放任、政治和军事的多元化以及智力活动自由的结合。这些因素相互作用，创造了"欧洲奇迹"。

第二章《哈布斯堡家族争霸（1519—1659）》是讲哈布斯堡王朝尽管拥有大量资源，但在一次又一次的战争中把疆域扩张得太大，战线拉得过长，使自己经济衰落。

第三章《金融·地理·战争（1660—1815）》是讲这一时期的大国之争。这个时期，西班牙、荷兰由一流强国沦为二流国家，法国、英国、俄罗斯、奥地利、普鲁士这5个大国脱颖而出，主宰了18

世纪欧洲的外交。解释这一时期大国力量的对比时，财政因素和地理因素比军事进步更重要。这一时期西欧国家为支付战争费用发展了一套复杂的银行和信贷系统。这套系统的成功背后是足够有效的筹措贷款的机构，以及在金融市场上维持政府的信誉。在这一点上，英国极为成功。在欧洲冲突中，地理因素不仅是气候、资源、农业生产力、可利用的商路等，更重要的是每个国家在这些多边战争中所处的战略位置。尼德兰联邦的地理劣势使它失去殖民地与海上贸易。法国的地理位置不利于进行决定性的对外征战。奥地利、普鲁士都有各自的不利因素，只有俄国和英国没有这些困难。但俄国军队力量由于经济落后和战线过长而被削弱。在1660—1763年这百年中，欧洲战争不断。在法国与反法联盟之间的战争中，法国在海外损失惨重，在欧洲本土也失败了。在1763—1815年的50多年中，主要是英法之间的战争中，法国经济滞后，英国的海上封锁又使法国经济向内向型转变。英国变得富有。这时工业时代要开始了。

第二篇《工业时代》介绍1815—1942年各大国的发展状况。这一篇也包括3章。第四章《工业化与力量对比（1815—1885）》是写这一时期，由于工业化进程不同，国际力量的对比逐渐变得不利于旧有的一流强国，而有利于那些既有资源，又善于组织利用新生产工具和新技术的国家。这时国际体制的特点为，第一，1840年以后经济迅速发展。欧洲由于协调制和自由贸易条约的签订而促进了工商业投资和全球经济发展。第二，国与国之间仍有冲突，那就是欧洲与北美对较不发达民族的征服战争加剧。第三，工业革命的技术对军事和海战产生重大影响。国际经济增长、工业革命激发的生产力、欧洲相对稳定、军制与海军战法现代化使爆发的战争是局部的和短期的。这对大国，尤其是英国，更加有利。这时英国成为世界霸主。它把制海权、财政信用、商业才能和结盟外交巧妙地结合在一起。在海军领域，英国已拥有最强大的海军力量；它建立的帝国体系日益扩大殖民地领土；财政金融领域的进步使它越来越富，可以对外提供大量资本。英国的工业革命也增加了其他国家的实力，且英国过度依赖国际贸易，尤其是国际金融。这不利于它持久维持霸主地位。普鲁士发展起来了；1815年后法国复兴；而俄国在克里米亚战争后衰落了；美国已成为经济巨人；德国统一了。这时欧洲建立了新的平衡。但军事与经济发展改变着全球经济力量与军事力量的对比。

第五章《"中等强国"的危机（1885—1918）》。一战使欧洲国家损失严重，只有美国成为世界头号强国，日本加强了在太平洋地区的地位。19世纪以来经济和政治变化的步伐加快，各国力量对比的改变总会导致动荡。意大利统一使欧洲均势发生重大变化。它的发展冲击了法国和奥匈帝国。但它的致命弱点是整个国家经济停滞，尤其是南部。其次它缺煤，对外依赖大，使它成为"不利的后来者"。日本在明治维新后成为远东政治中的重要角色，经济迅速发展。这在于其地理上的隔绝状态，以及武士道文化。德国在旧欧洲国家体系中的崛起，改变了各国的相对地位，而且它的工业、商业和陆海军方面发展绝对迅速。奥匈帝国在已确立的强国中是最弱的一个，经济发展极不平衡，多民族共存与冲突削弱了国力，面临分崩离析的威胁。法国工业得到迅速发展，流动资本极其丰富，但总体上落后于德、美、英、俄各国。英国在1900年自然是最大的帝国，但受到美国崛起的冲击，且工业和商业优势被削弱。俄国也属于世界强国，但落后的农业、工业和沉重的军费开支相结合使它面临各种困难。美国的崛起对未来世界有决定性作用。欧洲的结盟推动了战争趋势，最终一战爆发。

第六章《两极世界的来临（1919—1942）》介绍一战后的国际形势，这时军事力量对比再次变得与全球经济资源布局一致。一战后欧洲原来的哈布斯堡帝国、罗曼诺夫帝国和霍亨索伦帝国出现了许多民族国家，世界秩序似乎仍然以欧洲为中心。工业化从欧洲向美洲、日本、印度和澳大利亚扩展。战争的支出引起空前复杂的经济与政治问题。非洲、远东和太平洋地区反对殖民地运动兴起，德国与意大利成为战争策源地。日本的强大背后也蕴含着战争危险。法国和英国的处境日趋险恶和艰难；苏联、美国成为幕后的超级大国；日本侵华、二战爆发。

第三篇《当代和未来》写二战后和对21世纪的预测。第七章《两极世界的稳定与变革（1943—1980）》是写二战后，苏联和美国成为世界霸主，经济上多极世界成为现实。二战中盟军超级力量的正确使用保证了战争的胜利。二战后美国经济与军事实力、人均产值、生活水平都高于其他国家，美国的势力向外扩张。苏联的实力增强了，昔日的大国成为中等国家。德、意、日无论从经济还是军事上看，作为强国的日子都结束了。法国经济上不比战败国强。英国损失惨重。在二战中，美国GNP（国民生产总值）增加了50%以上，整个欧洲（不包括苏联）GNP则下降了25%。核武器和远程投射系统的出现加深了人们对欧洲衰落的印象。世界在战略和政治上已从多极世界变为两极世界。"冷战"出现，世界分为两大对立的阵营。苏联用计划经济扩张，美国用"马歇尔计划"援助欧洲复兴。新的第三世界兴起。中苏分裂，苏联与南斯拉夫等国的分裂使苏联体系解体，而戴高乐对美国的挑战也使美国集团分裂。1950—1980年，世界增长绝对迅速，德国、日本都创造了奇迹，苏联经济相对停滞。

第八章《面对21世纪》是对以后的一些预测。面对21世纪，世界强国追求的是，为国家利益提供军事安全，满足国民的经济需求，以及保证经济持续增长。作者认为，这本书第一个论点是世界变革的动力主要是经济和技术的发展，然后对社会结构、政治制度、军事力量与各国地位产生影响。第二个论点是经济增长速度不均衡对各国的军事力量和战略地位都产生了决定性的长期影响。作者还根据这两个基本论点来预测未来。未来会出现全球性发展趋势，如太平洋地区崛起。由于昂贵的新武器系统的使用和国际上的抗争，军费会螺旋式上升。作者预言，如果经济发展持续下去，中国会在几十年内发生剧变。中国在经济发展的同时增加对外贸易，并与邻国保持友好关系。日本处于进退维谷的状态，但经济发展也使它拥有技术优势。西欧是得失并存。苏联处于矛盾重重中，美国则相对衰落。有些预测还是正确的，如对中国发展的预测。但有些则不然，如他就没有预见到苏联体系的崩溃。作者自己也说，未来有许多不可预期之因素。对历史学家，重要的还是看他对历史的描述。在这方面，这本书是相当优秀的，所以1988年一出版就好评如潮，直至今天仍受重视。

强国也是20世纪80年代中国知识分子最关注的问题。因此这本书1988年就由军事科学院外军部、中国社会科学院世界史所、中央党校、北京大学国际政治系、外交学院合作译出，并由求实出版社出版。中信出版社新出的仍然是这一译本。

当时中央电视台还拍了12集大型电视纪录片《大国崛起》，播放后影响相当大。2006年，这部纪录片编为8册书，由中国民主法制出版社出版。这8册书包括：《英国》《美国》《德国》《法国》《俄罗斯》《日本》《荷兰》《葡萄牙·西班牙》。其虽然出版已近20年了，但仍值得一看。

货币在天使与魔鬼之间
《金钱的智慧》

人们都认为金钱既是天使又是魔鬼，但对它的解释完全不同。经济学家是从经济的角度来解释的。他们认为，货币的发明方便了交易，促进了经济发展。由货币、银行、金融市场组成的金融体系成为现代经济的基础，这才有了今天复杂而发达的经济。因此，货币是天使。但货币本身的升值或贬值都会引起对经济和人民生活不便的通货紧缩或通货膨胀。在金融体系形成后又会出现金融危机或金融诈骗。这都会导致经济不稳定，出现经济混乱，甚至经济危机。因此，货币是魔鬼。要想了解经济学家的这种看法可以参看美国经济学家约翰·肯尼思·加尔布雷思的《金钱》(中信出版社，2023年)。

其他人多是从道德伦理或社会影响来解释金钱的。对于他们的看法，我们可以阅读法国文化批评家帕斯卡尔·布吕克内的《金钱的智慧》(三联书店，2020年)。

在引言中，作者明确表示了自己对金钱的态度，"说它好却会作恶，说它坏却能行善"。"金钱的自相矛盾就在于：它被定罜时，你又想为它辩护；它被辩护时，你又想起诉它。"看来这种看法是公正的。但从最后一句话"如果智慧无法抨击象征着疯狂的金钱，那哲学又有何用？"来看，作者客观上承认金钱有意义的方面，但主观上还是批评的含义更多一些。这本书分为 3 部分。我们从这 3 部分来看他介绍的不同人对金钱的看法。

第一部分《拜金者与蔑金者》介绍对金钱的两种对立的看法，这一部分共 5 章。

2015 年教皇方济各把金钱称为"魔鬼的粪便"。三大一神教派共同的物质主义象征——金牛犊的传说就揭露了金钱蛊惑人心的威力。传说财神普路托斯把财富给了大众，使他们一夜暴富，他们反而不从事自己的职业，也不为他人服务，继而又陷入贫困，这也说明财富之罪恶。柏拉图是金钱的清教徒，认为把财富引入城区大概是最大的灾难。亚里士多德对两类财富进行了区分，一类是合情合理的，一家人的财富旨在为所有人带来舒适的生活，这是"家政学"；但另一类是无休止地积累财富，这为"理财学"。他是肯定前一种而反对后一种的。基督教是斥责金钱的，这体现在耶稣所说的一句话中：骆驼穿过针的眼，比财主进神的国还容易。犹太教与伊斯兰教认为财富是神的恩赐。只要取之有道并对外施舍过，就无愧于享受这份恩赐。但天主教对财富的看法有模棱两可的地方，在谴责金牛犊的同时又从量化的视角看世界，一边贬低货币，一边又赞扬货币。天主教讲到上帝手持一本账簿，惩恶扬善时，这就已是金钱式奖惩。天主教的赎罪券就是用金钱赎罪。他们出售赎罪券，并以此敛财。《新约》宣扬禁欲主义，赞美穷人伟大，但教堂装饰得金碧辉煌。近年来梵蒂冈银行丑闻频发而饱受诟病，这背后是对金钱的精神分裂。新教正是经济发展引起的宗教改革，支持人民创造财富。作者认为，宗教指责金钱的行为是矛盾的、虚伪的，不让教徒追求金钱，自己却以赎罪为名大发其财。

1659年法国主教波舒哀在《论穷人高尚的尊严》中认为穷人才能进入天国。加尔文教则认为，赚钱是一项无害且受人尊敬的活动。应该让人摆脱贫困，而不是把贫困作为美德加以赞扬。工业革命后，金钱又受到指责，这反映了现代化的本质及其多变的精神面貌。对金钱的两种态度，一种是阿谀奉承，公开或秘密向金钱献媚；另一种是不屑、蔑视。这两种态度实际在不断转化。作者认为，应有的态度是摒弃对金钱的爱恨纠结，保持一种平和的心态。

法国与美国对金钱的态度不同。在法国，金钱是最大的禁忌。卢梭抨击奢侈之风，他的追随者不少。对金钱的抨击成为文化的一部分，跨越了左右派的界限。他们反对分配不均，但也对成功持怀疑态度。美国则神化货币。新教认为上帝喜欢富人，而不喜欢穷人。美国的货币（美元）上是开国元勋的肖像。在美国新教徒看来，渴望贫困是邪恶的苗头。这两种对金钱的态度与社会的主流价值观相关。具体来说，法国占主导的还是天主教，美国是新教。

第二部分《金牛犊神话三则》包括3章。金牛犊在宗教中代表金钱，这一部分要说明对金钱的正确态度。

金钱是重要的，但并不能成为世界的主宰。金钱是美妙的，可以创造奇迹，使不可能变为可能。金钱有时可以做很多事，但也并不是万能的。世界上没有哪一寸土地是仅受利益规则支配的。尽管人类的愿望和社会禁忌之间的界限飘忽不定，但这个界限是重要的。并不是所有东西都可以售卖。市场无法取代政治、教育和感情方面的关系链，也无法渗入公共生活的方方面面。在历史上金钱曾经更为专横，金钱是文明不容置疑的一个要素，但并非一切要素。在许多问题上市场是无能为力的，金钱只能买到可以买到的东西。如果金钱占主导地位，那就会有犯罪。我们既要重视金钱，又不能扩大金钱的力量。

有了钱，人们富裕起来，但取财无道，或用财不当，富裕也会招致不幸。只有当人们忘记金钱本身时，金钱才会创造出生活的乐趣。对金钱是否持有正确的态度精确地区分了祥和与忧虑这两种状态。消费信贷于20世纪50年代在美国萌芽，它带来一种新的欲望模式，颠覆了人与时间的关系，这会加剧无限的债务。幸福和舒适感并不总是与金钱正相关的。金钱可以缓解厄运的冲击，但金钱创造不了幸福。人们不可能鄙视金钱，也不可能奉其为神明。金钱可以带来幸福，但这种让人幸福的方法也会让人失去幸福。对金钱的欲望要有度。对金钱的过度迷恋会让人冷漠、无情，但对金钱有热情会激励人。这种区别是对金钱欲望的界限。这里用得上中国一句古话：过犹不及。

作者分析了金钱与爱情的关系。美国一位25岁的漂亮女士想找一位年收入50万美元的男士结婚，但一位咨询师兼银行家的回答是，美貌会贬值，但财富会增值，说明金钱与爱情或婚姻的交易并不是等价的。即使经济学家也认为，并不是一切都可以变为金钱。婚姻有3个要素：个人利益、爱情和欲望。如果家庭由丈夫供养，并不幸福，只有两个人都有工作并开始分享时，才会平等合作。如果婚姻是金钱交易，婚姻就如同牢笼。唯利是图的爱情是不道德的爱情，法国作家司汤达称之为"合法卖淫"。

第三部分《财富的恩惠》包括3章，是探讨金钱或财富如何能成为带来幸福的恩惠。这里讲的还是一句老话，财富要取之有道，用之有道，才会是一种带来幸福的恩惠。贵族鄙视金钱是由于他们的金钱来自掠夺、战争以及对平民百姓和农奴的剥削,来的非法又太容易了,才不把钱当钱。辛勤劳作、省吃俭用、谋求生财之路的劳动者会成为反对这些贵族的革命者。财富的来源不同,对金钱的态度也不同。现代社会大蛋糕切得不均匀,即贫富悬殊。清教徒的资本家,如安德鲁·卡内基就认为"富人应该行为低调,不露富,不放肆,要成为'穷兄弟们唯一的托付,将自己的经验才智以及办事能力为他们所用,好过于让他们自食其力'"。但20世纪60年代已成了享乐主义主导。金钱给人们自由,同时也奴役了人们。只有用巨额的财富造福人类,将金钱转变为美好与慷慨,精英分子才不会沦为无情的贪财者,为金钱的数字而牺牲一切。

作者认为,富有并不是罪过,贫穷亦非美德。把贫穷和富有对立起来是草率的。中产阶级介于其间,钝化了贫穷和富裕之间的对峙,有效地防止了世界被分割为两个相互仇视的、敌对的社会等级。把贫穷称为崇高的美德是反常的理想化。近20年来,在印度、中国、巴西及一些非洲国家、"亚洲四小龙"中的韩国和新加坡,通过辛勤劳作和经济发展的带动,出现了许多富人。他们的财富是多样的。财富是某些人独有的特权,也是向所有人做出的承诺。所有的举措都是为了更好地对蛋糕进行再切分。

作者指出,索取的手也应该成为回报的手。富人向社会索取,获得财富,也应该回报社会。这就有了募捐与救济,给为你服务的人小费或进行赠予。如果富人不回报社会,就会因富裕而受到诅咒。富人要把善良地回报社会作为一种功勋。比尔·盖茨和沃伦·巴菲特正是这样做的。

最后的结语《确诊的精神分裂症》是对全书的总结。这本书题为《金钱的智慧》,作者指出,"金钱的智慧在于将3种品德,即自由、安全、无忧无虑结合起来，并通过履行诚实、公正和分享这3个义务来取得平衡。金钱带来的乐趣不能与其承担的义务相分离"。如果不认识到这一点，就会不可避免地患上精神分裂症。金钱既是毒药，也是良药。应该让金钱走下神坛，不爱它，不恨它，只是正确地看待它。美德和财富是可以兼具的，金钱带来的好处是显而易见的，并成为一种基本人权。金钱的唯一罪过是分配不均和财富垄断，金钱流动起来才能造福社会，如凝固在富人手中就是罪恶了。这个结语并不长，但精辟地总结了全书的核心。

我之所以选择这本书而不选加尔布雷思的《金钱》，是因为经济学家讲金钱往往从社会的功能、对经济的有利与不利出发，从经济学家的职能看，这并不错，他们关心的仍是宏观经济。但这些毕竟离我们这样的老百姓远了一点儿，抽象了一点儿，也空泛了一点儿。换句话说，货币在宏观经济中的作用不是我们能控制，甚至了解的，对我们来说，形成一种正确的金钱观，知道在社会上如何以义制利，又如何把这些利再用于义，才是重要的。金钱观是我们世界观的一部分，有了正确的金钱观才有幸福的人生，会知道如何努力去获得金钱，也知道如何为个人和社会使用金钱。这对每个人都是极为必要的。知道这些道理比知道货币在宏观经济中如何起作用，对每个人更为重要，也更为有用。

这本书的作者是文化批评家。他用许多文学作品、案例来说明这些道理，尤其是法国作家的作品，读起来也相当有趣。其中提到的许多作家和作品，我们都熟悉，但读这本书的引用与介绍，我们可以领会到这些作品中更深刻的含义。

这是一本与经济学相关，但又非经济学家所写的书，读来别有趣味。

听门外汉讲货币

《人类货币史》

有关货币的书车载斗量，面对这么多书，我却陷入了布利丹毛驴选择困境。许多货币专家的书写得全面、深刻，学术味甚浓，不适合一般读者阅读。我翻译过美国学者劳伦斯·哈里斯的《货币理论》，这是一本为研究生写的教材，在国外知名度相当高。中国金融出版社曾将其作为"国外金融论著译丛"中的一种于1989年出版。在修订译文之后，又由商务印书馆作为"现代货币理论译丛"中的一种于2017年出版。但这本书绝对不是普及型的，别说一般读者了，就是专业工作者读起来也颇为不易。我把这本书送给一位专攻货币理论的朋友，近一个月后他告诉我，我这本书可把他害苦了，他读了半个月也只初步读懂。由于选择之难，我在写《书中自有经济学》时就没选有关货币的书。

这次写书，我下了决心一定要选一本关于货币的。于是，把我收藏的与货币有关的书拿出来翻阅，比较了每一本，最后选定了戴维·欧瑞尔和罗曼·克鲁帕提的《人类货币史》(中信出版社，2017年)。这本书英文原名直译是"货币的演化"，其实用原名就很好，不必改。这两位作者中，加拿大的戴维·欧瑞尔是应用数学家，即使写过有关经济学的书，也是从系统论的角度；捷克的罗曼·克鲁帕提是记者、咨询师，过去写的书也与货币不沾边。所以我称他们为"门外汉"。但这本书非常适合一般读者读，从原始货币到比特币，内容全面而通俗。读了这本书，我想起有一次与清华大学历史系教授张国刚同坐一架飞机，座位又相邻。他说到我写的关于商帮的几本书，我赶紧说："外行写的历史书，难免被内行专家嘲笑。"他颇为严肃地说："我们这些专业史学工作者，往往受许多框框约束，倒是你们这些没受过专业系统教育的人，可以写得通俗、有趣一些，也能有许多新见解。我就爱看一些非专业史学家写的书。"想起张先生的这一番话，我就决定把这本"门外汉"写的货币书作为这篇文章介绍的书。

萨缪尔森把火、轮子与货币作为人类最伟大的三项发明。我们天天用货币，但又对货币说不出什么，既熟悉又陌生。这本书是一次从古至今的货币旅行。这次旅行结束，我们对货币的本质、作用和未来就会有一个粗略的了解。

这本书分为两部分。第一部分包括第1—5章，追溯了从古代到现代的货币发展历程，从这种发展中探究了货币的基本特性，说明替代性货币只是货币历史进程中离我们最近的一步。第二部分包括第6—10章，重点是货币的现阶段状态，引导货币发展的新理念，以及财富的积累。

先看货币发展的历史进程。货币是交易媒介，也被作为价值贮存手段或计价标准。货币被称为人类最伟大的发明之一。货币代表财富，让人爱，又让人恨。早在5 000多年前的苏美尔人时代，人类已经有了交换和贸易，最初的交易应该是物物交易。这种交易要求"需要的双重巧合"，即卖者想卖的和买者想买的正好一致。这实在太难了，于是人们就发明了交易的中介手段，即货币。古希腊哲学家亚里士多德正是这样来解释货币的产生的。从考古来看，贵金属、盐、牛、奴隶、可可豆、纺织物、贝壳、珠子、羽毛、犬牙、鲸牙、石盘、刀、铁戒指和手镯、铜棒、啄木鸟头皮、人头骨、赌场筹码、烟草等都充当过交易媒介，即货币。美索不达米亚的苏美尔人的楔形文字记载了最完善的古代货币体系。这种货币体系是以复杂的债务网络为基础，以类似临时凭证的虚拟货币（谢克尔）为表现形式的系统。最早的货币既有虚拟货币谢克尔，也有贝壳等实物。第二代货币就是金银铸币，人类第一枚金银铸币出现在公元前7世纪的吕底亚王国。金银本身是一种有价值的商品，因此这种铸币被称为商品货币。以金银为形式的货币被作为财富，古罗马衰亡的原因之一正在于贵金属供应急剧减少。

货币出现后，为了交易方便，其向统一化、同质化和单一共同标准的方向发展。货币可以用数字来表示，促进了分析和计算性思考。这也使第三代货币，即虚拟货币出现。贵金属的缺乏、中世纪教会对金银的控制和数学的进步使货币越来越虚拟化。符木记账，即用木棍记账，将货币作为一种理性的工具；金融行会出现，用汇票交易取决于信任；银行崛起，这些都促进了虚拟货币的出现。货币并非金银，而是一个会计系统，这被称为第三代货币。哥伦布发现了美洲，大量金银进入欧洲，揭开了以金本位为中心的第四代货币的序幕。重商主义把金银为形式的货币作为唯一的财富。英格兰银行推崇金本位，虽已印制纸币，但纸币仅仅是金银的替代，与金银直接联系。英格兰银行设法维持币值稳定和供给充足之间的平衡。英格兰银行实行了"部分准备金制度"，这成为以后金融泡沫的种子。英格兰银行也成为"最后贷款人"。这种以金本位制度为中心的货币体系在1971年才解体。货币这就完成了从基于贵金属本身的价值向基于国家承诺与信誉的转变。这时已与金银无联系的纸币被称为法币，这就是第五代货币。这种货币就成为以后通货膨胀的根源。

在金本位时代，国家掌握了发行法币的权力，也会由于财政需要而滥发货币。约翰·劳在法国发行纸币，由于密西西比公司投机破产而引起恶性通胀和国家信誉破产。美国独立战争期间大陆币大量发行，结果也是灾难性的。尼克松时代的通胀，美元无法兑换为黄金，最终结束了布雷顿森林体系建立的国际金融体系。货币彻底失去了与贵金属的联系。信用卡等新形式的电子货币层出不穷。互联网的发展促进了电子货币的发展。中央银行仍控制货币供给，但银行体系可以创造记账货币。到20世纪90年代，虚拟化货币随着信用违约掉期和债务抵押债券等新型复杂金融衍生品的普及而加强。银行和金融中介机构将住房抵押贷款等数量庞大的借款打包成债务抵押债券，再将其分成不同风险水平的层级转售给其他机构。私营银行部门没有像金本位下那样起到稳定币值的作用，而是利用货币肆无忌惮地进行投机，这就出现了金融危机。

货币和权力是密不可分的，所以货币的发行是高度政治化的。物品的价值是真实财富，银行货币是虚拟财富。货币发行引起的虚拟财富增加与真实财富不平衡就会引发危机。在金融危机中发挥关键作用的正是权力。货币和政治权力的结合交织形成一个有机体，限制了变革的可能性。华尔街的金融家与政府官员相互转换。金融行业为购买政治影响力从 1998 年到 2008 年已花费了 50 亿美元。国际大型货币之间的霸权之争显示了货币权力之重要。但从 20 世纪 70 年代货币虚拟化开始，一个处于支配地位的货币主题就是债务，各国的债务都在增加。债务甚至成为增长的引擎，但这会引起危机。

与货币相关的还有经济理念的权力。这就是说，当代对货币认识的改变决定了货币的变化。传统经济学中，货币往往被看作静态的、中性的，经济模型往往不包括银行。但今天来自复杂性科学和心理学等领域的发现重塑了经济学领域，金融体系被看作生态体系的一部分，货币的不同形式如同各种生物活性因子一样，对该系统的正常运行既有促进作用，又有抑制作用。这本书正是从这个角度来探讨新货币体系未来对重塑经济产生的更加重要的作用。货币正在经历从实物到虚拟的转变，经济也是如此。经济学中的这种变化类似于物理学中的量子革命，这就是承认货币的量子本质，即货币是一个基本量的观念，以及货币对象的二元性质，从而会对整个体系有重大影响。

这些观念的变化包括：价格是货币使用中诞生的突出现象，不一定能实现效用、效率或其他事物的最优；货币对象有固定、确定价值，但其他价值是模糊、不确定且不断变化的；价格和价值之间的关系非常复杂；货币制度并不是"面纱"，它是经济的动力，货币制度的设计影响社会结果；货币制度推动经济活动，又影响文化技术发展，但货币制度的负面影响反映了数字和真实世界的紧张关系，货币的量化矛盾显而易见；负债有利于促进经济活动，但负债过多会扰乱经济，为这些影响建立模型需要使用为研究生命、有机系统所开发的技术，如非线性动态和复杂性科学；货币的设计和功能一直随着历史的发展而发展。

20世纪70年代以来世界经济建立在虚拟名义货币之上。替代性货币的发展会改写货币背后的基本设计原则，颠覆金本位心理并让经济体制焕然一新，量化宽松、货币多元化的建议、企业货币等等都是。但成也多样性，败也多样性。比特币或者网络货币似乎是解决现代经济制度症结的良药。现在有本地时间共享项目、网络货币等各种形式的替代性货币，从根本上重新调整了处于货币核心的数字和价值之间的关系。未来摒弃货币是不可能的，只能重新设计货币，探索发展货币空间。这就需要找出重新调节货币数字和价值之间核心关系的方法。未来难以确定，因此作者把最后一章命名为《乌托邦》，但有些趋势可以预料，包括：在本地、国家、区域和全球范围内会有一系列重叠货币；网络虚拟经济会成为替代性货币和货币观念的主要推动力和孵化器；线上购物的奖励会成为货币形式；替代性货币会成为大多数人日常生活的一部分；互联网让共享、赠予和物物交易等多种交易形式成为可能，货币的作用会越来越小；礼品经济的发展将创造网络声誉；债务危机管理使人民或国家采取替代性货币，加速货币发展；智能时代会让人们追求非货币的目标；经济不过度举债，经济韧性会增强；新经济模式有利于应对气候变化和不平等，幸福程度提高；以货币二元性、活力和创造性等为核心的经济学新理念会得到发展；无论以哪种形式出现，货币仍然是各种问题的源头。这些观念是否正确还要等待时间的检验。

当认真读完这本书又写完此文时，我发现说作者是"门外汉"完全错了。从他们在书中引用其他书的观点和对经济理论的概述，以及注释和参考文献看，他们读了大量有关经济理论和货币的书，已经远非专家的水平了。但我仍用了"门外汉"是因为他们跳出了传统经济学和货币理论的框架，采用了许多自然科学的理论与方法，比一般经济学家和货币理论学家看得更广、更深，提出了一般专家提不出的新观点，这正是张国刚教授对外行讲专业观点的看法，这也正是我们读这本书的意义。

我读这本书时注意到，第151页上面两行文字，与前面的无关，也与后面的无关，不知哪里冒出来的。我估计是排版印刷错误。数字货币会引起问题，数字排版也同样。我希望重印时能改正。

关于货币的书我想推荐三本。首先是中央电视台和中信证券《货币》纪录片主创团队出版的《货币》《货币Ⅱ》（中信出版社，2012年）。这两本书有许多专家和业内人士参与、讲说，它以开放、通俗、生动的方式来解读货币的起源与发展，货币崛起的作用及灾难，直至货币的未来。这两本书对货币和政治、经济、文化及社会运行的关系进行了全面深入的梳理，内容丰富，值得一读。货币与金融是一体的，了解货币当然离不了金融，我再介绍一本李弘的《图说金融史》（中信出版社，2015年）。这本书介绍1588—2008年金融进化、演变的历史，通俗又生动，读来兴趣盎然又有所收获。

中央银行与金融危机的交织
《货币王者》

2008年的金融危机至今令人记忆犹新。但在这一年的春天，这次危机的先兆——美国摩根大通以每股2美元收购美国投行贝尔斯登（Bear Stearns），几乎没引起什么人关注。许多人认为这只是美国常见的收购事件之一，与实体经济关系并不大。没想到这个小事很快演变为一场罕见的金融危机，而且祸及全世界和实体经济。连我国也为应对这场危机而推出刺激经济的"四万亿计划"。

对于这场危机的起源与机制，经济学家仍在研究与争论之中，但有一点共识，这场金融危机的发生肯定与美国的中央银行美联储相关。历史上发生过无数次金融危机，原因各不相同，但肯定与中央银行相关。无论起源是什么，金融危机总是一种金融和货币现象。金融体系的中心是中央银行，可以称中央银行为"货币王者"。既然为"王"，那么货币与金融状况无论好坏，中央银行都脱不了干系。

徐瑾女士的《货币王者》(上海人民出版社，2022年)正是讲述中央银行与金融危机的这种交织关系的。

这本书中出现频率最高的词是"金融危机"。可以说，金融危机贯穿整个人类社会史。金融危机的出现与人类的贪婪相关，但使这种人性得以实现的原因还在于金融制度。因此，《货币王者》立足于金融制度的进化，尤其是近300年中的变迁。金融制度的中心是中央银行，因此作者在绪论中指出，"只有在金融危机与中央银行两根主线的交错编织下"才能理解金融制度的演变。全书分为6个部分。"历史"分为3个部分：18世纪英格兰银行的诞生与成长；19世纪英格兰银行作为中央银行的探索；以及20世纪30年代大萧条的影响。"现实"也分为3个部分：2008年金融危机及随后的欧债危机；2020年新冠疫情的冲击；以及中国的现状分析与未来展望。

先回顾历史。17世纪荷兰是欧洲金融业的先驱。它不仅有发达的海上贸易，被称为"海上马车夫"，而且有甚为发达的金融业。甚至当年荷兰的"郁金香泡沫"也被作为历史上三大金融投机案例之一。(另外两起是"密西西比骗局"与"南海泡沫"。对这3次金融危机有兴趣的读者可以参看查尔斯·马凯和约瑟夫·德·拉·维加合著的《投机与骗局》，海南出版社，2000年。)伴随着17世纪的政治与经济巨变，出现了3种类型的金融创新：阿姆斯特丹的威瑟尔银行开创了支票账户系统和直接转账过户；斯德哥尔摩的瑞典银行引入部分准备金体系；以及英格兰银行为应对战争融资之需，利用部分货币垄断权，采用本票没有利息的形式促进付款（关于这一问题的详细介绍可以参看尼尔·弗格森的《货币崛起》，中信出版社，2012年）。这些创新拉开了现代金融史的序幕。

1694年英法战争中英国急需资金，千余家商家以私人合股公司的方式组建英格兰银行，股本 120 万英镑，以 8% 的年息贷款给政府。还款由轮船、酒类等税收和关税作为担保。英格兰银行获得 4 000 英镑作为管理费。国王授予其有期限的特许经营权，并永久性地免去每年缴纳 10 万英镑的义务。于是英格兰银行登上了历史舞台。英格兰银行的建立限制了君王的野心，"让国家的归国家，国王的归国王"，"由国家预算代替国王的荷包，由国债代替皇债"。在托利党人支持的"南海泡沫"中，辉格党人创立的英格兰银行经受住了考验，他们的银行券为各地所接受。以后英格兰银行的银行券在相当大程度上取代了金属货币，作为现代意义上的纸币开始流通。

19 世纪是英国经济繁荣兴旺的年代，随之也发生了各种危机。英格兰银行的诸多金融创新使世界经济挺过 1825 年、1847 年、1857 年和 1866 年的危机。在这一过程中，英格兰银行也在探索从一家私人机构到中央银行之路。例如，1717 年英镑按黄金固定价格，这一年被认为是金本位制元年。由于英镑信誉好，最通行的国际付款方式不是黄金，而是英镑的银行本票。1833 年，英格兰银行发行的银行券成为全国唯一法定货币。1844 年，英国国会通过《银行特许条例》，英格兰银行获得货币垄断发行权，具备了现代中央银行的职能。在征税机构、中央银行、国债市场和议会组成的相互制衡的"四角关系"中，中央银行管理国债发行、征收铸币税，又衍生出汇率管理、最终贷款人的职能。

20 世纪成为美国的世纪。从 19 世纪起，美国在迅速发展的同时也出现了 1837 年、1873 年、1884 年、1890 年和 1893 年的危机，每次危机程度不同。于是 1913 年美国的中央银行美联储成立。但美联储成立不到 20 年，美国就遇到了最严重的大萧条。大萧条使美国的经济政策从胡佛的自由放任转向罗斯福的国家干预。罗斯福新政中，除了著名的"三R"（复兴、救济和改革），还有金融业的改革。从金融进化角度，大萧条奠定了中央银行的地位，使其不安于稳定汇率与物价，而成为危机的最后拯救者，开始用货币政策影响经济。

这本书对现代的介绍从2008年的金融危机开始。尽管1994年有墨西哥金融危机，1997年有亚洲金融危机，但美国的金融制度并没有止步，次贷产品到2008年已远离房地产，其中代表CDS（信用违约掉期）杠杆效应极大，作为一种"毁灭性武器"，已进入更多领域。从"两房"危机到雷曼兄弟申请破产，从花旗无奈"瘦身"到美林"下嫁"美银，从美国国际集团（AIG）危机到白宫拯救汽车巨头，次贷危机一步步演化为国际金融危机。这场金融危机表明，放任人的贪婪对世界是一场灾难，因此监管者要跟上市场的脚步。最终奥巴马的5 000亿美元刺激经济方案在3年后结束了这场灾难。但所留下的中央银行如何保持金融稳定的问题至今仍没有令人满意的答案。

当美国金融危机如火如荼时，欧洲人隔海观火，嘲笑美式市场经济，但短短3年后，欧洲的福利国家政策就将欧洲拖入债务狂潮。从2008年冰岛的主权债务问题到希腊危机，再到葡萄牙、意大利、爱尔兰、希腊、西班牙的问题暴露，欧债危机如同美国金融危机一样震惊世界。欧洲债券也不能彻底解决欧元的困境。欧元区的问题在于有统一的货币与货币政策，却没有也不可能有统一的财政政策。这些问题是一种慢性病，危机只是一次激烈的爆发。长期来看，欧洲面临福利与效率方面的艰难选择。这也是民主政治或称"欧洲社会主义"的困境。从世界来看，美联储在金融危机后采用了日本20世纪90年代实行过的量化宽松的货币政策，的确对经济复苏起了一定作用。欧洲央行也步其后尘，走向国际最后贷款人。这些金融或债务危机也改变着中央银行。这就要重新厘清中央银行的功能与边界。

回到中国，2008年的全球金融危机改变了世界，也提升了中国在世界的地位。中国的GDP按购买力平价在2014年已超过美国，中国不可能置身世界危机之外。2009年中国"四万亿计划"推出，2014年GDP增长达到7.4%，但也加剧了地方债务，且使影子银行系统横生。从金融进化史的角度看，应该进入新常态，这就是去杠杆化时代。为了避免金融危机，中国应提防债务风险。过多的债务必然导致危机，欧洲就是一个教训。资本开放是未来的方向，但必须把握时机，还要采用渐进式方法来实现。

2020年以后世界进入后疫情时代，中国经济维持多年的两位数高增长已成为历史，也不再"保八"，而是进入"L形"增长。"负利率"成为全球的趋势，数字货币兴起，中央银行更是站在政策的第一线。我们面临的挑战：负利率是否开启了潘多拉盒子（原书中是"瓶子"）？能否给赤字财政松绑？数字货币是对传统货币的颠覆还是继承？在挑战之下，是否会无限量化宽松与财政赤字货币化？

未来中国会如何？作者根据近年来的中央经济工作会议做出了简单总结，但对未来不可能有确定的答案，作者的许多看法、判断还要由读者自己去判断。没有永远正确的预言家，唯一可以确定的是，未来国际、国内充满了不确定性。不断进行包括金融体制在内的改革是未来的方向。

从这本书中，我们应该认识到一点，这就是中央银行在经济中的作用越来越重要。经济越来越复杂，金融也越来越复杂。金融与实体经济融为一体，金融又起核心作用。从21世纪以来的事件中，我们可以看出这一点。尤其是在全球一体化的背景下，经济与金融也全球化。金融的作用日益明显。这就需要一个稳健而有力的中央银行。中央银行既要让整个经济与金融体系安全、稳定,又要有利于促进繁荣;既要鼓励各种金融创新,又要善于监管。这些都是说来容易,做起来难。读这本书,你会对这些抽象的道理有更深的理解。

新时代的另一个与中央银行相关的问题是,货币政策会越来越重要。诺贝尔奖获得者蒙代尔曾证明,在开放体系下,货币政策比财政政策重要得多。这一点已得到实践的证明。未来的局势是,全球化已不可逆,只会越来越开放,新冠疫情造成各国暂时有限度封闭,但并没有改变全球化加速的趋势。在这种情况下,各国都更加重视货币政策,这也是中央银行地位不断提高的一个原因。货币政策的影响不是一国的,而是国际的。这就使货币政策不是简单的紧缩或宽松货币,提高或降低利率,而是涉及整个国际金融体系与全球实体经济的安危。这些说起来都太宏观了,但实际上与每个人休戚相关。经历了2008年全球金融危机及随后的实体经济危机,你对这一点肯定有更深的体会。

这本书的作者徐瑾女士极爱读书、阅读面极广,读进去又能读出来。她的许多著作,如《凯恩斯的中国聚会:经济学的那些人和事》(上海三联书店,2015年)当年已洛阳纸贵。近年她写了"货币三部曲",《白银帝国》已由耶鲁大学出版社引进。《货币王者》原名为《印钞者》,这本《货币王者》是修订版。《货币简史》也即将出版。她最近出的《徐瑾经济学思维课》(湖南文艺出版社,2022年)和《经济学大师的通识课》(东方出版社,2023年)也颇受关注。她的"徐瑾经济人"(现改为"重要的是经济")微信公众号也颇有市场,所推荐的书相当广泛,是读书人的"读书指南"。这是一位值得关注的青年学者,她的书内容丰富,读来极有趣。

  这本书的作者在读书与写作上也相当认真。比如,美国经济学家欧文·费雪在大萧条前说过的一句话"股价已立足于永恒的高地上"相当有名,许多人都将其作为经济学家无法正确预测未来的例子,我也引用过。但我是"二手引用",并没读到原文。徐瑾女士找到了原文与出处,令我敬佩。不过百忙中也难免有疏漏。比如她在绪论中写的"理性预期发明者罗伯特·卢卡斯"就不准确。卢卡斯是理性预期理论的创建者,但并不是理性预期这个词的发明者。这个词是美国经济学家约翰·F.穆思在1960年的论文中提出,又在1961年的论文《理性预期与价格预期理论》中进一步定义与运用的。这个知识查一查《新帕尔格雷夫经济学大辞典》(第二版,经济科学出版社,2016年)就可以找到。这个辞典应该是专业经济学工作者必备、常查的。我这样说,有点儿吹毛求疵了。我只是希望我爱读的书好上加好。而且这点儿瑕疵完全不影响这本书的意义。

给美国人讲市场经济
《自由选择：个人声明》

美国的一些经济学大师在学术上取得顶尖成绩，获得诺贝尔经济学奖之后就为《纽约时报》等知名报刊写专栏，用通俗有趣的文字让大众用经济学的眼光关注各种问题，如萨缪尔森、贝克尔、克鲁格曼。

弗里德曼也是这样一位大师。他对货币理论的研究成果卓然，1976年获得了诺贝尔奖，此后也常写各种专栏文章。他应宾夕法尼亚州公共广播公司电视台台长罗伯特·奇特斯特的邀请，在1977年9月到1978年5月间向听众做了15次公开演讲，并在演讲后举行问答讨论会。1978年3月伦敦电视艺术公司将这些内容制作成10集的电视节目《自由选择》。这本书正是在电视节目讲稿的基础上整理修改而成的。1979年，这本书由纽约H.B.乔凡诺维奇公司出版。这就是米尔顿·弗里德曼和罗斯·弗里德曼夫妇合著的《自由选择：

个人声明》(商务印书馆，1982年)。

在导言中，作者介绍了这本书所要说明的问题。从1607年起欧洲人进入美国。他们走市场经济之路，保证人民的经济自由，又实行民主政治，保证人民的政治自由。经济自由是政治自由的前提，这两种自由的结合带来了美国的繁荣。但20世纪30年代的大萧条也使人们对自由经济产生了怀疑，政府的权力扩大。20世纪80年代里根上台后市场经济又得以复兴。作者正是要向大众解释市场经济的基本原理，并回答市场经济中出现各种问题的原因。这本书就是普及美国市场经济知识的。弗里德曼作为当代自由放任经济学大师，坚定支持自由市场经济。这本书反映的是他个人的观点，因此加了一个副标题"个人声明"。

第一章《市场的力量》讲市场经济的基本知识。计划经济是政府决定一切，发号施令。市场经济是通过自愿交易进行合作，通过价格组织经济活动。价格的作用包括传递情报（交流市场信息）、提供一种激励，以及决定谁可以得到多少产品，即收入的分配。这3种作用密切相关。经济学发展遵循的就是自愿交换产品的结构。政府的作用是在斯密所说的保护社会、保护个人，并提供公共设施服务上，再加上保护那些不能负责的社会成员，即市场经济中的弱者与受伤害的第三方。政府的作用应该是有限的。政府应成为我们的仆人而不是主人。这些是全书论述其他问题的基础。

第二章《控制的专横》是批评政府控制的。首先用的事例是对国际贸易的控制。作者从经济自由出发驳斥了限制国际贸易的种种理论，如"国家安全论""婴儿工业论""以邻为壑论""其他国家不自由贸易论"。他认为，这些观点都不对，很少有什么措施能比完全自由贸易更能促进国内和国外的和平事业。实行自由交易，"个人之间的合作就会成为世界范围的和自由的合作"。从政治角度看,自由贸易也有利于减少各国之间的摩擦与冲突。国际自由贸易也有利于促进国内竞争,消除垄断。作者进一步用民主德国和联邦德国、东南各国、印度和日本的对比说明,计划经济带来贫穷与落后,只有市场经济才能带来繁荣与进步。美国虽然没有实施计划经济,但过去50年中,政府的作用扩大太多,"对经济自由施加的限制,使我国两个世纪来的经济发展有归于结束的危险。干预也使我们在政治上付出了很大代价。它大大地限制了我们的个人自由"。应该说,"自由不可能是绝对的。我们生活在一个相互依赖的社会中,对我们的自由施加某些限制是必要的,以免遭受其他更坏的限制。但是,我们已经远远超过了这一点,当今迫切需要的是取消限制而不是增加限制"。

第三章《危机的剖析》说明政府干预对解决经济危机的无效性。20世纪30年代的大萧条和凯恩斯《通论》的出版使许多人深信政府干预的必要性。从那时起,政府的权力与规模迅速扩大,但这并无助于解决危机。作者以成立于1913年的美联储说明这一点。20世纪30年代的危机也引起银行危机,美联储对银行付款实行了美国历史上前所未有的无比广泛和安全的限制,严重扰乱了经济。所以货币崩溃主要是由于美联储的政策。它无疑加重了经济崩溃。结论是"政府是今天经济不稳定的主要根源"。这使我想起美国前总统里根的一句话,"政府不是解决问题的工具,而是引起问题的根源"。

第四章《从摇篮到坟墓》剖析福利制度。20世纪30年代罗斯福总统上台后,美国的福利和社会保障逐渐增加。二战后出现了"从摇篮到坟墓"的福利国家。结果是收入从青年人向老年人转移,从不那么富裕的人向比较富裕的人转移。政府的大部分福利开支并没有用在穷人身上,而是维持了一个庞大的官僚机构,或到了骗取福利的人手中。住房补贴、医疗照顾等同样没有起到应有的作用。用钱的方式有4种：为自己花自己的钱；为别人花自己的钱；为自己花别人的钱；以及为别人花别人的钱。福利国家失败正在于用了低效率的第三种或第四种花钱方式。改革的纲领主要包括两项。一是改革现在的福利制度，用一个单一的内容广泛的现金收入补贴计划取代目前杂七杂八的单项计划。二是在履行现有义务的同时，逐步取消社会保险，要求人们自己为退休后的生活做出安排。作者的一项重要政策建议是"负所得税制"，即政府规定某种收入保障和负所得税税率，低于这一标准可根据实际收入得到不同的负所得税（即补贴），以保证家庭有最低收入水平，又鼓励他们积极工作。

第五章《天生平等》说明不同的平等含义。机会平等即机会均等是不可能的。平等只是人身平等和法律面前的平等。平等与自由并不矛盾，结果平等也不可能，这取决于个人的才智与努力程度。英国平等政策的后果是财富被广泛地重新分配，但结果还是不公平，又把有才智的人赶出了英国。美国没像英国一样走得那么远，但财富以非平等的方式进行再分配，犯罪率上升、劳动生产率和工作效率下降。在允许自由市场起作用的地方，在有机会均等的地方，老百姓的生活都能达到过去做梦也想不到的水平。在不允许自由市场发挥作用的地方，两极分化加剧。把结果平等放在自由之上的地方，其结果是得不到平等，也得不到自由。

第六章《学校的问题在哪里？》讲教育问题。教育是美国梦的一个重要组成部分，但现在的状况并不能令人满意。初等教育和中等教育的问题在于公立学校取代了私人学校。"在美国，公立学校体制就如同被自由市场的汪洋大海包围的一个社会主义孤岛。"让私人学校有足够的经费，家长有选择自由的办法是凭单计划，即向家长发放教育券，家长用教育券选学校。这会开辟一个庞大的教育市场，学校教育质量也会提高。高等教育中既有质量问题，又有平等问题，解决的思路是"只要愿意现在支付学费或愿意毕业后用挣得的较高工资来补交学费，就应得到受高等教育的机会"，而不应该由没受教育的人交纳高学费（税收）。减少税收以补贴高校的办法被称为高等教育凭单计划。

第七章《谁保护消费者？》说明如何保护消费者。政府以保护消费者为名的干预越来越多。州际商务委员会、食品和药物管理局、消费品安全委员会、环境保护局和能源部都以政府的名义保护消费者，但效果甚差。我们不能靠政府而要靠市场保护消费者。与政府相比，市场更好，所以"如果允许市场竞争起作用，那它同强加到市场头上的政府机构相比，将能更好地保护消费者"。市场上企业之间的竞争可以保护消费者，因为企业会维护自己的商誉，提高产品质量。

第八章《谁保护工人？》说明最近全世界工人状况不断改善，靠的不是工会也不是政府。工会并不是靠严格的自愿活动和全体会员来达到保护工人的目标，而是靠政府给予的特权和豁免权取得了成绩，这让受益者的收入要比受害者的收入高许多。政府仅保护了它们雇用的工人，但不是所有工人。各企业之间的竞争真正保护了工人。

第九章《通货膨胀的医治》说明用市场经济来防止和控制通货膨胀。无论是资本主义社会还是其他社会都会发生通货膨胀。其原因在于政府控制的货币的增加。解决方法在于放缓货币增长率。想要治理通货膨胀而没有副作用，就需要放慢治理速度。从根本上说，让市场作用促进生产也有利于抑制通货膨胀。

第十章《潮流在转变》写1979年英国撒切尔夫人上台后世界潮流从加强国家干预转向自由放任。作者认为，在美国，应该制定广泛的规章和条例以限制政府的活动范围；限制税收和政府开支；修改其他宪法条款，包括有关国际贸易、工资和物价管制、职业执照的颁发、多用途的自由贸易修正案、税收、稳定的货币等。人类自由和经济自由携手并进在美国结出了丰硕的果实，但在一个时期中，人们偏离了它们。作者认为，我们应该认识到对自由最大的威胁是权力集中；权力的授予以保护自由为目的，现在我们调转方向了。

作者在前言中的第一句话就是"本书有双亲"，指的是1962年出版的米尔顿·弗里德曼的《资本主义与自由》（商务印书馆，1986年）。这本书与《自由选择：个人声明》有许多内容观点相似，批评政府过多干预，呼吁减少政府干预，确保自由。这两本书可以对照着看。

应该指出，弗里德曼的自由主义经济学仅仅是经济学中的一个流派，尽管在20世纪30年代之前和80年代之后它成为主流，但并没有一统天下。对不同的思想，我们都应该重视、知晓，这正是我推荐这本书的原因。当然，这种观点是否正确，有多少合理的成分，还要留给时间检验。

我们还要注意的是，《自由选择：个人声明》中所谈的许多减少国家干预的建议，从理论的逻辑上看无懈可击，但能否成为真正的改变还取决于许多复杂的现实因素。这就是为什么至今美国也没有完全实行负所得税制度和教育券制度。对于这本书对中国的意义，我们更要认真看待。记得1980年弗里德曼来华访问，提出"放开价格，管住货币"的建议。中国短暂放开物价之后，通胀严重，影响了稳定和改革进程。多亏了及时刹车，才有了今天中国的繁荣和稳定。外来和尚，无论多有名，念的经不一定对我们有用，千万别盲目迷信大师。踏实地寻找自己的道路，才是正确的。

纵观经济

重新认识买办

《出入于中西之间》

如今的大学毕业生如果能进外企工作，那是令整个家庭，甚至家族骄傲的事。他们衣着光鲜，出入于高楼之间，不仅有面子，而且收入颇丰。社会也认为，他们是促进中外经济交流，为中国经济繁荣做出了重大贡献的人。但是，你想过吗？在中国传统的阶级划分中，他们是最反动的"买办资产阶级"。他们是外国人对中国进行经济侵略的帮凶，是"洋奴"。茅盾先生的《子夜》中的赵伯韬就是艺术化的买办。

对于今天的外企员工所起的积极作用我们都熟悉，那么历史上买办的真实状况如何呢？这就要读读上海学者马学强、张秀莉的《出入于中西之间》（上海辞书出版社，2009年）。全书包括导论和7章，以及相关资料的5个附录，分别介绍了买办的兴起、教育背景、收入与财富、消费与日常生活、家庭结构与婚姻状况，以及宗教信仰。

　　这本书的作者认为,"买办"一词来源于英文compradore,过去音译为"康白度""康八杜""糠摆渡""糠摆度"等。据传教士马士考证,这个词源于葡萄牙文comprar,原意是购买。买办是在中国的各外国商号常常雇用的那种经纪人、会计和出纳的总称(参见范小静:《十三行故事:1757—1842年的中国与西方》,第71页,花城出版社,2012年)。法国学者白吉尔指出:"买办,原本是负责向广州的外国仓库和轮船供货的单纯的仆役或者总管,在南京条约使贸易自由化后,他们成为外商真正的合作者和经济伙伴。他们的存在对克服语言障碍、对付复杂的货币体系和渗入当地贸易社团是必不可少的。"

　　作为一种职业,他们是中外商业贸易的联系人、中间人。他们也是当时的商业精英、社会精英。但在当时的社会舆论与文学作品中,买办被称为"洋奴",崇洋媚外、装腔作势、狐假虎威。以后买办又被称为"华经理",但其作用不完全等于买办。在政治斗争中,买办始终被贬,成为革命的对象。今天我们需要重新研究、认识买办。这正是这本书的宗旨。

　　鸦片战争前,广东十三行实际上就是买办。近代买办是在鸦片战争后外国公司进入上海后形成的。《南京条约》规定"今大皇帝准以嗣后不必仍照向例(即由十三行总揽),乃凡有英商等赴各该口贸易者,勿论与何商交易,均听其便","其随意雇员跟随、买办、通事,均属合法,中国地方官勿庸经理。"这就使外商雇用买办合法化、自由化。最早的买办以广东人为主,如唐廷枢、容闳、徐润、郑观应等。他们懂"洋泾浜"英语,熟悉外商的商业习惯,又在中国商业界有广泛的社交网络。以后江浙籍人由于有多年在洋行从业的经历而成为买办，如王槐山、虞洽卿、贝润生、叶澄衷、朱葆三、周廷弼等。到20世纪三四十年代，江浙籍买办已占总买办的80%以上。江苏东山的席氏家族在外国银行中地位重要，在16家外资银行中担任买办。

之所以出现买办还在于中西之间的语言障碍。最早的买办来自广东，正在于他们掌握了"洋泾浜"英语。以后的江浙籍买办也都有外语学习背景。历史上第一个买办是定海人穆炳元，他在鸦片战争中英国人攻陷定海后被俘虏，学习了英语，因此成为买办。早期买办中不见名门望族之人，是由于他们排斥洋人"鸟语"。早期买办如唐廷枢等人，在教会学校受教育并不多，多数是在商业实践中自学的。但后期的买办则受过正规教育，包括英语补习班，教会学校和其他华侨学校，如上海的徐汇公学、圣芳济学堂和震旦学院、中法学院、圣约翰大学等；还有中国人自办的学校，如南洋公学，以及香港的学校或留学欧美。这些学校培养的学生以后成为买办的主体。

买办的收入丰厚，但要注意的是不同时期、不同行业买办的收入并不同，且买办收入的来源极为复杂。他们的收入包括薪水、佣金和杂项，与买办职能变化、外商企业构成和经营方式的演变，乃至整个进出口贸易格局的变迁息息相关。洋行最初以鸦片、棉布输入和丝、茶、白银输出为主，同时兼营航运、保险、金融汇兑。以后航运、保险、银行、码头、仓库、房地产独立出来。洋行出口以生丝和茶为主。这两个行业的买办月薪从关银百两到数百两，但主要收入来源是占营业额1%或更多的佣金，各洋行年终的"花红"，此外还有各种陋规的非法收入。银行买办的地位比其他行业高，收入也多。他们主要从事货币的出纳和保管，金银、外汇的买卖，票据的清算，放款的保证和存款的介绍，鉴定票据与通用货币的真伪，调查中国商人信用等。其年薪也在 100~800 两，但佣金相当高，银行汇兑可占卖出额的 12.5%，其他业务都有不同佣金。席锡蕃在麦加利银行每年收入为 3 万两，在华俄道胜银行收入为 10 万两。此外还有金银买卖差价的"赚行市"，低息从外资银行获得资金后高息贷给钱庄的"赚折息"等。20 世纪 20 年代银行买办的收入最低为每年 1 万两，最高为每年 10 万两。轮船公司买办的收入差别也相当大。其收入包括月俸、佣金和杂费。日清轮船株式会社买办王一亭每年佣金收入达数万至十余万元。驻船买办和仓库买办收入低一些。保险公司买办的收入包括月薪与佣金。工厂买办的收入也包括月薪与佣金。从统计数字看，买办的收入从每年 1 000 元到十几万元。这种差别源于行业与收入来源不同，所服务洋行的规模不同，个人能力不同，以及不同时期经营状况不同。

洋行的买办还利用自己积累的财产以及与洋人的关系自办商号，从事经营而有收入。他们开办的有行栈字号、钱庄、当铺、银楼、金号，经营房地产，或者附股外商企业，也投资于近代民族企业，如航运业、工业、金融业。这些都有不同的收入。

这些丰厚的收入积累成财富，使他们成为中国近代社会最富的人。19 世纪中后期，上海怡和洋行买办财富达数百万两。叶澄衷在 1899 年去世时，财产达 800 万两。创办于 1872 年的新沙逊洋行到 1907 年沈吉成之子沈志华故去时，35 年间仅佣金就达 700 万两。他们中信誉优良者占 92%。由于富裕，他们成为绑匪绑架的对象。20 世纪 20 年代富家子弟被绑成为新闻热点。洞庭席家汇丰银行买办席鹿笙绑架被杀之事轰动当时的上海。

买办与洋人的密切关系使他们享受着"半西化"的生活方式，他们的高收入又使他们有巨大的消费能力。上海的某位宁波买办年收入 5 万元，支出 2.5 万元。洞庭买办席鹿笙每年仅个人开支就达五六千元，许多买办每年开支达万元。而 19 世纪 80 年代，中国人均 GDP 仅 7.4 两银子；20 世纪 30 年代，普通工人每年生活费用仅三四百元。买办们坐拥豪宅，是最早的有车一族，饮食甚为讲究，以吃西餐为时尚，穿着亦豪华，生活与结婚仪式完全西化，文化娱乐多样化，丧葬仪式中西结合。总之，他们成为引领西化生活方式的一族。

在中国，家庭是基本元素。买办都有一定的家庭背景，既有雄厚的财力又有广泛的社会网络。由此，买办这个职业已经家族化。买办的家庭结构，早期以几代同堂的大家族为主，后期以核心家庭的小家庭为主。从婚姻状况看，纳妾现象大量存在，即使核心家庭，规模也不小。婚姻圈当然是门当户对，通过本人及子女的婚姻形成一个广泛的社会网络。家规门风表现出中西混合文化和多样性。

当时上海各种宗教兼容并包，而且有强烈的世俗性。买办深受洋人影响，有信仰天主教者，有信仰基督教者，有信仰佛教者，亦有信仰道教者，也有少数信仰伊斯兰教、犹太教、东正教、祆教及锡克教者。这反映出异质文化交织的特点。

《出入于中西之间》客观公正地研究了历史上的买办，资料丰富，许多观点对传统理论来说是一种重大的突破，无疑为今后的买办研究开了一个好头。有些问题还可以深入研究。如买办如何成为睁开眼睛看世界的第一批人？买办资产阶级对民族资产阶级的形成有什么作用？他们对近代中国工业化有什么推动作用？许多买办商人和家族尚需进行深入的个案研究。买办在世界上普遍存在过，但中国买办由传统社会的商人转化而来，有自己的特点。这种更广泛、深入的研究，不仅对了解中国近代史，而且对了解整个世界近代史，都有不可估量的意义。当前迫切需要收集整理整体买办与个别买办家族的史料，这是研究买办的基础。在许多方面，这本书提供了一个良好的样本，作者认真、客观、公正、严谨的态度也是以后的研究者应该学习的。

关于买办的研究，我想推荐两本书。一本是美国学者郝延平的《十九世纪的中国买办：东西间桥梁》（上海社会科学院出版社，1988年）。另一本是关于买办的个案研究，马学强的《江南席家：中国一个经商大族的变迁》（商务印书馆，2007年，我在《书中自有经济学》中进行了较为详细的介绍和评论）。

最后，我还想介绍一下《出入于中西之间》这本书所属的"上海城市社会生活史丛书"。这套丛书由时任上海社会科学院院长熊月之教授主编。这套丛书先后出了两批，共计26种27本，除了《非常与正常：上海"文革"时期的社会生活》外，都是关于民国时上海的。我购买并阅读了其中的20种21本，深感这的确是一套好书。

这套丛书好就好在，上海是中国最早开放的城市，也是民国时期全国经济与文化中心，了解上海对认识中国近代史极为重要。一部民国史，离了上海，还有什么？首先，这套丛书对民国时的上海的介绍相当全面且有深度，包括政治、经济、文化，以及包括外国侨民在内的各阶层生活状态。如此全面介绍民国时期上海的书，这是第一套，目前也没见到第二套。其次，这套丛书由上海众多学者执笔。他们都是所研究问题方面的专家。这套丛书态度公正客观，资料丰富，许多观点都有突破。最后，这套丛书是严肃的学术著作，但总体上写得通俗而有趣，读起来并不困难。我至今遗憾自己没买全，不能全读。

从一本好书引出一套好书，即使题目差别很大，也是一种"延伸阅读"吧。

经济学：从古希腊到现代
《殿堂》

我是历史的"票友"，专业又为经济学，当然要推荐一本经济思想史的书给大家。

不过要找到一本易读又有趣的经济思想史的书还真不易。我对这本书的要求有四条：第一，不能是教科书或学术研究著作，这些书内容严谨，但又教条且枯燥。第二，不能写得太详细，篇幅太长，把经济学发展的脉络、重要经济学家的基本思想讲清楚就行，无须每个人都面面俱到。第三，要把思想史、经济史与经济思想的发展结合起来。不了解苏格兰启蒙运动和休谟的人性论，就无法了解亚当·斯密；不了解19世纪初英国关于自由贸易的争论，也难以理解李嘉图的比较优势理论。第四，用讲故事的方法讲经济思想史，让读者读起来兴趣盎然。

其实我一直想按这样的要求写一本经济思想史的书。我在大学给本科生和研究生讲过"当代西方经济学流派",其实就是自凯恩斯以来的现代经济思想史,也有讲稿,不过还没整理成书出版。以后我还读了一些书,也为此做准备写了《读经济学书》和《话经济学人》,先由中国社会科学出版社于2004年和2005年出版,后又修改、增订,由东方出版中心于2018年和2019年出版。但还是由于眼高手低、才疏学浅,我一直没写成。现在看来此书无法写成,只好遗憾了。

我的朋友复旦大学教授方钦有意写这类书,且写了第一部分,我读后觉得正是我理想中的经济思想史,可惜他工作繁忙,写书又认真,至今也没有见到全书问世。

我最近读到了瑞典学者布·桑德林、德国学者汉斯-米歇尔·特劳特温和理查德·温达克合写的《殿堂》(社会科学文献出版社,2023年),尽管在我看来还没有达到我的4个标准,但仅15.2万字,讲清了经济学发展的脉络和经济学大师们的主要思想,还是值得一读的。中文译本根据英文第三版译出。一本讲经济思想史的小册子自1995年问世以来,已出了4个瑞典语版、1个世界语版以及3个英语版,可见是相当受欢迎的。我说"还没有达到我的4个标准"是从中国一般读者的角度说的。

先看这本书的脉络。一般把亚当·斯密的《国富论》出版看作现代经济学的开端,算来经济学的历史也就250年。但自人类有经济活动开始,就有经济思想。即使是狩猎-采集社会的人,也要想想面对各种动物要打哪一种,如何打才最有效。这些想法就蕴含着经济学中成本-收益的概念。人类很早就有了交易活动,交易中价格的波动极为重要。新月沃地的苏美尔人留下的楔形文字中有大量的交易记录。中国春秋时的管仲在《管子》一书中提出了简单的价格波动理论。不过当时并没有经济学的名称，古人的经济思想也没有形成一个体系。从西方来看，一切思想都源于古希腊，所以"言必称希腊"，经济学也不例外。"经济"这个词就来自古希腊哲学家色诺芬的《经济论》。所以《殿堂》这本书从古希腊开始介绍经济学发展的脉络是正确的。

古希腊时对以后经济学发展影响最大的还是色诺芬、柏拉图和亚里士多德。他们关于分工、交换、货币和利息、价值与价格，以及自利、庄园管理和公共管理的思想，都被后人吸收并发扬光大。到了中世纪，有影响力的还是《圣经》和经院哲学。走出中世纪，可以称为现代经济学源头的是以货币为财富，主张扩大对外贸易的重商主义，以及主张"以农为本"的法国重农主义。这些构成了经济学前史，或经济学序幕。不了解这些经济思想，我们就很难理解以后的经济学。

现代经济学是从亚当·斯密的《国富论》开始的，继承与发展斯密思想的是古典学派。这时经济学被称为"政治经济学"（切记完全不同于我们在大学学的公共政治课中的"政治经济学"）。古典经济学的任务是解开"财富增长和分配的密码"。古典经济学派包括亚当·斯密，法国的让-巴蒂斯特·萨伊，英国的托马斯·罗伯特·马尔萨斯、大卫·李嘉图和集大成者约翰·斯图亚特·穆勒。按西方经济学一贯的做法，马克思也归入古典经济学派。最后作者总结了"古典经济思想的遗产"。

此后是新古典经济学。新古典经济学承继了古典经济学对市场经济合理性的论述。在论述上由重供给转向重需求，从社会分析转向以个人主义为核心的理性人，方法上采用了边际分析法。这些发展主导了以后经济学的分析。新古典经济学的核心是边际分析法，其先驱是德国经济学家约翰·海因里希·冯·杜能和赫尔曼·海因里希·戈森。其突破在于英国经济学家威廉·斯坦利·杰文斯、奥地利学派的经济学家卡尔·门格尔和洛桑学派的经济学家里昂·瓦尔拉斯。第二代的代表是英国剑桥学派经济学家阿尔弗雷德·马歇尔和阿瑟·塞西尔·庇古，以及意大利经济学家维尔弗雷多·帕累托等。

如果说，新古典经济学是19世纪经济学的主流，那么，德国的历史学派和美国的制度主义（或称制度学派）都是非主流，或"不同政见者"。它们都是古典经济学和新古典经济学的批评者。历史学派的先驱是官方学派、主观主义者和浪漫主义者，以及弗里德里希·李斯特。历史学派又分为以布鲁诺·希尔德布兰德、威廉·罗雪尔和卡尔·克尼斯为代表的旧历史学派和以古斯塔夫·冯·施穆勒为首的新历史学派。制度主义以美国经济学家托尔斯坦·凡勃伦、约翰·康芒斯与韦斯利·米契尔为代表。二战后发展这一学派的是约翰·肯尼斯·加尔布雷思和肯尼斯·艾瓦特·博尔丁。

宏观经济学的建立从对货币和经济周期的分析开始。货币理论的代表人物有瑞典的维克塞尔和美国的欧文·费雪。经济周期理论的先驱是奥地利学派和斯德哥尔摩学派（又称瑞典学派）。当然开创宏观经济理论的还是英国经济学家约翰·梅纳德·凯恩斯。对凯恩斯主义的形成做出贡献的是英国经济学家希克斯、以美国经济学家萨缪尔森和索洛为代表的"新古典综合派"。以美国经济学家米尔顿·弗里德曼为代表的自由主义是凯恩斯主义的反对者。这个传统以后形成以卢卡斯为代表的理性预期学派，也称为"新古典宏观经济学"，核心理念是国家少干预。

各个时期都有占主流的经济学派，称为正统，此外还有关注其他问题的经济学派，我们也要注意它们的贡献。它们的许多成果对当代经济学也十分重要。如又称为"公共选择理论"的"新政治经济学"和当代的新制度经济学,对这两个领域做出关键贡献的是美国经济学家曼瑟·奥尔森、奥利弗·威廉姆森和詹姆斯·布坎南、戈登·塔洛克、道格拉斯·诺斯。"经济学帝国主义"的代表是加里·贝克尔。新李嘉图主义、现代奥地利经济学派和熊彼特都是值得重视的。新的方法则是博弈论、行为经济学等。最后作者介绍了几本经济学思想发展史的著作,有些我们会在"延伸阅读"中介绍。

我们从以上概述可以看出,这本书清晰地介绍了经济学发展的线索,简单而又全面。掌握了这条线索,你就把握了经济学发展的历程和代表人物。

再看这本书中对每个重要经济学家的介绍。介绍经济思想的发展当然离不开对经济学家思想的介绍。但经济学家要能被称为"大师",其思想一定是丰富的、深刻的。写一本详细的传记也许并不难,但要三言两语讲出其中的精华就不容易了。比如亚当·斯密,这本书中关于他的生平介绍的篇幅很短,但抓住了他的老师弗兰西斯·哈奇森和他的朋友哲学家大卫·休谟这一关键。这两个人对斯密影响极大。斯密的经济自由主义来自哈奇森,从人性出发分析经济来自大卫·休谟。而且他们三人都是苏格兰启蒙运动的领军人物。这就肯定了斯密不仅是经济学家,也是思想大师的地位。了解这一点对理解斯密的思想极为重要。作者以《国富论》为中心分析了其经济思想。斯密是从对人性特征的认识来分析经济问题的,这一点往往被许多篇幅长得多的介绍斯密思想的书所忽略。他由此出发才认识到天赋自由与"看不见的手"的关系,这比仅停留在"看不见的手"上又深入了一点。这本书以后又介绍了斯密所说的政府职能范围,介绍了斯密的经济自由与其他人的经济自由的本质差别;斯密并没有否认政府在市场经济中的作用。最后是每本书都要提到的价值理论和分配理论。这本书介绍简洁而且抓住了中心，读者想再进一步研究亚当·斯密就有了一个方向。书中对其他经济学家的介绍也都抓住了中心，有特色，讲清了关键问题。大家去读，我就不一一介绍了。

经济思想史是一门很有趣的学问。要了解更多、更深入，当然还要看其他的书。作者给我们介绍了熊彼特的《经济分析史》（三卷，商务印书馆，1991年，1992年，1994年，被收入"汉译世界名著"），这本书水平极高，可惜一般读者很难读懂，但专业人员必读；马克·布劳格的《经济理论的回顾》（中国人民大学出版社，2009年，我曾写过评论"重写经济学说史"，收入《读经济学书》中），这本书太厚了，尽管学术水平高，但亦非一般人可读；布赖恩·斯诺登和霍华德·文的《现代宏观经济学：起源、发展和现状》（江苏人民出版社，2019年）；约翰·伊特韦尔、默里·米尔盖特、彼得·纽曼主编的《新帕尔格雷夫经济学大辞典》（第二版，经济科学出版社，2016年），是最全面的经济学辞典，是专业工作者必备的参考书；斯蒂夫·梅德玛、沃伦·塞缪尔斯编的《经济思想史读本》，美国2003年出版，国内没看到中译本出版。这几本书离我们都太远了。我推荐几本一般读者可读的。

一本是美国学者小罗伯特·B.埃克伦德、罗伯特·F.赫伯特的《经济理论和方法史》（中国人民大学出版社，2001年）。这是我认为写得最好的一本经济学史著作，内容全面丰富而不难读，且介绍了一些别的书忽略的内容，如法国经济学家古诺和提出需求弹性等概念的工程师。我在《读经济学书》中有介绍。另一本是美国学者马克·斯考森的《现代经济学的历程：大思想家的生平和思想》（长春出版社，2006年）。这本书的有趣之处是讲了许多经济学家的故事，如马尔萨斯启发了达尔文，庇古是苏联间谍等。

最后一本是台湾新竹清华大学经济学教授赖建诚的《经济思想史的趣味（增订版）》（浙江大学出版社，2016年）。这本书对经济思想史也有一个相当全面的介绍，写得通俗、有趣。喜欢经济思想史的人也可以从这本书开始。

| 第三部分 |

第三重境界

以自然为师，以天地为本，追求更美好的人生

当我们读了更多书，有了各种文化、艺术、生活的广博知识时，自己的文化修养得到提升，知道了如何生活，就成了一个有文化且高尚的人。这是读书的最高层次，也是读书的第三重境界。

享受生活

有钱可以"活着",但不一定能享受生活。生活靠物质,但也要靠文化,有精神涵养。我们读了书才知道如何生活,如何享受生活之美。并不是有钱就会幸福,有钱、有文化,懂得生活,才能称为享受生活。

当个"吃货"多快活
《鱼翅与花椒》及其他

我孙子的班级请我去做个讲座。我与孙子商量,我讲讲"面条"行不行?他面露难色,我问"面条"为什么不好,他说,怕同学以为自己的爷爷是个"吃货"。我告诉他,爷爷是要讲面条与中国文化。我想通过讲座说明小麦来自中东,面条来自西域,但经过中国人的再创造,其不仅成为中国人的美食,还影响到全世界。这说明中国文化有许多来自国外,但经过中国人的创造性发展,进而影响全世界,这正是中国文化的伟大之处。

其实就算我只讲如何爱吃面条,也远远够不上"吃货"的标准。"吃货"并不仅仅是爱吃、能吃的人。"吃货"必须具备3个要素:爱吃,这并不是指吃得多,而是什么都敢品尝;懂吃,这是指知道各种食物美在什么地方,能欣赏食物之美;做吃,指会自己做喜欢的美食。像王世襄这样的大家子弟，不仅懂吃，而且仅用几根葱就能烧出美味的菜，一碗炸酱面能吸引香港超级富豪派专机来取，这样的人才是真正的"吃货"。老百姓贬之为"吃货"，其实他们是陆文夫小说《美食家》中所写的美食家。如果不在乎其中的贬义，那么我看称为"吃货"也无妨。

其实无论在哪种含义上，我根本称不上"吃货"。我是山西人，觉得山西人自古以来就不会吃，也不懂吃。徽商成功了，有徽菜和淮扬菜；粤商成功了，有粤菜；闽商成功了，有闽菜；鲁商成功了，有鲁菜；宁波商成功了，有今天的上海本帮菜；陕商成功了，还有臊子面、泡馍和饺子宴。晋商最成功，有什么菜系？山西菜从来端不上桌子，做面算山西人的特色，但有什么配面的菜或卤？在我幼年时，我家也算小康了，但我们除了简单的面和馒头，真没吃过什么美食，偶尔来个火锅或过油肉、饺子，就是过年了。山西人"土"，不会吃就是其中一条，至今山西人的吃食也极简单。不是没钱，是不会吃。不过我对美食还是有理论上的爱好的，《舌尖上的中国》以及如今每周末都有的《味道》，都是我爱看的节目。这里说"当个'吃货'多快活"，是别人，至于我本人充其量只是叶公好龙而已。

这篇文章中，我介绍的是英国人扶霞·邓洛普的《鱼翅与花椒》（上海译文出版社，2018年）。

扶霞才是真正的"超级吃货"，兼备"吃货"的3个要素，且全为优级。她是从小成长在英国牛津的中产阶级家庭的孩子。其先在剑桥大学学习文学，后在伦敦亚非学院中国研究专业获硕士学位。她从小就对吃有浓厚的兴趣，具有成为"吃货"的基因。所以，1994年她获得英国文化教育协会奖学金，在四川大学交流学习，其间爱上了川菜。她又用3个月的时间，在四川烹饪高等专科学校学习专业厨艺。其研究中国烹饪及中国饮食文化20多年，著有《川菜：尝到了川菜也就尝到了生活》《鱼米之乡：中国人的雅致饮食文化》《鱼翅与花椒》等。她的美食著作荣获多项大奖，其中包括4次获得有美食界"奥斯卡"之称的詹姆斯·比尔德烹饪写作大奖。这样的人称为"超级吃货"名副其实吧！

鱼翅是食材，且为高级食材；花椒是调味品，且为主要调味品。把这两者加在一起的过程就是烹饪。从《鱼翅与花椒》这个书名可以看出，这本书是写吃的，"吃货"才能写出来，"吃货"的粉丝都该读一读。

这本书并不是一本系统介绍吃或烹饪的书，而是一本记录作者在中国到处找吃，学习烹饪，以及各种吃的知识的书，是其在中国寻找吃时的经历的散文集。全书围绕一个"吃"字，但每篇文章都是独立的。如果说这些文章有联系，那就是都围绕一个主题，拥有同一种轻松幽默的风格。形散而神不散。全书包括序言和后记共18篇文章，正文16章。虽取名为"章"，但这本书并不是像其他书一样，而是各章形成一个有序的完整的体系。我想选几篇文章介绍，让大家可以了解它的内容与特色，然后自己去读，体会其中的滋味。如同在宴会上，服务员给你介绍几道菜的特色，实际的味道还要自己品尝一样。

我们先从序言看起，序言写她第一次来香港和内地时对中国人吃的认识。这种认识就是序言的题目"中国人啥都吃"。许多食物是她不习惯的，如皮蛋之恶臭；有些是她从未想到的，如广州清平市场里的猫、蛇等食材。但她从不拒绝品尝新口味。她不像西方人那样对中国人啥都吃表现出大惊小怪，并带有某种偏见。吃的东西代表一个民族的文化。她在中国，什么都敢去品尝，还爱上了中国的川菜。这本书记载了她在中国吃、学中国式烹饪，并到各地探索吃的历程。

讲吃的，我选了第二章《担担面！》。我也爱吃这种食物。她去成都一家老板名为谢师傅的店里吃面。这个谢老板只问她"啥子面"，之后便让徒弟去做，自己躺在竹椅上抽烟，讲故事，脸上总有一种阴郁不悦的表情，也不理她们这些外国人。但这里的担担面是最好吃的担担面。海味面在海鲜汤里煮，加上炖好的肉、笋、蘑菇、虾米和淡菜，加一勺深色松脆的牛肉碎，再加酱油、红油、芝麻酱和花椒混合成的调料，效果实在石破天惊，成为非常有效的醒神药。读到这里我的馋虫就被勾出来了。我一生吃过许多担担面，在成都也吃过多次，但像谢老板店里这样好吃的担担面从未遇到过。这就在于朋友们总在大饭店请我吃担担面，从不到这种"不卫生"的小摊上去。担担面是指担着担子卖的面，正是流动的小贩创造发明的。她也简单介绍了这段历史。这些知识我也不知道。可惜2001年当她再次到成都时，谢老板的店在成都旧城改造时已经没了。文中还写了成都人悠闲的生活，通过一碗担担面展示了成都市井的真实情况。最后她还详细地把"谢老板的牛肉担担面"的食谱介绍给读者，告诉读者材料与做法，有兴趣的可以学着做，味道虽然不会有谢老板做的那么好，但也得其皮毛。

扶霞吃上了瘾就想学做，于是她来到四川烹饪高等专科学校学习。书中有几篇都是写在这里的学习经历的。第六章《味之本》是我喜欢的一篇。在10个人的组里做鱼香肉丝时，其他9个男学员似乎对她这个洋妞并不友好，但她做的菜获得老师"不错不错"的评价。做菜从对最原始形态的食材加工开始，其中要用到许多调味品。她认为，与西方人不接受味精不同，中国人以爱科学闻名，接受了味精。在这所学校要学习23种"官方"复合味。川菜对调味十分重视。此外还要掌握"火候"。商时名厨伊尹就掌握了火候及调味的关系，这记载在吕不韦的《吕氏春秋》中。她的笔记上记满了菜谱，3个月的学习不虚此行。

她还到各地寻找美食，尤其是在"非开放地区"，与各种人交流。她与川大的朋友刘复兴到刘的家乡（从后文看是甘肃的一个小山村）过春节。书里详细介绍了刘的一家和小山村里的人们的生活状态与风俗，中国农民如何过年，以及吃的"甘肃过年水饺"。

这里不再多介绍了，大家可以去读这本书，许多趣味是包含在文字中的。我的介绍只是为了引起你的兴趣，内容还要自己"品尝"。

扶霞的另一本美食散文集是《寻味东西：扶霞美食随笔集》（上海译文出版社，2022年），这本书的内容是她在中外报刊上发表的散文。它分了4个部分，内容相当广泛，比如围绕左宗棠鸡对湘菜进行的介绍，书中既有历史知识，又有自己的认识感悟。

这里还应该指出的是，这两本书文字极为优美，这有扶霞英文的写作水平之功，也有译者何雨珈女士的翻译之功。写作出神入化，译文"信、达、雅"，译出了原书的风格。

关于吃的著作相当多，许多"吃货"写的书都极精彩。我还想介绍一些自己认为好的中餐书。

我特别喜欢汪朗先生写的美食文章。汪朗是名家汪曾祺的儿子，继承了其父的才气和文风，真是"有其父必有其子"。当年他的许多美食文章发表在《财经》杂志上，我每期必买《财经》，不是为了读那些关于财经的文章，只是为了读汪朗的一篇美食小文。他的这些文章内容相当广泛，还有许多与吃相关的历史故事。当时我把每篇文章都剪下来，反复读，而把整本杂志，包含那些高深的财经文章的部分都扔了。汪朗的这些文章后来合为两个集子出版，即《衣食大义》（中国华侨出版社，2013年）和《食之白话》（中国林业出版社，2006年）。这两本写美食的书，作序的是经济学家汪丁丁。我想是因为经济学关心人类幸福，吃当然是重要的。

我总认为，大户人家的后代才会吃、懂吃，能成为"吃货"。王世襄是名门之后，本人是一代"吃货"，他的儿子王敦煌也有其父之风。王敦煌的《吃主儿》（三联书店，2012年）和《吃主儿二编》（三联书店，2014年），也是值得一读的。这两本书被收入这一时期三联书店的"闲趣坊"中。这套书中讲吃的书，还有车辐的《川菜杂谈》，范用的《文人饮食谈》，夏晓虹、杨早编的《酒人酒事》，陈平原、凌云岚编的《茶人茶话》，余斌的《南京味道》，季剑青编的《北平味儿》。以后又出过逯耀东的《肚大能容：中国饮食文化散记》和《寒夜客来：中国饮食文化散记之二》（三联书店，2013年）。

另一位名门之后赵珩也写过3本相当好的美食书，《老饕漫笔》（三联书店，2001年）、《老饕续笔》（三联书店，2011年），以及《老饕三笔》（三联书店，2023年）。

台湾人蔡澜是著名的"吃货"，他关于美食的著作很多，可惜我只读过他的《蔡澜旅行食记》（青岛出版社，2016年）。另一位台湾大"吃货"是唐鲁孙，他的关于美食的书编为11册的《唐鲁孙作品集》，包括《中国吃》《南北看》《天下味》《故园情》《老古董》《大杂烩》《酸甜苦辣咸》《什锦拼盘》《老乡亲》《说东道西》《唐鲁孙谈吃》（广西师范大学出版社，2013年）。唐先生是满洲的"八大贵族"，镶红旗人。他是他塔拉氏之后人，母亲为河南巡抚、河道总督、闽浙总督李鹤年之女，懂吃而会吃。他的书从历史到现实，纵谈吃及相关的历史名人趣闻，内容极为丰富，太好看了。台湾文化名人高阳、逯耀东、夏久瑜，大陆名人赵珩，都极为赞赏他及这套书。书虽多，但他写得有趣，读起来兴趣盎然，并不觉得长。

崔岱远先生可称当代"吃货"。他也常在电视上讲吃。他的《京味儿食足》（三联书店，2012年）和我在《书海拾贝》中有较详细介绍的《一面一世界》（商务印书馆，2017年），也极好。

还有两本值得推荐的"吃货"书，一本是肃慎的《御厨秘笈》（浙江大学出版社，2011年），写从商代到清代的宫廷美食，介绍了许多食物及相关的历史故事，让你从"吃"的方面去了解历史，集吃与史于一体，好玩得很。另一本是二毛先生的《民国吃家》（上海人民出版社，2014年），写民国名人袁世凯、胡适、鲁迅、谭延闿、张大千、于右任、张学良、王世襄、梅兰芳、郁达夫、张爱玲、蒋介石等的饮食。

著名美籍华人、考古学家张光直主编，余英时、薛爱华、牟复礼、史景迁等著名学者撰写的《中国文化中的饮食》（广西师范大学出版社，2023年）介绍了从先秦到近现代中国饮食的沿革史，内容精辟，值得一读。王仁湘的《饮食与中国文化》（人民出版社，1993年），尽管出版得早，也是一本严肃地论述中国饮食与文化美食的好书。

香港著名医生陈存仁的食疗食补全书《津津有味谭·食疗卷》《津津有味谭·荤食卷》《津津有味谭·素食卷》（广西师范大学出版社，2006年），从中医角度讲食疗食补，写得别具一格。美食不仅可以享受，还有养生之作用。

关于吃的书太多了。有些我读过也觉得很好，但原书已找不到，无法介绍了。如扶霞的《川菜》，还有一本似乎叫《民国太太的厨房》。我读过的关于美食的书九牛一毛，这里把一些自己喜欢的推荐给大家。这类书大家可以找到更多，尤其在这个网络发达的时代。

享受生活

国宴中有政治

《菜单中的秘密》

老百姓对大人物吃什么很好奇，但想象力总会受贫穷的限制。"文革"时我在黑龙江林区接受"再教育"。有一次我们上山伐木，正好那时陈永贵来视察，大家就发挥想象力讨论省里如何接待。最后的结论是"猪肉炖粉条，可劲造"，想象的上限就是大家日思夜想的"猪肉炖粉条"。有人提出，如果外国总统来了，吃什么？"猪肉炖粉条"显然不能普遍适用了。"吃什么"大家也没想出来。这件事令我记忆深刻是因为我感到，第一，百姓对国宴吃什么十分好奇，想知道大人物如何生活；第二，直至今日大家对国宴毫无概念，也想不出来，如今设想也就是鸡鸭鱼肉，生猛海鲜，乌龟王八而已。

我们没机会参加国宴，那就看一本有关法国国宴的书吧。日本《每日新闻》社派驻德黑兰、巴黎、罗马的记者西川惠女士1986—1993年一直在巴黎，专门报道爱丽舍宫的新闻。她亲眼见过、参加过法国的国宴，回来后写了一本《菜单中的秘密》(三联书店，2014 年)。

前言《光看菜单，就让人甘拜下风》中指出了全书的中心："十八、十九世纪法国美食家布里亚·萨瓦朗的说法，'餐桌上，看得到政治的精髓'。"这就是说，"主人邀请来的客人亲不亲密，重要不重要，理所当然地会反映在菜单里。同时，客人的政治地位、所属社会阶层，以至于贵贱等级，都必须在菜单决定之前就调查清楚。"一句话，国宴不是吃饭，而是政治。全书正是围绕这一点展开的。这本书不仅写了法国的美食和美酒，而且反映了法国与各国的政治关系。当时我在扉页上写的"读后感"是"极好的一本书"。我对日本人的著作不大关注，但这本是我所阅日本著作中可以称为"极好"的书。

全书共分 12 章。我不想按章介绍，先抓住全书的中心来看它的主题：国宴与政治。

在第一章《两位美国总统》中重点介绍了法国总统密特朗对布什总统和克林顿总统国宴上不同的菜酒安排所反映的对这两位总统的不同政治态度。1993 年 1 月 20 日即将卸任的布什总统在访问莫斯科之后途经法国回国。这并不是一次正式的国事访问，但在记者招待会上尽显美法两国和两位总统之友谊。会后布什原来是要直接去机场的，但密特朗总统坚持要他无论如何留下来用餐。宴会一改晚上 8∶30 开始的惯例提前开始。宴会在爱丽舍宫一楼"肖像厅"举行，只有十二三人。餐点共 5 道，酒 4 种。他们都是海鲜爱好者，第一道前菜就是"牡蛎大海交响曲"；主菜兰德地方阉鸡，佐以猪肉血肠，两者配合，口味绝佳。佐餐的酒是著名酒乡金丘附近阿罗斯·科尔登村的科尔登·查理曼。这是路易·拉图厂出的特级品，是少数附有保证书的名酒。阉鸡这道菜配的是白马酒庄的红酒。这种酒在波尔多地区知名度并不高，但它是只有内行人才懂得欣赏的酒。而在招待其他西方各国元首时餐宴一般选用拉图酒庄或拉菲-罗斯柴尔德酒庄这种高级又知名度高的酒。这次餐宴的慎重还可以从香槟的选用看出来，是克鲁格酒厂出品的。一般的餐会中不会有这种酒，只有最重要的宾客出席才用。这次宴会布什并没有要求国宾待遇，只是以私人身份参加，但看看菜单，餐宴搭配前菜和主菜的葡萄酒都是最高级的，香槟又是最知名的克鲁格酒厂出品。"这样的派头，即便在爱丽舍宫也算是不得了的。"而且密特朗一开始就向负责菜单的执行长和主厨提出自己的设想，并做出决定。这份菜单传递的信息是，密特朗和布什之间建立了深厚信赖的关系，因此，密特朗希望办一场"打心底感到温暖的送别宴会"。他们两人从1981年相遇相知。1989年布什任总统以来，美法两国的关系以两位总统个人的交情为主轴，形成战后最具信赖感的结合。一次晚宴的菜与酒包含的是两位总统和两国之间的深情厚谊，这不正是政治吗？

1994年6月7日，克林顿夫妇访问法国。招待会在爱丽舍宫的宴会厅"庆典厅"举行，参加的有250人左右，还包括了美国人熟知的女演员和香颂歌手。当时也是5道菜点和4款酒。与主菜"鹌鹑焖松露"搭配的是波尔多地区拉克鲁斯酒庄红酒。这也是一项深思熟虑过的设计。拉克鲁斯酒庄的酒也是相当好的酒，但没有等级。在招待西方盟主的国家级晚宴上，选用一个没有等级的酒，实在令人纳闷儿。而且此前搭配前菜的酒还是勃艮第区的特级品蒙哈榭酒。美国克林顿总统第一次访法，拿一款没有等级的酒来招待，这在爱丽舍宫里也是非比寻常的。而且密特朗知道克林顿总统还是品酒高手，选用此酒的用意还在于测试克林顿能否品尝出这种无等级之酒，有点儿"挖苦年轻总统"。再看菜单的选择，主厨向密特朗提出A、B、C三个方案。从A到C越来越显豪华。这种豪华不在于味道，而在于稀有高级食材的使用程度。密特朗最后选用了中级的B，而不是最高的C。菜单和没有名气的拉克鲁斯酒庄的酒结合起来，"就能明显看出密特朗总统对克林顿总统的评价了"。克林顿在上任一年五个月后才访法，与布什总统相比，不免给人一种疏远欧洲的印象。这两次宴会相比，"显示出美法关系已变质，两国总统之间的私人友谊也淡薄而无缘"。尤其选用无名的拉克鲁斯酒庄的红酒也许是在暗示："要成为一个称得上是西方世界领袖的政治家，你还太嫩了一点儿，要当个与特级红酒相称的领导者，你还不够格。一向爱挖苦人的密特朗总统会有这样的小动作，实在不令人意外。"

1994年9月9日，中国国家主席江泽民以国宾身份正式访问法国。从1989年6月后，中法两国关系恶化。这次访问是让纠结已久的两国关系正常化的一大契机。当晚宴会在"庆典厅"举行，宾客230人，中方120人。菜单中在5道菜之外加了一道"杰米尼奶蛋鸡汤"。对这种破例，主厨说"中国人讲究吃，食量又大，所以总统希望增加一道汤"。从1965年就任职爱丽舍宫的主厨也说，"记忆中，菜单从来没出现过像这一次的形式"。这次菜单的搭配偏重肉类，而且前菜的鹅肝与搭配主菜的腰子沙拉，都是以内脏为主的菜肴。这可以与中国菜中常有的内脏药膳联想在一起，一定是想以中国饮食文化作为主轴，刻意传达出"法国是这么烹饪内脏"的意识。鹅肝酱搭配的是伊甘酒庄甜白葡萄酒。其在分级制中属于索甸·巴萨克地区公定标准中的一级特级。这是美食家公认的完美组合。餐点是考量了中国人的食欲及嗜好后设计的，酒则基于菜肴的味道慎重选配。从中可以知道，法国多么重视对江泽民主席的款待。这次访问不但是两国互动的起点，同时也表明法国对江泽民主席亲自访法的最高赞誉。一次宴会有这么多政治含义，绝非吃饭而已。

举行国宴的爱丽舍宫是法国总统官邸，那里并不大，三层建筑仅有1.1万平方米，前庭与中庭合计有3万平方米。爱丽舍宫于1718年开始用两年才建成，它原名为戴佛尔宫，以初建馆的贵族名字命名，后由路易十五的情人蓬巴杜夫人买下。蓬巴杜夫人死前将其送给路易十五，成为国家财产。1848年二月革命后那里成为总统官邸。爱丽舍宫的餐宴，菜单都包括前菜、主菜、搭配好的生菜沙拉（有时也会用温菜）、乳酪、甜点等，总共不过5种，饮料包括两种葡萄酒及香槟。作者介绍了1882年6月儒勒·格雷维总统（任期1879—1887年）主办的晚会餐点的菜单；1896年10月，菲利·福尔总统（任期1895—1899年）欢迎以国宾身份访问的俄罗斯沙皇尼古拉二世的餐点、酒与香槟；1938年7月，英国国王乔治六世来访，阿尔贝·勒布伦总统安排的"最后的豪华晚餐"。二战后爱丽舍宫的餐桌有如脱胎换骨。法兰西第四共和国第二任总统勒内·科蒂（任期1954—1958年）招待外交使团的晚宴菜肴共8道，酒5种。戴高乐（任期1959—1969年）时定下用餐时间55分钟。蓬皮杜总统（任期1969—1974年）是美食家，由总统决定餐宴菜色的习惯由他开始。德斯坦总统（任期1974—1981年）是超级精英，夫人出身于有名的贵族世家，对时尚流行特别敏感，喜欢大场面，餐桌上有各种表演。密特朗总统（任期1981—1995年）也是美食家，且喜欢日本料理。以后的希拉克也如此。这就是爱丽舍宫中的宴会史。

在爱丽舍宫，例行仪式由仪典课负责，负责人为仪典长，他还兼任外交部的仪典长。爱丽舍宫的飨宴菜单显然由总统决定，但备选方案由执行长设计。执行长由具备海军杂役长经验的人担任。在仪典课决定餐宴的时间后，执行长就召集主厨和选酒师开会。主厨设计具体的餐点，有3套，再由选酒师搭配合适的酒。最后由总统审核。与其他国家相比，爱丽舍宫的菜单简单。厨房在爱丽舍宫的地下室。从1985年开始，爱丽舍宫重视对各个产地生产的、种类多样的酒进行长期性购入收藏。选购酒的标准是便宜而品质优良，但不买打折与拍卖的酒。爱丽舍宫中有大量餐具，共有碗盘等瓷器餐具6 000个，水晶玻璃餐具7 000只，餐刀、餐叉以及汤匙约1万把，都相当名贵。它也成为许多"雅贼"偷盗的对象。

这本书还介绍了几次重要的宴请，包括1992年招待英国女王伊丽莎白二世；1988年11月招待查尔斯王子夫妇，同年5月招待撒切尔夫人，对撒切尔夫人的重视程度高于查尔斯王子夫妇，我们从酒就可以看出来；1994年10月招待日本平成天皇夫妇，1994年10月招待日本首相羽田孜。在总统外出访问时，主厨及厨师要随行，准备总统餐饮，还要准备答谢宴会工作。1995年5月7日，希拉克当选总统。密特朗总统为纪念二战结束50年而招待美、英、德、俄各国代表。这是密特朗的最后一次飨宴。希拉克总统与德国总理科尔的宴会开启了崭新的德法关系。

全书内容丰富，实际是以宴会为主线写了各国关系。爱丽舍宫内的运作，可以让人了解战后法国与许多国家的关系演变，以及法国总统的生活、个性。其间对法国美食、美酒的介绍也令人神往。我们无法亲临现场，但通过读这本书我们仿佛也处于现场。我将这本书评为"极好"并不过分。

关于从古到今人类吃饭与宴会的历史，可以阅读英国考古学者马丁·琼斯的《饭局的起源：我们为什么喜欢分享食物》（三联书店，2019年）。关于历史上的宴会，还可以读英国艺术家尼科拉·弗莱彻的《查理曼大帝的桌布：一部开胃的宴会史》(三联书店，2016年)，其中还有一章介绍"中国宴会：一种古老的饮食文化"。外国人介绍中国历史上的宴会，虽然内容简单了一点儿，但也很有趣。英国食品作家和历史学家比·威尔逊的《第一口：饮食习惯的真相》(三联书店，2019年)不是关于宴会的，但是关于饮食的，也值得一读。

带书去旅行
《旅行与读书》及其他

先读介绍旅游目的地的书，再去旅游，或者带一本介绍旅游目的地的书，边游边读，比不读书而游，收获要大得多。我第一次去北欧，除了教条式的北欧旅游指南之类的书，没读什么北欧游记。游完后只觉得北欧堪称人间天堂。我读了英国记者迈克尔·布斯的《北欧，冰与火之地的寻真之旅》（三联书店，2016年）之后，又去了一次北欧，认识就深刻多了。我去希腊时带了一本《希腊：庙宇、陵墓和珍宝》（后面会介绍），对照书看古希腊遗迹，就对古希腊文明有了更多理解。同样是旅游，读书与不读书大不一样。

我退休之后，除了讲课、写书、译书，就以读书和旅游为主要休闲方式。我去了60多个国家与地区，去了南极和北极，也读了不少相关的书，感到"夕阳无限好"。我的许多朋友也极爱旅游，希望我能推荐一些有助于他们游得更好的书，于是就有了本书中这一篇介绍旅游书的文章。本书的体例是以介绍一本书为主，再加简单的延伸阅读。这篇文章亦介绍了一本书，但只是个"由头"，重点在"延伸阅读"，因此副标题就是一本书"及其他"。

这篇文章主要介绍的是台湾著名文人詹宏志的《旅行与读书》（中信出版社，2016年）。詹宏志先生从事传媒30多年，25岁就出任报社总编，创办了《计算机家庭》《数字时代》等40余种杂志，策划编辑超过千本书刊。在台湾新电影的推动中，他参与起草了《台湾电影宣言》，策划和监制了多部台湾电影史上的经典影片，还曾担任"滚石唱片"和"波丽佳音"总经理，为著名歌手罗大佑等策划唱片。他还是计算机家庭出版集团与城邦出版集团的创办人，目前运营着台湾最大的门户网站和网购平台。詹宏志先生对台湾的社会趋势极为敏感，善于将文化转换为商业，在许多领域总能开创新局面，引领台湾新文化走向。他还是一位闻名的读书狂人，家中有藏书4万册，每年买两千本书，每小时阅读10万字，出版10余部畅销著作，在台湾文化界影响巨大。他读书如此之多，又爱到世界各地旅游，所写的游记与没读什么书的人完全不同。他的游记把读书与旅游结合在一起，无论是游还是思，都使我们另有一番感受。他的《旅行与读书》正是这样一本书。

这本书前面有3篇序言。第一篇是詹朴写的，我猜测这位是他在序文中说的年轻人，他儿子。第二篇是梁文道写的，相当重要。第三篇是作者的自序。读全书前先读读这些序文对理解全书极有帮助，尤其是梁文道的，有画龙点睛之作用。

正文的游记共包括10篇。第一篇《旅行与读书》写参照一本过时的旅游指南在瑞士少女峰遭遇的困难。第二篇《吟诵奥玛·开俨的地毯商人》写在印度由于卖地毯者吟诵奥玛·开俨的诗而高价买

读书的三重境界　　282

下一条并不值那么多钱的地毯。第三篇《在印度厨房里》写被旅行社诓骗最后却皆大欢喜的厨房体验。第四篇《长草丛中的死亡》写在非洲南部博茨瓦纳观赏动物又充满生命历险的"萨伐旅"。第五篇《爆炸后的天堂》记录在恐怖爆炸之后去巴厘岛旅游时旅人的心境。第六篇《冰海中的独木舟》记述在阿拉斯加划独木舟的惊险之旅。第七篇《京都觅食记》写在京都的寻找美食之旅。第八篇《复兴振兴酒店》还是写美食之旅,不过是在东京大地震之后。第九篇《小野二郎的寿司旋律》还是写东京,还是写美食,不过去的是小野二郎的寿司店。第十篇《两个羊头》写在伊斯坦布尔品尝两个不同做法的羊头的美味。詹宏志的这些旅游杂记写得极好,围绕一个内容展开,风趣幽默,把一些不幸之事也写得极为快乐。他去的这些地方,我都去过,但都没有他那样的体会与快乐。我想,读了这本书再去游一次,肯定会有不同的感受。

不同的人会去不同的地方旅游,因此,我还要介绍更广泛的对你旅游会有帮助的书。首先是一般性、综合性的书。

对旅游最有帮助的首先是美国时代生活公司授权出版、戴尔·布朗主编的"失落的文明"(华夏出版社,广西人民出版社,2002年)。这套书共24册,包括:《辉煌、瑰丽的玛雅》《波斯人:帝国的主人》《古印度:神秘的土地》《罗马:帝国荣耀的回声》《希腊:庙宇、陵墓和珍宝》《拉美西斯二世:尼罗河上的辉煌》《圣地:耶路撒冷》《北欧海盗:来自北方的入侵者》《东南亚:重新找回的历史》《埃及:法老的领地》《伊特鲁里亚人:意大利一支热爱生活的民族》《凯尔特人:铁器时代的欧洲人》《非洲:辉煌的历史遗产》《安第斯之谜:寻找黄金国》《早期欧洲:凝固在巨石中的神秘》《古代中国:尘封的王朝》《安纳托利亚:文化繁盛之地》《美索不达米亚：强有力的国王》《印加人：黄金和荣耀的主人》《北美洲：筑丘人和崖居者》《苏美尔：伊甸园的城市》《庞贝：倏然消失了的城市》《灿烂而血腥的阿兹特克文明》《爱琴海：沿岸的奇异王国》。

这套书既是对全球早期历史、文明的介绍，也是极佳的旅游导游。全书图文并茂，印刷精美，到一个地方时带上相关的书，旅游起来定会极为有趣。我到各地时总带一本介绍目的地的书，如去埃及就带了《埃及：法老的领地》和《拉美西斯二世：尼罗河上的辉煌》，边游边读，比听导游介绍强许多倍，深感不虚此行，不虚读这些书。这套书出版很多年了，不太好找。我曾建议一些出版社重印此书，均未果。

另一套是三联书店最近出的"古都穿越指南"，共6册，都是英国学者写的，包括《古雅典穿越指南》《古埃及穿越指南》《古罗马穿越指南》《苏丹伊斯坦布尔穿越指南》《莎士比亚伦敦穿越指南》《文艺复兴佛罗伦萨穿越指南》。这套书不是历史文明介绍，完全是为旅游者作为指南用的，但又与各种旅游指南或网上的导游不同，融各种旅游内容为一体。以《古罗马穿越指南》为例，内容包括：抵达罗马、罗马近郊、衣食住行、社交活动、购物消费、法律秩序、娱乐消遣、宗教信仰、名胜攻略、罗马漫步及地图。"衣食住行"等不是讲今天的，不是给你介绍食宿，而是介绍古罗马人的衣食住行的。其他各书写法、编法大体相近。每本书也是图文并茂，印制精美，都在15万字左右，约160页，精装，非常便于读者外出旅游时带在包中，随时拿出来读。这套书出版不久，旅游前买一本相关的很方便。

另外，还有两本介绍旅游的书也是三联书店出的。一本是香港的考古学家、中文大学教授高云山的《从迦太基到迈锡尼：世界文

读书的三重境界　　284

化遗产旅行笔记》(三联书店，2018年)。这本书介绍的都是联合国世界文化遗产。作者对史前考古、农业起源、史前自然环境变化、文化遗产管理和博物馆学都有深入研究，又极爱旅游。所以这本书可以说是专家对我们旅游之地的介绍，并非那些严肃的专家学术式说教，而是通俗、有趣又精准的介绍。

美国的《国家地理》是我们熟悉的在旅游、地理人文介绍上名冠全球的杂志。由马克·詹金斯编著的《有待探险的世界：美国〈国家地理〉杂志经典游记及探险美文精选》(三联书店，2008年)正是这本杂志上旅游、探险文章的精选。作者对旅游和探险经历各种各样的记述都让我们眼界大开。也许我们没机会去这些地方，但读读这些游记也是旅游的一种补充。

旅游中去博物馆自然是一项重要的内容，在此推荐介绍世界各地博物馆的"艺术平台系列"(广西师范大学出版社，2002年)。这套书由鲁仲连主编，各册撰稿人不同，都为国内学者，共包括7册：《贵族之后：英国、西班牙博物馆之旅》《交会的空间：日本博物馆之旅》《理性的光芒：德国、尼德兰、北欧博物馆之旅》《自由的张力：美国博物馆之旅》《在艺术中呼吸：意大利博物馆之旅》《浪漫主义的先声：法国博物馆之旅》《在拜占庭精神的沐浴中：俄罗斯、匈牙利、捷克、奥地利、瑞士博物馆之旅》。这套书所涉及的内容相当全面，但简略，对每个博物馆的"镇馆之宝"或精品都有简单介绍，甚至对一些博物馆的地址、门票价格、开放日期、相关的音乐厅等都有简略说明。这是一本方便的旅游指南，尽管有些内容可能已经过时，如门票价格、开放日期，但主体内容介绍不会过时，旅游前查一查很方便，比网上的信息要详细，也更有用一点儿。这本书也是图文并茂，印制相当精美。可惜这套书没有介绍中国博物馆的专册，除了欧美，也没有其他地区的，连埃及、土耳其著名的博物馆也没有，不能称为全球的。

各博物馆都有介绍自己的书或画册，这些书或画册都相当好，且印制精美。游完买一本，回来再细看，其味无穷。我去每一个博物馆必买一册。最近读到的介绍博物馆的书是北京大学美学与美育研究中心编、叶朗和顾春芳主编的《博物馆寻美》（译林出版社，2023年），介绍了国外11家著名博物馆，简要而全面。

我还想介绍的旅游类书是各种不同的人写的游记，读这些书有利于我们了解旅游目的地的历史、风土、人情及相关的各种故事，增加我们的知识，从而游得更好。国外这类游记甚多，我介绍的是国人写的。

金维一先生是资深媒体人、高级记者、作家，他写的两本游记：《带着偏见上路》（中信出版社，2014年）和《阳光穿越地中海》（三联书店，2022年），我都极为喜欢。据说他还有另一本书，可惜我上网技能太差，没有找到，也没读，甚为遗憾。《带着偏见上路》是他游历那些曾经和现存的社会主义国家后的记述。这种游历使他认识到，"你以为曾经了解的都是真的，未曾抵达的都是美的。而真相，不仅需要亲历，更需要时间。那些曾经和现存的社会主义国家，发生过什么，掩藏了什么，留下了什么……不如带着偏见，上路去"。他游历了苏联、波兰、匈牙利、捷克、斯洛伐克、民主德国、保加利亚、罗马尼亚、阿尔巴尼亚、朝鲜、越南、柬埔寨，在迈阿密遥想对面的古巴，最后在墨西哥感叹托洛茨基之死。这些地方大家并不常去，回忆一下当年和现实也相当有趣。《阳光穿越地中海》记录了他的地中海沿岸国家之游，包括埃及、希腊、意大利、以色列和巴勒斯坦、约旦、土耳其、西班牙等。这些地方在人类文明史上都曾辉煌一时。作者在游记中介绍了当地的历史、人文及各种知识，如果你要去这些地方，读这本书肯定会获益不小。

我喜欢的另一个作家是毕淑敏。她晚年到处旅游，出版了许多优秀的旅游著作。我读到的她的第一本旅游著作是《非洲三万里》（湖南文艺出版社，2016年）。她从北到南的非洲旅游激起我沿着她的路线重走一次的愿望。可惜这个愿望至今是梦。她的《美洲小宇宙》（湖南文艺出版社，2017年）是写中南美之行的，我就是读了这本书后去中美洲的。最近一本《巴尔干的铜钥匙》（湖南文艺出版社，2020年）我以为是介绍巴尔干的，买了，也读了。其实主要内容并不是巴尔干之游，内容较杂，我有点儿失望。

还有一本是蒲实的《穿越亚欧》（三联书店，2022年），他所游之地有俄罗斯、中亚、伊朗、德国、摩洛哥，内容相当可读。

最后介绍一本外国人写的，即挪威记者埃丽卡·法特兰的《中亚行纪》（河南文艺出版社，2022年）。这本书是中亚五个"斯坦"，土库曼斯坦、哈萨克斯坦、塔吉克斯坦、吉尔吉斯斯坦、乌兹别克斯坦的游记。我们对这些国家了解不多，去旅游的也不多。不能去游玩，读读书也是有益的。

我想介绍的书太多了，就此打住。把读书与旅游结合在一起是人生中一件最快乐的事。愿朋友们不要放弃这种快乐。

品茶是一门生活艺术

《茶有真香》

渴了，拿起茶水大口地喝，古人称为"驴饮"，全然体会不到茶之妙。与几个朋友在一起，静坐下来，用小杯品尝，才能体会出茶的"色、香、味"。

品茶有多讲究？先看看《红楼梦》中第41回。《贾宝玉品茶栊翠庵 刘姥姥醉卧怡红院》写妙玉请宝钗、黛玉饮茶，宝玉也跟来了。妙玉拿出两只杯，一个旁边有一耳，杯上镌着"㼆瓟斝"三个隶字，后一行小真字，是"王恺珍玩"，又有"宋元丰五年四月眉山苏轼见于秘府"一行小字。妙玉斟了一斝递与宝钗。那一只形似钵而小，也有垂珠篆字，镌着"点犀䀉"。妙玉斟了一䀉与黛玉。宝玉也要喝，妙玉遂又寻出一只九曲十环一百二十节蟠虬整雕竹根的一个大头盏出来，宝玉要用这大盏，妙玉说："你虽吃的了，也没有这些茶你糟蹋。岂不知一杯为品，二杯即是解渴的蠢物，三杯便是饮驴了。"妙玉只斟了约有一杯,宝玉觉得清淳无比,赏赞不绝。妙玉又说沏茶的水是"五年前我在玄墓蟠香寺住着,收的梅花上的雪,统共得了那一鬼脸青的花瓮一瓮,总舍不得吃,埋在地下,今年夏天才开了。""隔年蠲的雨水,那有这样清淳?如何晓得!"品茶如此讲究,我等俗人都不敢碰茶了。

现代人没有妙玉的这么多讲究,但品茶也是一门生活的艺术,要学会这门艺术就应该读王恺的《茶有真香》(中信出版社,2023年)。

作者王恺先生,原来是《三联生活周刊》资深主笔,爱茶,去了许多地方,访茶、访茶友。这本书正是在此基础上写成的。这本书作为品茶的入门读物,共分六章,作者称为六个部分。

第一章《茶史》讲中国饮茶的历史。茶起源于中国。神农之说当然只是传说,但在战国时代已有四川饮茶的记载。三国魏晋时代,江南地区种茶的多了,文人士大夫有了饮茶的习惯。唐以后饮茶才普遍起来。唐人陆羽的《茶经》是第一部关于饮茶的专著。这也说明唐时饮茶风气形成。唐以前是草味羹饮时期,茶更多作为药,唐以后才是精致饮茶时期。饮茶之风盛行还是在宋代,有宋徽宗《大观茶论》、蔡襄的《茶录》这样的饮茶名著,《清明上河图》中也有民间茶室。制瓷业的发达也促使各种茶具出现。明代茶道复兴,今天我们的饮茶、沏茶方式来自明。清代延续了明的饮茶方式,但在茶具上不用茶碗,用青花杯或白瓷杯,紫砂壶成了主要泡茶工具;福建工夫茶的出现引起小紫砂壶流行。到了近现代,流行的已是"驴饮",品茶之风随咖啡、红酒进入和文人阶层的衰落而衰落了。讲新中国成立前地下党抗日、反蒋活动的谍战剧中,地下党与上级派来的人接头都是在咖啡室,而非茶室。我们从妙玉请宝钗、黛玉

享受生活

饮茶可以看出，品茶的茶具是十分重要的。明以前饮茶方法是把茶制作成固体的茶饼，饮时要碾碎再煮，自然要有相关的茶具。明以后茶以现在的散茶为主，不用碾碎，直接冲泡，茶具也以沏茶的壶和饮茶的杯为主。当然茶具用材不同，精美程度差别甚大。不同时代的茶具现在博物馆都有。

第二章《茶之味》介绍各种茶叶之味。中国茶以香为根本，对茶香的追求成为对茶品质的追求。这种香来自天然，绝不靠添加剂。茶之香与茶树品种、气候和土壤相关，但鲜叶中挥发性的芳香物质，含量不到0.02%，且成分复杂。这就需要在加工过程中发生复杂的转化，形成新的香气成分。这是茶之香的基础。鲜叶之香和加工好的茶叶之香是完全不同的。各地不同的茶叶和加工就形成不同的香味。中国的六大茶类由于加工方法不同，形成不同的香气系统。绿茶的香是香气高扬，来自高温杀青带来的有效物质固定。红茶的香来自加工中发酵阶段居多。乌龙茶是香气冠军，香清而味道醇厚，主要是做工复杂，兼有红绿茶初制工艺特点。武夷岩茶是以品香为主体。

从妙玉请宝钗、黛玉品茶中还可以看出水之重要。像妙玉那样取梅花上雪融化之水，恐怕只是个例，但用水之讲究并非儿戏。冯梦龙《警世通言》中"王安石三难苏学士"讲王安石要苏东坡为他取瞿塘中峡之水。苏东坡不懂三峡中各峡水之不同，随便取一峡之水。王安石沏茶，味不对。王安石说，用三峡水烹阳羡茶，上峡味浓，下峡味淡，中峡浓淡之间。今见茶色半晌方见，故知是下峡。这个故事是挖苦苏东坡的，但可见水之重要。古人烹茶都用不同的泉水，大有讲究。1984年我第一次去杭州，喝了用虎跑泉水沏的龙井，味道至今难忘。

在介绍各种茶时，作者介绍了梧州六堡茶的黑茶之雅香；黄山太平猴魁的兰香不绝于缕；徽州祁门红茶的祁门香；武夷山岩茶的特色，岩茶山场、做工和品饮的复杂是其特色的来源。云南的茶叶世界知名。作者初去云南茶山，见识了古树普洱的丰厚滋味。再去云南茶山，在西双版纳南糯山知道了山头茶一山一味，一树一品。作者对普洱熟茶未来的开发价值充满了希望。

第三章《人与茶》介绍一些品茶名人。这些人不少是港台的文化人，类似于历史上懂茶，也懂品茶的文人雅士。第一个是香港乐茶轩的主人叶荣枝。他经历过许多茶事繁华，但这些都如春风过耳，在他身上没留下什么印迹。他是一个朴素的茶人，关心的是茶，包括那些已被冷落的茶。他收藏了许多当代紫砂壶，但不为名物所累。他常去寻茶，专访了皖西茶，即黄大茶与六安瓜片，也发现了老普洱的误区。"红印""宋聘号"都是他所爱，他也寻找新茶，传承了茶道。第二个是何作如，他用老方法做老茶，可以拿出几十万或上百万的普洱老茶来招待客人。他对茶一丝不苟。他用德国电热陶瓷炉——加热快而稳定。杯子是民国的粉彩人物杯。巨大的茶筐里放着各式老茶。他泡茶时一丝不苟，能喝出老茶的味道。第三位是何健，他的茶具从价值连城到寻常器皿。但他对紫砂壶溢价很不喜欢，认为茶与利益无关。他是很早就接触普洱茶的台湾人，但他不玩虚物，不玩表象，以品茶为中心。第四位是台湾女茶人李曙韵。她的茶号名为"晚香"，开在北京的国子监街上。她重视喝茶之茶器，她学茶的第一步就是尝试用不同的器具泡各种茶。她用日本朱漆碗泡武夷山岩茶，成为推广碗泡的第一人。她不反对用玻璃壶和杯泡茶。她喜欢夏天用银壶，冬天用砂铫煮水，也重视茶席的器物，对各种茶器皿的摆放空间颇有讲究。

第四章《茶器》讲各种品茶的器皿。中国茶器首推紫砂壶。故宫收藏紫砂器物从明代开始，直至明中期饮茶用紫砂壶才得到普及。从清雍正时代开始，紫砂器物升华，素胎紫砂壶进入宫廷，还有珐琅彩紫砂壶与精美的紫砂茶叶罐。乾隆时代紫砂器和茶具有了更大发展。日本的古代茶具基本存放于私人美术馆和博物馆中，这些茶具反映了日本茶道的发展轨迹，包括被称为国宝的天目碗以及曜变天目。日本茶器的流变中充满了无尽禅意，乐烧就是这样，抹茶道还有波斯风格的传承。中国的紫砂在日本变异为常滑烧和万古烧。新一代的陶瓷家以安藤雅信为代表。朝日烧是仿宜兴朱泥小壶的日本化器具。现代人饮茶具有混搭风格。韩国的茶器表现出朴素的自信，茶器随性而至，茶器的自然体现了茶的精神。

第五章《茶室与茶会》介绍了一些有名的茶室与茶友的茶会。品茶，环境极其重要。台湾的解致璋女士把一座普通公寓的四楼作为自己的"清香斋"，营造了一个"园林"概念的茶室。她认为，室外园林中的茶舍可以达到让客人在画中游的最高境界，在山水中泡出一壶好茶。她的作品"二号院"就有山水意境。点心席是茶席的进一步拓展。周渝先生把自己的茶室"紫藤庐"称为"无何有之乡"，这就不仅仅是茶室了。他在这里钻研茶，尝试过古代标准的抹茶制作，也在茶叶中追寻人与自然的关系。台湾的林炳辉先生是食养山房的主人。食养山房隐藏在自然山水中，丝毫不起眼，将自然风光显露出来。食养在于茶意，在这里喝茶别具一格。台北茶室体现出多元意趣，但这些茶室的院落、植物、布局、茶器具，都透露出浓郁的中国气息。"永和宅"和小慢的茶室是家里的茶空间。画廊里也有茶空间，年轻人有街边茶室，还有让人回到明人茶寮的茶室。在日本，大大小小的茶室都体现出日本茶道"和敬清寂"的气息，如经典茶室不审庵的庭园，天然清静的寺院里的茶室，具有奇思异想的隈研吾的公开茶室。

第六章《茶道之旅》介绍茶道。茶道从日本开始。日本的茶道基本分为抹茶道和煎茶道。抹茶道来自中国宋代，但并不等同于宋代饮茶方式。高山寺的茶园有宋茶道之影，建仁寺的茶道禅茶一味，表千家收敛而里千家开放，"一期一会"的老松茶店别具特色，小巷深处的武者小路千家不同凡响。煎茶道来自明朝，但已日本化。小川流的煎茶道雅致，茶为九滴，松月流是两杯。黄檗寺在煎茶道历史上有重要作用。茶中真味来自茶叶老店一保堂。韩国的茶道实际是茶礼，即极有礼貌地对待茶客。它不仅是表面的东西，韩国真正的茶道的精神正在每个仪式的背后。韩国品茶用大壶与大盏，寺院茶制与茶道颇为精致，拟古茶道平淡而近自然。中国台湾的茶道集文化与美学于一身。台湾茶道源头是潮汕工夫茶和日本茶道，并寻找中国茶道的内涵，形成自己的体系。

外国人对茶也不陌生，荷兰学者乔治·范·德瑞姆的《茶：一片树叶的传说与历史：从史前到现在的茶史》（社会科学文献出版社，2023年）对茶的介绍极为全面，包括原始茶的起源，茶在中国、日本和朝鲜的传播，茶叶的东西方相遇、荷兰资本主义与茶的全球化，英国人与茶的相遇，中英茶叶贸易的矛盾，世界茶产品及特色茶餐，对茶的化学分析与茶园打理，等等。这本书内容极为丰富，达134万多字，插图精美，尽管定价368元，也是物有所值。这本书可以作为茶的百科全书，读者找自己有用的、有兴趣的读。

上海文艺出版社许钟荣策划，吴梅东主编的"艺术与生活丛书"中有一本《与雷诺阿共进下午茶》（上海文艺出版社，1999年），介绍欧洲各国的下午茶，也相当有趣，且既有茶的知识又有雷诺阿的

享受生活

画，品茶赏画，一乐也。英国茶叶专家罗伊·莫克塞姆的《茶：嗜好、开拓与帝国》（三联书店，2015年）中心放在茶叶从使中国人就范到在印度等地广泛种植。美国学者梅维恒和瑞典学者郝也麟的《茶的真实历史》（三联书店，2021年）是写茶在世界各地的传播的。中国人写中国茶的还有关剑平的《茶与中国文化》（人民出版社，2001年），虽然学术味浓，但内容相当全面，值得一看。

也许你会觉得，读了这些书都不敢饮茶了，咱们的喝茶方式不就是"驴饮"吗？千万别这样想。读了这些书还可以按自己的习惯饮茶，无非可以增加点儿品茶的知识，方便时也可以改进自己的饮茶方式，更有文化一点儿。

品酒先读书
《世界葡萄酒地图》

20世纪90年代我在康奈尔大学进修时,饭店管理系有一门课是"品酒",教你如何选择与品尝红酒。这门课每次上课都有要讲解的酒,让你边饮边听讲解,故收费25美元。这门课可以先试听两次,然后交钱上课。我去听了第一次,有关红酒的词语太多了,根本听不下来,于是我退堂了。在上课时认识的一位台湾朋友一直听到最后。他说,这门课太好了,以前喝其酒而不知其味,以后可以明白地喝酒了,喝酒时还可以"吹吹"自己的见解。我问他,你不觉得听着难吗?他告诉我,第一次听下来,也觉得难,去请教了老师。老师让他先看一本《世界葡萄酒地图》。他边读这本书,边上课,就容易多了。看来,我们没有条件去上这类"品酒"课,读读这本书也可以欣赏红酒了。这本书就是英国葡萄酒大师休·约翰逊和杰西斯·罗宾逊的《世界葡萄酒地图》(中信出版社,2021年)。这本书最早在1971年出版。如今这个中文版是2021年的第八版，称为"全新修订，50周年珍藏版"。

品酒与品茶还不一样。茶水的基本功能还在于解渴，不懂茶，也可以满足这种基本需求。而且你总会有一两种自己喜欢的茶，喝多了，也能体会出这些茶之美味。品茶是一种文化活动，只有少数有钱、有闲的文化人喜好。不进入这个层次，也可以爱茶。但酒不同，如果你不是像武二郎这样的英雄好汉一样，喝酒只求一醉为快，先懂一点儿酒的文化、知识，品起来才有味。所以品酒之前先要读一点儿书。入门的书就读这本《世界葡萄酒地图》最好。

这本书分两部分，第一部分导言虽然占的篇幅并不大，在全书416页中仅占49页，10%略多一点儿，但所介绍的有关葡萄酒的基本知识，是红酒入门所必备的，一定要认真读。另一部分介绍各国、各地区所产葡萄酒的特点，不一定全读，可按自己的兴趣和需要去选读，当辞典用。比如你想喝一款智利产的葡萄酒，就可以找"南美洲"部分"智利"条，先看看介绍，再去选酒、品酒。我们重点介绍导言这一部分。

葡萄酒的历史悠久。最早的证据是在高加索地区发现的公元前7000年陶器碎片上的化学残迹。埃及的法老有葡萄园，甚至酿出过葡萄酒。黎巴嫩"迦南美地"的葡萄酒为他们所爱。我们认识的葡萄酒源于腓尼基人和希腊人。古希腊诗歌里有许多对葡萄酒的赞颂和描写。希腊诸神中还有酒神。希腊语中"symposium"现在既有专题座谈等学术交流的含义，又有古希腊宴会后的交际酒会的含义。其实当时人们并不一定是谈道论学，而是豪饮畅谈。古希腊人大规模种植酿酒葡萄。古罗马人更是如此，酿酒葡萄的种植遍及罗马帝国。中世纪修道院不断扩大，教会成了葡萄园的最大拥有者。正是在教会和修道院的稳固架构下，与葡萄酒有关的工具、用语和技术才得以系统而长久地确立，也因此而形成了葡萄酒的多种风俗，出现了至今我们相当熟悉的葡萄品种。当年葡萄酒和羊毛是两大奢侈品，从事其贸易可大发其财。直至17世纪初，葡萄酒是唯一安全、卫生、可储存的饮品。今天被视为经典的大部分葡萄酒是在17世纪后半期才发展起来的，这与玻璃酒瓶的发明相关。第一家注重品质的波尔多酒庄是侯伯王。18世纪，勃艮第的葡萄酒也有了质的改变。葡萄酒贸易蓬勃发展，许多国家的经济由葡萄酒支撑。

葡萄酒就是发酵的葡萄汁。其他水果也可以酿酒，但只有用葡萄这样含有理想的糖浓度和酸度的水果才能酿制成可长久贮藏且口味复杂的饮料。酿制葡萄酒的关键在于发酵。酵母可以有效地消耗糖，并将糖转化为酒精，使葡萄汁的甜度降低且烈性提升，同时释放出二氧化碳气体。如果葡萄汁中所有的糖分被转化为酒精，这样酿成的葡萄酒被称为"干型"的。如果酵母无法将过熟的葡萄中的高糖分全部转化成酒精，就得到了含有残糖的甜葡萄酒。去皮后葡萄果肉都偏灰，刚发完酵的葡萄酒较为浑浊，呈现淡黄色，悬浮的浑浊物最终沉淀下来，就成了白葡萄酒。酿制红葡萄酒时，红葡萄深色果皮是色素的来源，因此在酿造的整个过程中，果汁与果皮始终同在发酵容器中。葡萄皮中包含具有抗氧化性的单宁。酿造起泡酒时，需要在密闭的容器中进行二次发酵，发酵产生的二氧化碳气体无法逃逸。密闭容器是经典的香槟酿造所采用的酒瓶。无法释放的二氧化碳在容器中被溶于酒液，开瓶时就会有大量气泡喷出。波特酒、马德拉酒和一些烈性的雪莉酒被归为"加强酒"。这些葡萄酒中加入了高酒精度的葡萄烈酒，酒精度提高。

葡萄酒的质量、风味取决于酿造工艺，更取决于葡萄。同一种葡萄可以酿制成不同的葡萄酒，同一种葡萄酒由于所用葡萄的年份不同而有相当大的差别。因此想了解葡萄酒还要了解葡萄树。葡萄树能耐受更干燥的气候和更贫瘠的土壤。葡萄树一般在第三年开始结果。葡萄树要进行修剪。它的寿命与在哪里种、如何生产及品种有关，一般在25~30年就要拔除。老葡萄树的葡萄酿成的酒价格会高，酒标上可以标出"老藤"。多少年能称为"老藤"也因品种而不同。葡萄的品种很多，这本书介绍了主要的18种。葡萄树能否结出好果实，酿出好酒，取决于气温、日照、降水、温度及风等气候因素，葡萄树在一些特定的中纬度产区表现极佳。不同年份气候条件不同，酿出的酒也不同，所以选酒时不仅要选产区和品牌，还要选年份。就土壤而言，肥沃、水源充分的土壤上，葡萄树会枝繁叶茂，过多的叶子遮蔽果实，果实不成熟，酒就有生青味。当然，没有水源的土地上，果实也长不好。因此要对土壤进行分析、管理。葡萄树也有根瘤蚜虫病的侵害。葡萄园的选址已成为一门重要而精确的科学。土壤或葡萄园的方方面面都需要经过详细甚至细微的分析。过去几十年间，通过精准栽培技术和新式的整形引枝法，葡萄树的树冠管理有相当大进步。有机和生物动力种植法被广泛使用。

葡萄酒的酿造首先是采摘葡萄，在采摘前几个星期，酿酒师必须监控葡萄的糖分、酸度、健康状况、外观和风味，决定采摘日期时还要参考气象预报。采摘时间由酿酒师和工人共同决定。葡萄运到酒厂后要进行降温处理。对白葡萄酒酿造师来说，还要防止氧化。进酒厂后要轻柔压榨。在榨汁阶段要隔绝空气，榨汁后进行澄清。酿酒师要决定如何发酵，人工培育酵母菌的选择对葡萄酒的香气有重要影响。红酒精确的发酵温度对酒的类型和风格影响极大。为了从葡萄皮中萃取出单宁、香气和颜色，在发酵期间，必须让葡萄皮和葡萄汁尽量混合在一起。在发酵阶段酿酒师要决定加酸还是去酸，是否加糖，有时还要决定是否增加葡萄浆的浓度。最后是过滤和装瓶。葡萄酒在橡木桶中发酵让酒质感更柔和，香气更深邃。橡木桶的大小和新旧程度影响酒中的香气。氧气会破坏葡萄酒，因此软木瓶封极为重要。瓶封用生长多年的软木橡树上极厚的树皮冲压而成。现在也有由塑胶合成的瓶封。玻璃塞、人工合成塞都是常用的替代品。有些葡萄酒随储存时间增加而更佳，但并不一定都如此，有些时间短反而好喝。

酒标应包括原产地（地区和村庄）、更精确的产地（葡萄园）、葡萄品种、风格、年份和生产商。标有"人工采收"和"限量款"的葡萄酒现在更受欢迎。品尝葡萄酒要观色、闻香、再入口，享用葡萄酒要先醒酒，开瓶也有技巧。好葡萄酒的价格一直在上涨。20世纪90年代英国工人工作4小时可以买一瓶波尔多最好的葡萄酒，到2017年要工作20小时以上，或花周工资的一半。

这本书主要部分是介绍法国、意大利、西班牙、葡萄牙、德国及其他欧洲国家，以及北美洲、南美洲、大洋洲、南非及亚洲的各种葡萄酒，相当全面。

我们以对葡萄酒大国法国的介绍来说明这本书的特点。法国是世界上葡萄酒出产最多和最丰富优质的国家。这里葡萄酒的品质分为，法定产区葡萄酒，这是品质最好的；地区保护餐酒；以及普通葡萄酒或称法国葡萄酒。然后介绍了52个地区的酒。以勃艮第为例，勃艮第是美食天堂，也是世界上历史最悠久的葡萄酒产区之一。勃艮第整体的葡萄园面积并不大，但包括了几个独特、卓越的葡萄酒产区，其中最重要的是金丘，霞多丽和黑皮诺的原产地。接着又特别介绍了金丘。这里的白葡萄酒和红葡萄酒价格不菲，仍受世界追捧。作者介绍了这里的风土、气候和主要葡萄品种，让我们对这里的优质葡萄酒有一个大概的认知。

这本书不仅介绍了我们熟知的一些老产区，而且对近年来流行的美国加州、澳大利亚、南非、智利的酒也有介绍。尤其对中国的介绍虽然不长，但抓住了重点。作者注意到20世纪80年代中国改革开放后葡萄酒生产和消费的巨大发展，以及各产区的酒，甚至还注意到1997年香港投资人在山西太谷建的怡园酒庄，酿造出了一些中国最出色的葡萄酒，包括一款起泡酒和中国第一款艾格尼科。中国许多人眼睛还盯着法国或意大利葡萄酒，或者更时髦的智利或南非酒，没有关注到小小太谷的怡园酒庄。

这本书信息量极大，可以说一册在手，全球葡萄酒都有。爱酒之人不可不读。

还有一本列入"艺术与生活丛书"的《与凡·高共品葡萄酒》，简单一点儿，但内容也丰富，可以作为大家饮红酒时"急用先学""临阵磨刀"的入门简易读物。日本学者山本博的《葡萄酒的世界史》（商务印书馆，2023年）围绕历史写葡萄酒，也相当有趣。学者丁学良先生是一个"大酒徒"。他从国内到国外寻找好酒，所写的《酒中的文明》（北京大学出版社，2023年）的内容虽然不全是葡萄酒知识，但是其中关于他个人的饮酒经历也值得爱酒人一读。

边读边品咖啡

《世界咖啡地图》

我爱看谍战剧。在这类电视剧中，地下党在抗日与解放战争期间，相互接头或与上级派来的交通员接头时，往往选择咖啡店作为接头地点。桌上放一张当天的某报或其他标志物，对方看到就互对暗号。接上头后就传达上级指示或要完成的任务，然后各自离去。我对这种场面颇有兴趣，也向朋友们讲到。有一次一位朋友告诉我，咱们也来一个地下党接头吧！所选的咖啡店人不多，也便于撤退，颇符合地下党的选择。坐下后，他要为我点一杯蓝山咖啡，我说太贵了，点一杯哥伦比亚咖啡吧，以咱们的水平也尝不出两者的差别。于是各点一杯，又要了两个杯子，每个人各种都尝一点儿，看看有什么差别。我们品尝后并没感到有什么差别。

回来以后，我思考，两种咖啡价格差距这么大，为什么味道差不多。于是请教了一位在牙买加种过咖啡也经营咖啡的朋友。他告诉我，店里所卖的蓝山咖啡应该不能算假冒，但它只是生长在蓝山地区的咖啡，并非真正有名的"蓝山咖啡"。我问他差别何在，他告诉我，真正的蓝山咖啡必须是生长在海拔900~1 500米的蓝山地区，产量并不高。在海拔450~900米种的咖啡被称为"Jamaica High Mountain"，在此以下则被称为"Jamaica Supreme"或"Jamaica Low Mountain"，都是广义的蓝山咖啡，或蓝山地区的咖啡。说来也不算造假，但这种蓝山地区咖啡与真正的蓝山咖啡是不同的。他说我喝的恐怕是广义的蓝山咖啡，而非咖啡中的极品蓝山咖啡。我问他，他怎么知道这些知识。他推荐我去读英国咖啡大师詹姆斯·霍夫曼的《世界咖啡地图》（中信出版社，2016年）。现在我把这本书推荐给各位爱喝咖啡的朋友，从这本书中学会品咖啡，且不上当。

这本书共包括3章。咖啡产业是一个非常庞大的行业，咖啡生产国有1.25亿人以咖啡为生，而咖啡的消费者遍及全球。在中国，过去是少数留过洋的富人和地下工作者喝咖啡，如今中产阶级和年轻人中喝咖啡的越来越多。遍地的星巴克和大大小小的咖啡店生意兴隆正是明证。咖啡产业可以粗略分为两个截然不同的领域：商业咖啡和精品咖啡。我想星巴克之类应该消费的是商业咖啡，咖啡店，尤其上档次的咖啡店，比如我与朋友去的那一家，应该消费的是精品咖啡。这本书专注于介绍精品咖啡。

咖啡原产于北非的埃塞俄比亚。据传说是，牧羊人见羊吃了咖啡豆之后极为兴奋，于是就尝试着喝，以后一传十，十传百就普及开了。

第一章《认识咖啡》是介绍咖啡的一些基本常识。先认识咖啡树。最主要的咖啡树是种植在几十个咖啡生产国的阿拉比卡，其次是罗布斯塔，此外已鉴定出来的咖啡树种有129个。尽管罗布斯塔的咖啡不如阿拉比卡，但它对生产环境要求不严苛，成本低许多，成为许多商业咖啡，如意式浓缩咖啡和速溶咖啡的主力，已占全球咖啡市场近40%。基因研究证明，罗布斯塔是阿拉比卡的双亲之一。在苏丹南部，罗布斯塔与另一种咖啡树尤珍诺底斯交叉授粉，产生了全新的阿拉比卡，到埃塞俄比亚后繁衍。因此，埃塞俄比亚被认为是咖啡起源地。由于目前种植的咖啡树缺乏基因多元性，科学家已开始注意其他咖啡树种。我们以阿拉比卡来认识咖啡树。阿拉比卡有许多不同的品类，果实有不同的产量和颜色，有不同的品味特质，也有不同口感。它的育苗需要6~12个月，至少需要3年才能结果。主要降雨期生长9个月才可以采收。咖啡的果实含糖量越高，质量越好。人工栽植的咖啡树源于埃塞俄比亚，称为帝比卡品种，至今仍广泛种植，此外还有波旁等13个品种。在咖啡果实达到最佳成熟度时采摘最好，采收阶段是影响咖啡质量的关键阶段。用机械采收成本低，但会降低质量。人工采集一种是速剥采收法，另一种是手摘采收法。采摘后筛选果实，可以用水洗法把未成熟与过熟的除去。

生豆精制处理对咖啡的风味有很大影响。咖啡浆果采收后会送到湿处理厂进行从剥皮到晒干等程序，才可储存。最古老的处理是日晒处理法、干燥前的水洗处理法或混合式处理法。离开湿处理厂后，要让咖啡豆"静置"30~60天。咖啡豆在出售时才会脱壳。脱壳程序是在干处理厂用脱壳机去除内果皮，然后分级、装袋、运输、交易。咖啡交易模式颇受一些道德组织关注，被认为是富国在剥削穷国。其实从这种交易中赚大钱的仅仅是少数人。咖啡生豆以美元为报价单位，磅[①]为重量单位，C型咖啡豆的价格是商业咖啡在纽约证券交易所的

---

① 1磅约为453.59克。——编者注

交易价格。这是最低的基本价格。这种价格并不反映生产成本，因此按此价格交易，种咖啡者可能亏损。对此的对策是公平交易运动，以及有机交易组织、雨林联盟这类咖啡可持续发展的认证架构。精品咖啡产业在交易时有一些交易条件新名词，如合作伙伴关系咖啡、直接贸易、公正买卖模式等，也有拍卖会咖啡。

第二章《从生豆到一杯咖啡的旅程》介绍如何泡制我们平常所喝的咖啡。在咖啡产业里，烘焙是关键环节。咖啡生豆毫无风味可言，烘焙使它成为芳香而又复杂的咖啡熟豆，喝起来非常美味。不同的咖啡烘焙商有各自的风格、美学理念或烘焙哲学。浅焙或深焙，快炒或慢炒，会有不同风味。烘焙过程中，决定风味的酸味、甜味和苦味必须控制得当。烘焙分为5个阶段：去除水分、转黄、第一爆、风味发展阶段与第二爆，风味完全发展。烘焙的咖啡有糖分、酸成分与芳香化合物。烘焙完之后要冷却咖啡豆。咖啡烘焙机有鼓式/滚筒式烘豆机、浮风床式烘豆机、切线式烘豆机和球式离心力烘豆机。

采购时注意浓郁度指标、来源可追溯性和产地履历、新鲜度、老化作用。保存时让咖啡"静置"，包装有未密封精致包装袋、密封铝箔包装袋和充气式密封铝箔包装袋。对专业品尝家来说，品尝的要点是甜味、酸味、口感、均衡度和风味。在家品鉴咖啡可以选购两款非常不同的咖啡豆，购买两个小号法式滤压壶，让咖啡汁液稍冷却，开始交互品尝两杯咖啡，不用担心到底喝到了哪些味道。结束时比较一下你记录的文字与包装袋上烘焙商描述的风味。这样会提高你品鉴咖啡的能力。咖啡的研磨越细越好。家用研磨机包括螺旋桨式刀片研磨机和磨盘式磨豆机。冲煮用的水至关重要。水的硬度（碳酸钙含量）极为重要，理想的水只含有少量硬度，还要注意矿物质含量。理想的水的气味、色泽、总含氮量、180℃的水中总固体含量、硬度、总碱含量、酸碱值与钠含量都有一定指标。如果你住在水质中度偏软的地区，只需加上滤水器，住在水质偏硬的地区就要买瓶装水。

从咖啡豆变为一杯咖啡关键是冲煮过程。这一过程中，浓郁度要控制好，可以根据个人爱好加牛奶、鲜奶油或糖。在使用法式滤压壶冲煮时，先称重研磨；用适合冲泡咖啡、低矿物质含量的新鲜水，将其煮沸；把研磨好的咖啡粉倒入壶中；加入正确分量的热水；咖啡粉与水浸泡4分钟；搅散咖啡粉；捞除表面泡沫并丢弃；继续等5分钟；放入金属活塞但不压下；缓缓地透过金属滤网将咖啡液倒入杯中；让咖啡冷却然后享用。可以用手冲或滤泡式冲煮咖啡，也可以用电动式滤泡咖啡机、爱乐压、炉上式摩卡壶或虹吸式咖啡壶。意式浓缩咖啡有自己独特的泡制方法，并可与制作的蒸奶相结合。意式浓缩咖啡有各种专用设备。许多花式饮品都以意式浓缩咖啡为基底，如我们熟悉的卡布其诺、拿铁咖啡、美式淡咖啡等。在家烘焙咖啡可以用家用烘豆机、热风式烘豆机、鼓式烘豆机。

第三章《咖啡产地》分别对各国和地区重要咖啡产区的采收过程、咖啡风味特征、产销履历进行说明，包括非洲、亚洲和美洲的29个国家与地区的咖啡产区。在非洲，埃塞俄比亚是咖啡原产地，但在中部和东部有大量咖啡种植，来自肯尼亚、布隆迪、马拉维、卢旺达、坦桑尼亚和赞比亚的咖啡豆都有稳定的外销市场和自己的特色。亚洲咖啡的种植文化由神话和历史塑造而成。传说中也门的朝圣者将罗布斯塔咖啡偷运进印度。历史上16世纪荷兰东印度公司开始把印度咖啡豆大量外销，现在亚洲的咖啡，包括印度、印度尼西亚、巴布亚新几内亚、越南和也门的咖啡在世界上已经举足轻重。美洲是全球咖啡豆最大的供应区，但出口的咖啡豆在质量与种类上有极大差别。巴西咖啡豆产量占全球 1/3，但市场对小农户所产的稀有品种有浓厚兴趣，如巴拿马的瑰夏品种。美洲生态观光、农耕可持续发展以及共同合作社等的发展，也改变了美洲整体的咖啡采收与种植状况。

这本书对各国的介绍虽然简单，但可以让我们了解这个国家咖啡业的基本概况。以书中对世界上最大咖啡生产国巴西的介绍为例。巴西稳坐全球咖啡生产国龙头已超过 150 年。1727 年咖啡从法属圭亚那进入葡萄牙统治下的巴西。商业种植开始于里约热内卢附近的 Paraiba 河。巴西的商业咖啡农场规模极大，以奴隶劳动为主。1820—1830 年，咖啡生产蓬勃发展，控制咖啡生产的商人富可敌国，被称为"咖啡大王"。1840 年巴西咖啡产量已占全球的 40%。1850 年禁奴之后，巴西咖啡产业转向依赖外国移民。19 世纪 80 年代到 20 世纪 30 年代，咖啡产业再度兴起。20 世纪 20 年代，巴西生产的咖啡豆已占全球咖啡豆的 80%。二战中，为了稳定咖啡价格，各国同意采取咖啡配额制度，1962 年 42 个咖啡生产国成立国际咖啡协会。巴西的咖啡生产也有过波动。现在巴西是全球最先进也最依赖工业化咖啡生产的国家，但它重产量，质量并不高。巴西国内消费量已赶上美国。巴西的咖啡树是罗布斯塔。好的巴西咖啡低酸度、醇厚而口感甜美，有巧克力与坚果的气息。书中还介绍了 13 个产区的情况。当然，书中对各国的介绍并不是一个模式，其根据各国的情况而定。但读了这个介绍，大家都可以有个大致的了解。

另一本与咖啡相关的书是"艺术与生活丛书"中的《与毕加索喝咖啡》（上海文艺出版社，1999 年）。同"丛书"中的其他书一样，其介绍简明扼要，有自己的特色，也颇好读。

健身从跑步开始

《跑步大历史》

有一年，我去同济大学为一个 EMBA 班讲课。同学们要求把课移动到扬州去上，理由是他们有一半同学要参加"扬州国际马拉松比赛"。他们之中有跑全马的，有跑半马的，还有跑 10 公里的。我发现这些要参加比赛的学生个个身体矫健，心情愉悦，性格开朗，是真正有活力的中青年人。准备比赛时，他们白天用半天准备，剩下半天和晚上用来上课，每个人都状态极好。

看到他们，我想到自己。我上小学时每天要推着铁环从家走到学校。上中学时每天有固定不变的一小时早锻炼。没有其他器械，也就是跑步。上大学后，下午的活动时间也以跑步为主。"文革"时我还从北京步行到井冈山。走路与跑步成为我现在 80 岁了仍能读书、写书、译书、外出旅游的原因之一。跑步的确是健身最好的方法。我认识的许多朋友都从事高尔夫等运动，同时也都坚持每天跑一段时间，他们个个健康。为了进一步引起大家对跑步的兴趣,我推荐一本挪威作家、民俗学和文化史学家托尔·戈塔斯的《跑步大历史》(三联书店,2022年)。

人类学家认为,是跑步让猿变成了人类。跑步是人类的一种原始特征。5 000多年前,在美索不达米亚地区,世界上第一批城市出现了。在人类已知的最古老的统治机构中,信使跑手扮演着重要角色,他们在王国各地传送官方文件,获得橄榄油、啤酒,甚至土地等报酬。当时,跑步与宗教节日相关。古埃及人的日常活动就包括跑步,速度快的跑手能成为相当于士兵的信使跑手。跑步还拉开了希腊地中海文化发展的序幕。奥林匹克运动会始于一场纪念宙斯的短跑比赛。跑步是最古老的希腊运动项目之一,妇女也为向赫拉致敬而跑步。在希腊,跑步不仅具有象征意义和运动功能,而且在日常生活中,各种跑步技巧也有用武之地。受过教育的古罗马人都明白,跑步和走路都有助于减脂塑形,能让人充满活力。罗马人是第一个开始对长距离赛跑进行计时的民族。罗马皇帝会通过举办运动会来纪念诸神和英雄人物,各种庆典和运动会都把跑步纳入其中。在有学问的犹太学者中,跑步的地位已得到了认可。中国神话中的夸父逐日就是跑步的故事。跑步与军事相关。在印度有人象赛跑。西藏的僧人也跑步。日本神山比睿山上的僧人为了化身成佛而奔跑。古爱尔兰泰尔特运动会中有跑步。维京人跑步甚至比马快。苏格兰人自古有跑步的传统。意大利有跑步节。在16—17世纪的欧洲,包括跑步在内的大众体育属于一种娱乐文化。这说明自古以来,跑步就成为一种实用又富有竞争性的运动。

17世纪后,随着赌跑的出现,以时间定胜负观念普及。计时还是现代体育的标准。女子"罩衫赛跑"起源于17世纪。19世纪裸跑习俗在英国消失。法国卢梭的《爱弥儿，或论教育》提出要重视儿童教育中的跑步。18世纪，德国慈善家协会办的学校重视体育教育，越野跑尤为重要。挪威的门森·恩斯特在14天之内跑完1 600英里[①]。英国巴克利的快走无人能比。在美洲印第安神话中，有许多关于跑步的传说。这些传说既神秘又神圣，不仅解释了万事万物的起源，还教会人类如何生存。神秘跑手是各个印第安部落的祖先。跑步对北美原住民的重要性几乎比世界上任何其他部落都大。他们没有马，没有车，只能跑。他们从小让孩子训练跑步。对美洲印第安人而言，跑步是日常生活中与生俱来的一部分，是他们必须掌握的求生技能。跑步不仅有用，还能为他们带来快乐。在欧洲，19世纪七八十年代一系列越来越难的赛跑项目应运而生，其中有六日赛跑。

19世纪下半叶，英国的发展对体育和竞技比赛产生了巨大影响。1896年法国人顾拜旦让奥林匹克运动会重生，现代奥林匹克运动会开始了，马拉松比赛成为竞赛项目。随着奥运会和有组织的国家田径锦标赛的发展，人们采用了全新的、更固定的比赛形式。19世纪末，英式越野长跑在各大洲出现。现代体育有一个根本特征，即跑道和赛场的距离是固定的，并经过了精确的测量，竞技赛跑的规则不断被规范。以米、码[②]为单位的距离测量和秒表计时是必不可少的。"更快、更高、更强"的奥林匹克精神推动了竞技体育以惊人的速度发展。随着跑步运动的发展，跑鞋也经历了特殊的改进，形成统一标准。1924年德国达斯勒兄弟创立了"达斯勒兄弟鞋厂"，以后鞋厂分为今天的彪马和阿迪达斯。英国有意识地通过体育活动向其他国家传播自己的风俗和文化，肯尼亚长跑运动员的成功就是例子。女

---

① 1英里≈1.609千米。——编者注
② 1码=0.914 4米。——编者注

子运动员也加入田径大家庭。1928年女子田径项目首次列入奥运会。20世纪前10年，跑步和田径赛跑成为许多国家的正规运动。芬兰运动员跑步出色，屡创佳绩，跑步成为芬兰人骨子里的东西。一战期间，日本的"驿传赛"和南非的"同志超级马拉松"是两个历史最悠久的传统超马赛事。墨西哥的超马赛事重塑了墨西哥民族。1928年美国商人派尔组织了从洛杉矶到纽约的横跨美国大赛。非洲裔美国人在田径比赛中的优异成绩，尤其是1936年的奥运会上，非洲裔美国人运动员杰西·欧文斯独得四块金牌打破了优生论，证明非洲裔美国人的运动天赋优于白人。

1939年，德国占领捷克斯洛伐克，但捷克斯洛伐克人在运动场上仍然可以享受自由与快乐。扎托佩克在这里练长跑，以后成为世界名人。他还是一个爱国者，他的祖国被苏联入侵时，他进行了抗议。苏联人在二战后全身心投入国际比赛中，他们的核心理念是重集体发展而忽视个人发展。他们把体育上的成绩优势作为社会主义领先于西方资本主义的证明。体育成了他们的宣传手段。人类在跑步中的潜能是无限的，1954年，英国人罗杰·班尼斯特突破了4分钟内跑完1英里的大关。20世纪60年代之后，非洲优秀的长跑运动员登上世界舞台。埃塞俄比亚的阿贝贝·比基拉、肯尼亚的尼安迪卡·麦约罗、基普乔格·凯诺都是优秀代表。

对更多的一般人来说，跑步不仅是可以观赏的体育比赛，还是他们可以参与的健身运动。20世纪70年代的慢跑革命正是基于这种认识而产生的。1960年奥运会上新西兰800米和5 000米两位金牌得主的教练阿瑟·利迪亚德指导病人采用跑步疗法，有明显成效。他的慢跑倡议风靡全球。1966年鲍尔曼和哈里斯推出慢跑宣传册，次年又推出《慢跑：一项适合所有年龄段的健身计划》，销售高达数百万册。在美国有许多人在推广慢跑，接着风潮席卷美国和欧洲。在各地推广慢跑的医生中，最有名的是肯尼思·库珀。人们发现了跑步的乐趣。《跑步者世界》成为美国跑步者心中最重要的杂志。在跑步 15~20 分钟后，人身体内会合成对人有益的内啡肽。1977 年，詹姆斯·菲克斯的《跑步全书》成为畅销书。随着慢跑的人数越来越多，慢跑者的平均年龄逐渐增加。标志着跑步热潮的还有各大城市纷纷举办市民的马拉松赛。1970 年首届纽约马拉松赛在中央公园举行。20 世纪 80 年代大城市马拉松赛成为一种潮流，甚至成为一门生意。跑步的爱好和商业的经营成功合二为一，这才使各地马拉松赛如此成功。女子也参与马拉松赛。女性的耐久力更强，但由于观念问题，直到 20 世纪，女子参加长跑的并不多。20 世纪 60 年代女子马拉松赛才有了小突破，但直至 20 世纪 70 年代，无论欧洲还是美国，女子长跑运动发展仍面临一些压力。20 世纪 80 年代后女子才可以正式参加与男子相同距离的长跑比赛。挪威的格蕾特·韦茨、英格丽德·克里斯蒂安森都是优秀的马拉松赛选手。后者几度创造从 5 000 米到马拉松赛的所有距离项目的各项世界纪录。

包括跑步在内的各项体育运动在现代社会也不可避免地与商业相结合，甚至出现了兴奋剂这些危害体育本身的歪风。长期以来，最优秀的跑步者都是人们心中的英雄，伟大的跑步者有众多崇拜者。新西兰的约翰·沃克、英国的塞巴斯蒂安·科和美国的卡尔·刘易斯都是神一般的偶像。他们名利双收，并成为众多广告代言人。20 世纪 80 年代，各大跑鞋厂成为体育活动的主要赞助商，慢跑热潮出现后，美国、欧洲和亚洲的制鞋业实现了真正的腾飞，耐克正是成功的典范。篮球明星迈克尔·乔丹对耐克的发展至关重要。但就跑步而言，耐克从史蒂夫·普雷方坦身上赚到的钱最多。体育明星的榜样和体育商业化推动了兴奋剂的产生。20世纪80年代科学家已证明血液兴奋剂的巨大作用。20世纪80年代末，促红细胞生成素被用作长距离比赛的兴奋剂。早在20世纪60年代末，合成代谢类固醇就在民主德国开始普及，以后在美国等国也出现。此类兴奋剂对女运动员更有效。20世纪70年代中长跑运动大规模服用兴奋剂。著名运动员本·约翰逊和玛拉安·琼斯都因兴奋剂丑闻而一败涂地。

各国长跑运动员的训练方式并不同。日本的教练中村清训练的濑古利彦有点禅的精神，绝对服从师傅，但濑古利彦在1984年奥运会上失败了。濑古利彦当教练后则继承了师傅的传统，但也适应时代做了调整，对学生更温和，希望给年轻人带去自己跑步生涯中没有的快乐。美国教练弗雷泽·哈迪则到肯尼亚的长跑部落寻找长跑天才，带回美国训练，他们的父母因此可以脱贫。20世纪90年代之后肯尼亚的女运动员也进入美国，她们的赚钱动机比男运动员还强。许多国家的教练也来肯尼亚，这使跑步成为当地年轻人的脱贫之法。

最后的总结是"一个人能跑多快？"。人类跑步速度的纪录为每小时45千米，不如许多动物。但人的耐力更强，在长跑比赛中，人可以战胜马。就短跑而言，基因很重要，但也有特定的文化因素。跑步成绩的提高与训练方法更先进、跑道的条件改善有关，正在接近人类极限。未来的世界纪录保持者也许会来自非洲。人类已奔跑了数千年，还会继续下去。猿人在开始直立奔跑的那一刻才成为人。这是不应该忘记的人的本能。我们只有跑才能防止身体或精神上的退化。

这本书内容十分丰富，讲了人类跑步史上的故事与名人。我希望大家读了这本书后会积极投入慢跑运动，像我在同济大学的EMBA学生一样健康、快乐，有精力享受人生的每一天。推荐这本书是让你爱上慢跑运动，从小跑到老，也从小健康到老。

吸烟与禁烟的历史
《烟火撩人》

我选这本书与我是老资格"烟民"有关。我称自己是"烟民"是因为我的抽烟"历史"长。我的吸烟"历史"可以追溯到1964年在湖北参加"四清"运动时。当时与我同住的一位老干部让我帮他整理资料，我犯困，他让我吸烟，回来后中断。"文革"时又吸，至今已近60年了，可称为"资深烟民"。但不敢称"烟枪"是因为自己吸的量一直不大，最多时每天不超过10支，再有人递上烟也不吸了。近年也就是每天4支。

关于要不要戒烟，我请教过两位高人。一位是我的老师，北京大学经济系著名教授陈岱孙先生。他一生吸烟，健康地活到97岁，无疾而终。他主张健康要靠"自由放任"，想做什么就做什么，不必为养生长寿而戒这个戒那个。你想什么，说明身体有这种需求，应该满足。想喝酒就喝点儿，想吸烟就吸点儿，想吃红烧肉也不必为养生而戒。当你习惯吸烟时，烟成为平衡你的一部分，戒烟打破了平衡，要形成新平衡就不容易了。无非什么爱好都不要过量而已。

另一位是我的一个学生兼朋友。他是哈佛医学院的博士。有一次我问他，吸烟是不是的确有百害而无一利。他告诉我，从生理的角度看，吸烟的确有百害而无一利。但人的健康更重要的是心理的健康和放松。每个人放松精神、心态的方式不一样。有人是听音乐，有人是读书，有人是品茶、品红酒或品咖啡，还有人是"蹦迪"，或跳广场舞。如果你的习惯是吸烟放松，繁忙的工作之后吸一支烟，无比舒心，这就没有必要戒。不过要吸好烟、少吸烟。当时我正在课间休息时吸烟。他说，像你这样，讲了两个小时课，吸支烟放松一下，不很好吗？

我一直没强制自己戒烟与他们的忠告相关，且一直身体健康，写书、外出旅游、抽点小烟，很开心。当然我不是把自己抽烟作为养生榜样。每个人的情况不同，抽烟、戒烟还要因人而异。不过现在一种可喜的现象是年轻人抽烟的越来越少，到处限制抽烟，每个烟盒上都让人们戒烟。这是一种社会进步的良好风气。

烟可以吸或不吸，但吸烟与禁烟的历史还是要了解一点儿的。为此我推荐法国学者迪迪埃·努里松的《烟火撩人》（三联书店，2013年）。

作者在前言中说："香烟这东西本是一件简单的物品，而一旦被点燃，被'吸入'，它就拥有了'生命'，它的存在也就变得更有价值。"对香烟的认识不能仅仅局限于它本身，还要考虑到它所具备的社会性和政治性。同时香烟也是文化的产物。基于这种认识，这本书集中在4点上。第一，它是一件再平凡不过的东西，但充满了神奇的魔力；第二，香烟由烟草衍生而来，却成为烟草的"代言人"；

第三，香烟外表娇俏可人，却暗藏"杀心"，带来致命伤害，让人为之疯狂，为之恐慌；第四，我们无法清晰地定义香烟。这本书基于以上4点，"深入调查，还原历史，探索香烟这个当今十分流行的消费品有着怎样的前世今生"。全书共分9章。

第一章《烟草的味道》讲烟草发现与进入欧洲的历史。1492年，西班牙水手与同伙在古巴发现了烟草。随后有许多著作介绍了当地土著吸食烟草的情况。欧洲人发现，印第安人吸食烟草的主要原因为，认为烟草有超自然的神奇魔力；可以消除饥饿感；具有表示身份等特殊象征意义。先是到美洲的欧洲殖民者养成吸食烟草的习惯，以后这种习惯传入欧洲本土，烟草成为大西洋两岸交易的主要物品之一。1519年，科尔特斯把烟草种子送给当时的西班牙国王，于是烟草开始在欧洲种植，最初当作装饰挂物或药，以后成为消费品。首支欧洲香烟起源于西班牙。当时烟草还由于宗教原因（不是健康原因）受到反对，但很快反对之声烟消云散。当时法国盛行吸鼻烟。抽烟风潮中还有更深层次的政治因素，即彻底抛弃封建贵族。我们从文学作品中可以看出，烟的魅力征服了整个法国社会。不同形式、不同种类的烟草在医疗方面得到广泛应用，有了烟熏疗法。

第二章《烟卷的诞生》写香烟诞生与普及的历史。在1851年的伦敦"世界博览会"上已出现了香烟的身影。更早一些时候，1845年伦敦一家卷烟店就把烟草包上纸做成烟卷。1847年英国菲利普·莫里斯烟草公司开始生产香烟。从19世纪开始，吸食烟草之风蔓延到全球。法国流行雪茄，1835年国内销售已达5 800万支。最初的香烟由吸烟者自己手工制造。从烟草到香烟主要归功于底层劳动人民的发明创造。为适应这种需要，在法国的佩皮尼昂出现了第一批专门卷烟的卷烟纸。工业化时代，香烟制造引入大规模生产。

在法国出现了首批工业化生产制造的香烟。到19世纪末，机械化推动了市场化。1831年火柴发明，不久之后瑞典人发明了安全火柴。这更推动了抽烟的普及。当时的文学作品中充满了对抽烟之风的描述。1909年香烟的消耗量是1870年的30倍。

第三章《香烟的持续发展》写香烟影响力与版图的不断扩大。最初是低调亮相，经历了飞速推广普及，之后进入消费稳定增长阶段。其持续发展的原因在于吸烟行为模式规范化。吸烟对别人，尤其是对女性的不尊重，引起人们斥责。于是形成了什么时候可以抽烟、如何抽烟的行为规范，有了烟斗、打火机等烟具，甚至出现了"吸烟装"。吸烟的人成为艺术界的"新宠"，战士们吸着烟上战场。广告又使香烟平添诱惑。第一个香烟品牌广告出现于1877年，以后各烟草公司都推出广告，并加大广告投入的预算。香烟还逐渐深入社会的人际关系中，尤其是两性的情爱关系中。

第四章《香烟业的从业者》写烟草业及香烟制造业的发展。烟草来自新大陆，18世纪中期，欧洲人从印第安人那里学到了烟草种植技术。美洲烟草种植在蛮荒之地，采用粗放式耕作，当时的黑奴买卖解决了劳动力问题。适于种烟草的土地全球很多。最早引入欧洲的是秘鲁的野生品种。烟草种植过程复杂，欧洲的农民付出了极大的耐心和精力。以后进入机械化种植阶段，也运用化肥和人工灌溉。加工香烟的工人以女工为主，因为她们的手灵巧。她们工作条件恶劣。在法国国家垄断烟草业的情况下，销售商成了国家公务员。20世纪初这种体制才被打破。

第五章《世纪末的社会毒害》写人们对烟草毒害的认识及反烟运动的开始。在19世纪上半叶，烟草迅速普及，反对吸烟的势力非常弱小。科学家和毒理学家仍探索烟草的毒性，率先拉响了警钟。

巴黎医学院的化学教授路易·尼克拉·福克兰在 1809 年提炼出"滴叶尼古拉那汁液",指出这种物质有剧毒。20 年后德国化学家 W. 波塞尔特和 L. 莱曼成功地从烟草中分离出来这种物质,称其为"尼古丁"。直到 19 世纪中叶,对烟草毒性的研究和调查才逐渐多起来,越来越多的毒理学家研究尼古丁的各种毒害。人们逐渐认识到烟草的毒害,有了"尼古丁中毒"或"烟碱中毒"的说法。19 世纪末,法国反烟人士已开始团结起来。法国"反对滥用烟草联盟"于 1868 年 7 月 11 日成立。禁烟风潮席卷全球。但轰轰烈烈的禁烟斗争在一战前失败。

第六章《"一战"及战后时期》写两次世界大战把香烟的发展推向新高峰。一战时法国烟草产品总产量增加了 50%。大众对烟草的需求超过酒类。1919 年法国香烟的销售达 98 亿支,还不包括 220 亿支手卷烟。尤其是女性也开始像男人一样抽烟,加入烟民队伍。烟草经营商还加大了广告攻势,尤其是利用烟盒和《烟草杂志》之类的刊物做广告。两次世界大战期间,国外香烟品牌进入法国。广告攻势也颇为壮观。香烟走私贸易也可以反映出它的普及程度和影响力。

第七章《"二战"及战后时期的蜕变》写这一时期法国烟草业的变化。法国香烟成为战争的受害者。法国人转向喜爱美国香烟。战后法国香烟业也在发展,但美国的黄金叶香烟借助于广告洪水般进入法国。女性既是推动男人抽烟者,又成了吸烟者。在电影里,香烟几乎无处不在。奥黛丽·赫本这样的名演员都与香烟为伍。赫本的抽烟姿态更迷人,这推动了抽烟,尤其是使年轻人走上吸烟之路。年轻人成为广告利益的关键。漫画也关注烟草。

第八章《反烟潮的崛起》写 20 世纪 60 年代之后法国和其他国

家的禁烟运动。早在19世纪初，已经有医生注意到吸烟导致病变的问题。20世纪30年代以来，一批学者认识到，抽烟时，在高温下，烟草热解后产生聚合作用，形成致癌物质，吸入后果严重，也把吸烟与肺支气管炎联系起来。1964年，华盛顿的公共卫生健康负责人、总医师路德·特里证明了长期吸烟行为与肺癌和冠心病之间的因果关系，这成为反烟运动的科学论据。吸烟者中出现的呼吸系统癌被称为"吸烟者之癌"。之后出现了吸烟病理学这个新学科。科学界给反烟运动提供了大量论据。为了对抗科学界对抽烟危害的指控，香烟制造商很早就生产"无害香烟"。美国人在20世纪50年代推出"过滤嘴香烟"。但人们仍在开展禁烟运动，采用了"科教幻灯片"的形式。从20世纪70年代起，大规模的反吸烟社会总动员运动拉开序幕。1952年英国采取禁烟措施，1954年美国开始行动，加拿大1964年加入。1967年，第一届世界烟草使用与健康问题大会在纽约召开。法国在1976年7月9日通过首个禁烟法令。各国都采取了禁烟行动，但烟草商以人权等名义反对禁烟，并通过广告反对禁烟，用各种手段对抗禁烟运动。到20世纪末，烟草消费逐年下降。

第九章《充满疑问的未来》是对未来的展望。禁烟能否成功仍充满了疑问与不确定性。反对禁烟者仍在顽抗。但出现了营造非吸烟社会的势力，21世纪出现了许多帮人戒烟的方法。禁烟着重于对个人，使人自愿成为非吸烟者。各种禁烟宣传教育风起云涌。这种教育有恐怖型教育，即用吸烟的恶果来警示吸烟者；绑架型教育，即让非吸烟者知道被动吸烟之害去迫使吸烟者不吸烟；以及自我说服型，即让吸烟者自己认识吸烟之害。这些活动起到了显著的作用，香烟是正在消逝的存在。

最后的结语《这不再仅仅是香烟问题》是对全书的总结。

这本书的作者是法国人，因此写了以法国为中心的吸烟与禁烟。无论有多少法国特色，这也是全球香烟的历史。

　　如果想了解更多关于人类对有害物品上瘾的心理、生理与历史分析，可以读美国学者戴维·考特莱特的《上瘾五百年：烟、酒、咖啡和鸦片的历史》（中信出版社，2014年）。推荐大家读这些书，我还是想让年青一代远离这些有害之物，不要成为我这样瘾不大的"烟民"。

回望中国的艺术

《大话中国艺术史》

我中学时看过香港电影《唐伯虎点秋香》，谁演的唐伯虎忘了，演秋香的是当年知名度极高的夏梦。这是个喜剧，唐伯虎的风流倜傥，秋香的美丽活泼，在我心中留下了极深的印象。后来又读了冯梦龙的《警世通言》中的第26卷《唐解元一笑姻缘》，知道了唐伯虎就是唐寅，"聪明盖地，学问包天；书画音乐，无有不通；词赋诗文，一挥便就。为人放浪不羁，有轻世傲物之志"。因此我年轻时颇以唐伯虎为人生楷模（以后看了"007"，楷模改为詹姆士·邦德）。

读了意公子的《大话中国艺术史》（海南出版社，2022年）才知道，虽然唐伯虎是历史上最知名的画家，如今他的真迹动不动几百万，甚至上千万，实际他的一生充满苦难。人死后久负盛名，作品价值连城，但生前如此悲惨，真不敢当楷模。

在《唐伯虎：真实的唐伯虎原来这么惨！》这一节中，作者介绍，唐伯虎并非出身书香门第、富贵人家。他的父亲仅仅是经营酒肆的小商人。唐伯虎聪明不假，16岁考取秀才，但24岁时他的父亲、母亲、妹妹、夫人相继而亡。他的确有才，与徐祯卿、祝枝山、文徵明并称"江南四大才子"。他24岁遭受劫难，就以酒肉麻痹自己，与酒肉朋友鬼混，不多的家产也所剩无几。在朋友祝枝山劝说下，他闭门读书，28岁中解元，也就是今天的江苏高考状元。他进京赶考进士时，由于与作弊买考题的徐经要好，卷入科场舞弊，于是被捕，释放后被判定永世不得为官。他回到家乡声名狼藉，妻子离婚，兄弟分家。由此唐伯虎开始游历四方，放浪形骸，卖画为生。苦难逼他走上艺术之路，正如苦难出诗人一样，苦难也出画家。他的诗书画三绝，而且绘画擅长人物、花鸟、山水。他画的人物以仕女为主，但他画的女人并没有那么开心，大概与他的经历和心境相关吧。作者认为，"他画女人的同时也是在画他自己……都是在孤独中等待"。他在45岁等来了咸鱼翻身的机会，前往宁王府当幕僚。当发现宁王要造反时，他装疯卖傻，才得以逃离。他住在朋友买的城外破房里，穷困潦倒，捡点桃花，画点小画，换酒钱。他在这时绘画成就达到了顶峰，《春山伴侣图》就"画出了对人生最美的期盼"。唐伯虎53岁而死。他一生都在现实和理想之间徘徊和挣扎，他内心的痛苦和对未来的期望都反映在画里。了解这一点是读懂唐伯虎画的关键。从艺术家的人生经历看他的作品，对每一个艺术家的每一件作品都适用。

　　我想在书外再补充一点，唐伯虎作画大多是为了生活，要按客户的要求画，少了几分艺术的自由。这与那些有钱有闲，以画表现自己内心世界，有充分"艺术自由"的画家不同。所以，他的画有市场。当年在苏州已有一条龙的作假作坊，唐寅的画就是作假的主要对象之一。后人把这些仿作称为"苏州片",至今也价值不菲,为此台北故宫博物院还专门办过"苏州片"的画展。与其商业化相关,唐伯虎也有不少相当精美的"春宫画",荷兰汉学家高罗佩研究了这些画。这本书不提这一点,大概是因为讲中国绘画的严肃著作都很少涉及"春宫画"这种题材。

我这么详细讲唐伯虎并不是有什么特殊用意,而是想让你了解《大话中国艺术史》的写作特点。我不认识意公子,但这应该是一个笔名或网名吧。从写作风格看,他应该是个相当有才华的90后年轻人。他写的这本书潇洒自如,让我们在轻松有趣的文字中对从古至今的中国艺术,尤其是画家和名画有一个粗浅的认识。对我们这样的普通人来说,这就够了。他的这种写作风格,适合年青一代的口味,连我这80老翁也经常翻阅。

这本书共9章,从陶器时代一直写到当代的齐白石、徐悲鸿、潘玉良。中国还没有发现西班牙、法国那样三四万年前的岩洞画。中国称得上原始艺术的还是陶器和玉器。陶器是实用的,但加上点儿画,哪怕是线条,也会更美。爱美、对美的追求是人的天性,这就产生了艺术。陶器上的绘画和造型就是当时人美学观的体现。不同地方的陶器形成不同的艺术风格,有彩陶、黑陶之分。玉器主要是用于祭祀的,体现了人对某物(如龙)以及神的崇拜。这已经进入精神生活了。人从烧制陶器中掌握的用火技术后来被用于铸造铜器。历史进入青铜时代。铜器既可以用来吃饭、打架、祭祀,也可以用来听音乐或者记载历史。当然在铜并不多的年代,无论作什么用的铜器都体现了王权,体现了礼仪礼节。商周的青铜器,尤其是三星堆的青铜器艺术水平之高至今令我们震撼。秦汉时代的雕塑首推秦陵兵马俑。工匠们塑、捏、堆、刻、划的手法已达相当高的水平。墓上的石雕，墓里的随葬品，碑上的石刻，长沙马王堆的T形帛画都是当年成熟的艺术佳品。

魏晋南北朝是一个兵荒马乱的动荡时代，也是一个专制弱化的时代。这个时代给了文人和艺术家更多的自由。这时有竹林七贤的潇洒，这是苦难中文人的自由。东晋的顾恺之、南朝宋的陆探微和南朝梁的张僧繇，为"南朝三杰"。还有北齐画家曹仲达。中国艺术史中说的"吴带当风，曹衣出水"中的"吴"是唐代的吴道子，"曹"就是曹仲达。书法上除了王羲之的《兰亭集序》，还有许多书法家及作品。从这时开始的敦煌艺术，无论是壁画还是雕塑，都成为难以逾越的艺术高峰。

隋唐是中国艺术的成熟期，就绘画而言，是人物画的鼎盛时期，无论历史题材、现实题材，还是宗教题材，都体现了"以形写神，形神兼备"的魏晋风格。当时也有了花鸟画与山水画，阎立本的《步辇图》呈现出大唐的盛世气象。书法艺术在唐代极为发达，张旭、怀素、李白、颜真卿等都有各自为后世称赞的特色。韩滉的《五牛图》中似乎牛都有人的性格和情感。唐三彩更是彩陶一绝，也有西域文明的元素。

五代及宋朝是中国艺术的黄金时代。人物画的范围扩大了，宗教神话、历史故事、文人生活都成了主题，更注重从生动的表情来表现人物性格和复杂的内心世界。这又是一个山水画和花鸟画的巅峰时代。山水画有青绿山水和水墨山水，顾闳中的《韩熙载夜宴图》、范宽的《溪山行旅图》、苏轼的书法《黄州寒食帖》、宋徽宗的花鸟画、王希孟的《千里江山图》、张择端的《清明上河图》，都是艺术精品中的精品，代表了这一时期艺术的高峰和多元化。

元代实际是蒙古族入主的时代。正因为有丰富的对外交流，艺术上出现了多元化的审美。青花瓷就与伊斯兰文化相关。文人避世于山林，有了山水画的休闲风格，元四家吴镇、黄公望、倪瓒、王蒙的文人画在山水中追求精神上的自由。宋赵的后人赵孟頫投靠了元人，为传统文人所不屑，然而赵孟頫是书画双绝的人。黄公望的《富春山居图》、倪瓒的《六君子图》都堪称顶峰之作。

明清是古典艺术的最后辉煌时期。明清艺术有创新，也有保守。这时社会生产力发达和分工细化，带动了艺术这个行业更加市井化和平民化，出现了民间艺术家和手工艺人，有了越来越多的平民生活画卷，如周臣的《流民图》。同时，肖像画兴起，还有版画。此外，由于明清的专制，出现了许多为皇帝服务的宫廷画家。明代把文人水墨风格推向高峰的是"吴门四家"：沈周、文徵明、唐寅和仇英。他们继承了元代文人画的传统，又发展出自己的特色。明中期的董其昌对后世影响极大。清代继承董其昌的是"四王吴恽"，即王时敏、王鉴、王翚、王原祁、吴历、恽寿平。"清初四僧"是石涛、朱耷、石溪、渐江。石涛、朱耷及"扬州八怪"是有革新精神的。"扬州八怪"是一个画派，不一定正好是8位画家，他们有强烈的个性，以及对传统的背离和反叛。在明代画家中徐渭经历不顺，用诗词和书画治疗破碎的心灵。他的画直抒胸臆。朱耷是八大山人，他对现实"翻白眼"。郑板桥的兰竹有愤世之慨，既有老年人的辛辣愤怒，又有孩子般的童趣真诚。宫廷画家郎世宁的画则是东西方画风的结合。

近代指鸦片战争后到民国结束。这一时期中国被迫开放，艺术家面临继承传统、改良传统，还是彻底革命的难题。这时传统的改革是"国画复兴"，有京津派、海派和岭南画派，还有不屑于这些派的大师。京津派有陈师曾、齐白石和李苦禅。海派有潘天寿、吴昌硕，岭南派为高剑父创立，有关山月等。此外还有黄宾虹、张大千、傅抱石、林风眠、潘玉良、李叔同、刘海粟、徐悲鸿等大师。他们不少人去日本或欧洲留过学，吸收了国外的画风。齐白石的画充满了人间的烟火气，他追寻天然之趣。他说"作画妙在似与不似之间，太似为媚俗，不似为欺世"。徐悲鸿留学法国，以画马出名。他的最厉害之处在于中西结合。潘玉良也留学法国。她的画是从附庸男性的审美走向女性主体意识的自我表达。

关于中国绘画还有许多值得一读的著作。蒋勋先生的《写给大家的中国美术史》（三联书店，1993年）也是介绍中国艺术的普及读物，知名度极高，写得也好。我曾在选这本书与那本中徘徊许久，最后由于我想《大话中国艺术史》可能年轻人更爱看，而选了它。不过《写给大家的中国美术史》印刷精美，线索清晰，介绍得当，非常值得一读。

还有一本美国学者高居翰的《图说中国绘画史》（三联书店，2014年）。高居翰先生是国际知名的中国艺术史大师。这本书专门介绍绘画，是权威专家所写，但并不难读。他还有许多关于中国绘画的专著，都是研究中国绘画的必读之书。巫鸿先生是研究中国艺术的大师，有许多著作。他关于绘画的书有《中国绘画：远古至唐》（上海人民出版社，2022年）和《中国绘画：五代至南宋》（上海人民出版社，2023年）。我估计还会有后续图书。这套书水平极高，值得一读。

还有一本陈平原先生的《大圣遗音：最简中国艺术史》（三联书店，2022年）。陈平原先生是文学大师，对现代文学的研究广泛深入，但读这本书深感他的艺术欣赏水平也相当高。说来是艺术的"局外人"写艺术，但写得并不外行。这本书原来是写给外国人的，所以更适合对中国艺术一无所知的人读。这本书内容以彩陶、玉器、青铜器、雕塑、瓷器等为主，也有书法与画，但并不多。

卢辅圣、徐建融、谷文达的《中国画的世纪之门》（上海科技教育出版社，2002年），重点不在按历史顺序介绍中国画，而在于分析，讲中国画的现代化问题。全书采用对话形式。这3位对话者都是美院教授、专业艺术家。虽然这本书已出版20余年，但仍值得读。结合那些介绍性的书，再看分析，可以提高对中国画的认识水平。

中国艺术是一门博大精深的学问，读几本通俗的书是个入门。

拜会历史上的西方艺术大师
《大话西方艺术史》

到博物馆看名家原作和在书上看印刷的，有极大不同。无论印刷得有多精致，也不如原作有冲击力。这种感受来自一次亲身体验。毕加索的《亚维农少女》是他风格转变的代表作，我在各种书上看过多次，书都印得极精美，但当1994年我去纽约现代艺术博物馆，第一次看到原作时，惊呆了。这么大的画真有震撼力，我对毕加索改变风格的伟大有了新的认识。如果印刷品可以代替原作，我们还不远千里去博物馆干什么？

许多常出国旅游的朋友向我诉说了到博物馆的痛苦。一来那么多画，肯定看不完，不知选什么画看好，不知找什么画，"走过来，走过去，找不到根据地"，逛博物馆太累了。二来不知如何欣赏大师画作之美，有时听导游解说，越听越迷糊。解决这两个问题要先读一本有关西方艺术史的书。这方面的书极多，各博物馆都有介绍自己藏品的书刊。我介绍一本入门性的书。

这本书就是意公子的《大话西方艺术史》(海南出版社，2020年)。这本书并不是以年代为顺序，而是以各个艺术大师为中心来介绍西方艺术史，所以我介绍这本书的文章题目是《拜会历史上的西方艺术大师》。

西方最早的画是西班牙阿尔塔米拉洞窟中的牛。西方文明的两大起源是希腊神话和《圣经》，早期绘画也以此为题材。古希腊的雕塑《米洛斯的维纳斯》是美的代表。帕特农神庙体现了建筑之美。古罗马继承了古希腊，它们的艺术特色体现在各种建筑上，如神庙、斗兽场等。

中世纪的艺术以宗教为主题，艺术创作的目的就是弘扬宗教的教义。文艺复兴就是使古希腊古罗马的文化再生。文艺复兴的第一位画家是乔托。从此，西方绘画开始有了明显的体积感、空间纵深感和透视意识。他的名作《哀悼基督》，把目光重新投向人性的美好和自然的魅力。画的是神，表现的是人。这就是文艺复兴的核心：人性。文艺复兴时期大师云集。达·芬奇的《蒙娜丽莎》表情的神秘在于运用了"明暗渐隐法"。《最后的晚餐》无论技艺、构图，还是大胆的想象，都达到极致，这就是艺术。米开朗琪罗的雕塑《大卫》强调了人的智慧与力量。西斯廷礼拜堂天顶画面积达500平方米，超过300个人物，其巧妙的构思，精美的画技，至今令人惊叹。拉斐尔在构图上有一种几何三角形的稳定性，让画面显得更平衡与和谐。《草地上的圣母》流露出浓浓的母爱。《雅典学派》延续了圣母像中注重平衡的构图方式，图中的每个人都是举止优雅，神态各异，表现了古希腊学术讨论的自由气氛，不仅是个人之美，还有尊重知识、尊重智慧之美。美第奇家族支持文艺复兴，这就有了圣母百花大教堂艳冠欧洲。波提切利、达·芬奇、委罗基奥、米开朗琪罗都受到它的赞助。文艺复兴时期，除了意大利，法国、德国等国艺术也得到发展。德国的丢勒，被称为自画像之父。对以神为主体的画作，用人代替神就是一种对人的赞美。他的《穿毛皮领大衣的28岁自画像》，用了几何构图法，所以整幅画平衡大气。意大利贝尼尼的一座雕像《普鲁托和普洛塞尔皮娜》刻画了冥王普鲁托强掳大地之母的女儿普洛塞尔皮娜为妻的故事，细节逼真。《圣特雷莎的沉迷》精准地刻画了一个虔诚的修女在与神交会时，一心渴望天堂的状态。卡拉瓦乔是文艺复兴的最后一位艺术家，也是巴洛克时期第一个为人熟知的艺术家。他的《纸牌作弊老手》把不同人物的神态刻画得入木三分，让人一眼就能分辨出每个人的身份。他的《水果篮》用一道光打在主体身上，这被称为"卡拉瓦乔光"。他的艺术特点是"写实"。

荷兰的伦勃朗生活在资本主义蓬勃发展的时代。他的《尼古拉斯·杜尔博士的解剖学课》刻画出了在教授身边学习解剖学的学生的不同神态。他的《夜巡》用到了他最擅长的光线布局，强烈的明暗对比让人物棱角分明，立体感十足。他的画仿佛能勾勒出人的心灵。西班牙的宫廷画师委拉斯开兹的画最大的特点是逼真，他只画自己能看到的事物，如有名的《三博士来朝》。他的《宫娥》与《蒙娜丽莎》《夜巡》并列为世界三大名画。他用镜子把二维画面扩展成立体空间，而且使本来不会出现在画面上的事物（小公主的意外来临）决定了画面里所有人的姿态。蓬巴杜夫人不是艺术家，但她使洛可可艺术走向极致。法国大革命中，雅克·路易·大卫的《马拉之死》描绘革命者被暗杀。他以古希腊古罗马时期的题材和风格来创作鼓舞人心的作品。《荷拉斯兄弟之誓》内容是父亲把三把剑分给儿子，鼓励他们去战斗。他的巨幅画《拿破仑加冕》使他成为宫廷首席画家。女性古典美的最高峰是安格尔。他的《泉》和《大宫女》体现的正是欣赏和热爱"人"这件艺术品。德拉克洛瓦抛弃了古典主义的思维，他的《自由引导人民》是浪漫主义激情的代表作。库尔贝则是现实主义的艺术家。他的《碎石工》《画室》追求的是真实。米勒的《播种者》和《拾穗者》表现的都是农民和乡村的生活。《晚祷》让人回归。罗丹的著名雕塑《思想者》是《地狱之门》中的一个人物，他冷静而又矜持，表明理解了死亡的本质才能了解生命的含义。

法国的艺术进入印象派时期。莫奈的《日出·印象》给人的就是一个模糊的印象。印象派早期代表人物是马奈。他的《草地上的午餐》中的人物是真实的风尘女子，他摒弃了沿用几百年的画法，在对光和色彩的处理上开启了一个新方向。莫奈颠覆了既定的规则。他的《睡莲》系列等脱离了对感官的依赖，创造了一个虚实难辨、无限的、没有尽头的艺术世界。德加的绘画既有绘画艺术本身的美，有色彩搭配、光影变幻和构图造型，又有芭蕾舞艺术的美。他的《舞台上的舞女》代表了人类形体之美。《芭蕾舞课》中的舞女成为一个美的群体。雷诺阿的《小艾琳》《红磨坊街的露天舞会》没有遵循印象派以风景为主的传统，而是以人物为主。他用严格的比例、严谨的轮廓线条，以及让人看不出来的笔触表现人物。高更的《爪哇安娜》和《我们从哪里来？我们是谁？我们到哪里去？》让艺术返璞归真，从而有了新的生命力。他追求的是没有经过规则和文明束缚的生命力。凡·高到巴黎学绘画，在短短几年里把绘画的各个领域尝试了一番，终于在《叼着烟斗的自画像》中抛弃了古典主义，用笔描绘自然，用内心去感受世界。塞尚放弃了对写实的追求，在注重形式的同时，又用规整的笔触使轮廓模糊，让画面变得质朴笨拙。他还打破单一视角，开始把物体简化成各种各样的几何图形。他的《普罗旺斯的山》《静物和打开的抽屉》《高脚盘、玻璃酒杯和苹果》都体现了这种艺术风格。

20世纪，审美走向多元化，进入现代艺术时期。"美"是相似的，但"丑"有不同的"丑"法。代表作是毕加索的《格尔尼卡》，体现支离破碎的"丑"。马蒂斯的画"丑"在色彩浓艳，如他的《红色的和谐》就是这样。马蒂斯的《舞蹈》这类晚期作品看起来很像孩童的涂鸦，但恰恰是这种简单纯粹的线条和色彩，让艺术的感染力得以回归。卢西安·弗洛伊德的《沉睡的救济金管理员》、贾科梅蒂的雕塑《指示者》都是不同的"丑"。蒙克的《呐喊》用了一种近乎疯狂的方式：在画布上涂了厚厚的颜料，然后刮下来，再涂再刮。这是用笔解剖人的灵魂，表现出绝望。克林姆特是表现主义画家，他的法宝是对符号的运用，《吻》《黄金雨》《金鱼》《女人的三个阶段》都震撼人心。超现实主义画家达利深受弗洛伊德《梦的解析》的影响，他的《记忆的永恒》中软绵绵的钟表是他的"本我"，是他内心无意识，甚至以梦境作为创作灵感的来源。马格利特《梦的钥匙》和《恋人》尝试着在画里直接把人的被遮蔽的状态画出来。他画的痛苦不在梦中，在现实中。弗里达在《有荆棘鸟项链的自画像》里把苦转换成另一种极其美好灿烂的东西释放出来。蒙德里安要摒弃外在细节，摒弃具象化的东西，把想表达的事物本质和简单的画面作为创造的关键。这就有了《构成10号》《红黄蓝的构成》这些作品。而波洛克就太随心所欲了。他不仅改变了绘画技法、颜色搭配、观看方式，更是把绘画的基本概念都改变了，《1949年1号》就是代表。行为的印记可以成为艺术，行为本身也可以。这就有了行为艺术，这就是博伊斯的《如何对一只死兔子解释绘画》，它不是画，而是一个男人背对人群抱着死去的兔子静静地坐着，男人、死兔子、椅子都属于一件艺术作品。杜尚的《泉》是一个小便池，这就把艺术引上"观念主义"之路。二战后波普艺术出现。安迪·沃霍尔的《金宝汤罐头》《玛丽莲·梦露》都打破了传统的艺术创作观念。克洛斯的《马克》被称为照相写实主义。人类艺术仍在不断探索中。

要想更全面、更深入地了解西方艺术，必须读两本最权威的书。贡布里希的《艺术的故事》（三联书店，1999年）和温迪·贝克特嬷嬷的《温迪嬷嬷讲述绘画的故事》（三联书店，1999年）。还有一本蒋勋的《写给大家的西方美术史》（湖南美术出版社，2011年），也值得一读。

还有几本介绍各种画作的书也值得读。这些书有顾爷的《小顾聊绘画》（上下册，中信出版社，2014年）；法国人弗朗索瓦丝·芭布-高尔的《如何看一幅画》（中信出版社，2014年）；吴琼的《读画：打开名画的褶层》（中国青年出版社，2019年）；日本艺术家中野京子的《胆小别看画》（共5册，中信出版社，2017年）和《画框里的男人装》。中野京子的书还有《名画之谜》（希腊神话篇和历史故事篇两本，中信出版社，2015年）和《初见卢浮宫》（中信出版社，2016年）。这些书对画的介绍各有特色，可以选读。

《大话西方艺术史》这本书以相当篇幅介绍了法国印象派，我对印象派也十分爱好。介绍印象派较为详细，且图文并茂的是上海博物馆编的《印象派全景》（北京大学出版社，2013年）。以文字介绍为主的是罗斯·金的《印象巴黎》（社会科学文献出版社，2019年），介绍了印象派的诞生及对世界的革命性影响。由迈耶·夏皮罗写的

《印象派：反思与感知》（江苏凤凰美术出版社，2023年）是印象派研究的权威且深入的理论著作。

19世纪是欧洲艺术的黄金时期，荷兰曲培醇的《十九世纪欧洲艺术史》（北京大学出版社，2014年），图文并茂，介绍相当详尽、深刻。

对许多人而言，现代艺术既陌生又难懂，因此再推荐一本英国学者威尔·贡培兹的《现代艺术150年》（广西师范大学出版社，2017年）。尽管它不是艺术书常用的精装，印刷也略差一点儿，但便宜，仅65元，且文字介绍写得好，物有所值。对了，还有一本名著不能少。这就是傅雷先生的《世界美术名作二十讲》（三联书店，1998年），其选了20幅西方名画，做了详细分析，对提高我们的艺术欣赏水平极有用。

闲暇的时候，沏一杯茶，看一本艺术书，或欣赏书中的一幅画，或品味介绍，这些都是极为赏心悦目的事。你也可以从书中了解，下次去某个博物馆，如去以印象派作品为特色的法国巴黎奥赛博物馆，该如何去逛。

欣赏京剧之美
《了不起的游戏》

自从"文革"时的"现代京剧样板戏"退出舞台后,京剧不可挽回地衰落了。没有什么京剧"票友"了,舞台上很少有京剧演出,也没什么人去欣赏京剧了。尤其是"文革"后出生的一代人,对京剧已十分陌生了。但不要忘记,京剧的诞生尽管只有200多年,但京剧有它极光辉的时代,别说有文化的教授、文人雅士是它忠实的"票友",连杜月笙这样的青帮老大,也还以"票友"的身份与孟小冬等名角登台演出。京剧被认为是标准的"国粹",连词典中解释"国粹"这个词,都以京剧为例。

作为中国人,可以不去观赏京剧,但不可以不了解京剧,不知京剧之美。为此,推荐一本介绍京剧之美的书,郭宝昌、陶庆梅的《了不起的游戏》(三联书店,2021年)。

李陀先生在序中指出,在研究京剧艺术的园地里已经有了草坪、盆景。《了不起的游戏》是要建一座京剧美学的楼。这楼建得如何呢？李陀先生说："用来构筑的材料，是那么结实；施工的工艺又那么精致，有结构，有细部；柱梁檩椽，钩心斗角、错落有致又秩序井然。"这座楼成功了。全书共7章，李陀先生把它比喻为楼的7层。我们就按这7章来认识京剧之美。

作者把京剧称为游戏，与我们小时候的"骑竹马""弄清梅"的游戏有点儿像。所以第一章《游戏》就是讲京剧这种游戏之美。把京剧称为游戏，是因为"它是以游戏手段呈现出的人生之美，以超高视角来俯瞰人生百态，这，就是京剧的游戏规则"。比如服装，以明代服装为基准，完全模糊了不同的朝代。这样的习惯流传下来就和我们的审美习惯、美学逻辑以及对世界、对人生的理解紧密相关了。"戏装完全进入了纯装饰的范畴，带有强烈的游戏性。"场面（乐队）包含了自然万物的声音，遵循的是"天人合一"。切末（道具），一根杆挂，一块布，改些花样，改出层次，游戏就有美学、哲学的意味了。甚至一把扇子，所表现的"扇子功"也作为一种游戏性的艺术手段，给予观众超高的艺术享受。"把子功"集武术、杂技与舞蹈于一体，让观众体会到帅与美。京剧通过场面的声音与演员的舞台动作配合，实现了时间与空间的同步变化，让观众与演员一起进入审美的游戏世界。唱腔又极美，充满游戏感。京剧表演时有演员迟到这类乱象。除演员外，道具师傅检场、现场抓哏等都体现了京剧之美。用《红楼梦》的比喻来看京剧，体现了假作真时真亦假，游戏视角下高超的叙述手法，以及独一无二的游戏心态。总之，"中国京剧的美学原理，是带有一种游戏性，是一种人生游戏和游戏人生相混杂的情愫与境界"。

京剧有自己的表演体系吗？第二章《京剧应该建立自己的表演

体系》正是论述这一问题的。在探讨中国表演体系时有斯坦尼斯拉夫斯基体系、布莱希特体系和梅兰芳体系的说法。作者并不认可这种说法。作者认为，用斯坦尼和布莱希特解释京剧表演是错误的。"中国有自己的表演体系。这个表演体系自1770年形成发展起，到1904年富连成（原名喜连成）科班出现，就已经渐趋完善。"作者通过对比斯坦尼的莫斯科剧院和京剧的富连成科班的表演训练来探讨中国京剧的表演体系。这就在于学员的基础不同、教学方法不同、培养过程不同、培养目标不同。这两者之间的差别正是京剧表演体系的奥妙所在。对体形的训练内容不同，方法不同、目的不同、结果不同、后续不同，观念也不同。在舞台交流中，京剧中的无对象交流是斯坦尼体系最反对、最忌讳的。但这种交流正是京剧艺术中的特色。在京剧的演员与角色/人物的关系中，"参悟"是刻画人物的核心。京剧的神韵在于法与气。京剧的神秘性在于表演特别无规律可循的复杂性。

京剧的表演者与观众接受之间，有着相互关联，又非常复杂的心理关系。观众对京剧的买账就在于观众叫好。第三章《叫好》正是论述这一问题的。叫好是中国京剧表演体系中不可或缺的一部分。这体现了京剧观演一体的剧场美学。叫好使一代代艺术家的表演成熟，促进了京剧流派的形成，推动了京剧改革创新，体现了京剧的商业价值。其在激励青年演员拼搏、上进和京剧的传播中起到了强有力的推动作用。叫好有七类，说明为什么叫好。这包括为故事情节叫好，为表演技巧叫好或挑毛病的叫好，捧角的叫好，以及懂戏叫好等，这是艺术家和艺术家之间的切磋。八派讲怎么叫好。第一派是闭着眼睛听唱，闭着眼睛叫好。第二、三、四派叫好都和演员直接相关。第五派叫好是要演员的绝活儿。还有两派和"类"结合紧密，属于这一类的就必须这么叫。真懂戏的人叫出的好是真好，叫"倒好"有特殊叫法。当然也有低级趣味的乱叫好。舞台上的笑场与叫好正反映了京剧观演一体的美学特点。叫好的变化折射出京剧的兴盛与衰亡。叫好是演员与观众一起游戏。

京剧的四大行当是生、旦、净、丑。无论从哲学理念还是从京剧的美学原理来看,丑其实是极美。第四章《说丑》正是说明这一点的。丑是个名词,并不是形容词。作为京剧行当的丑所承担的功能是非常庞杂的。丑是京剧唯美表现方式的最典型代表。丑行所有唱念做打的表现手段所追求的表演方向都是美的。要把"丑的"演绎出大美。当丑角表现真丑时也会极尽夸张之事。无丑不成戏,丑得站到中间,因为丑角最难。大美方可言丑。丑在舞台上的美学功能在于连接舞台与观众的正是丑角。丑角可以利用它的特殊功能突破角色本身不具备的意念,表达不一般的表演境界。在舞台上,丑还能把握整个戏的节奏、速度。丑角通过插科打诨缓解场面上的紧张气氛,让整个演出色彩更丰富。丑角使京剧艺术超越生死,超越悲喜。丑的表演淡化了生与死的悲剧感。只有丑角精神不灭,京剧才有希望。

"文革"时革命样板戏极度走红,应该如何看待这个问题？第五章《革命样板戏的得与失》正是在"文革"结束40多年后对这个问题的思考。20世纪京剧现代化走了两条重要的道路,一条正是以样板戏为代表的京剧舞台现代化的伟大成就与遗留的严重后患（另一条在下一章）。在京剧发展的三个高峰——同光十三绝、民国鼎盛期和现代革命样板戏中,这第三个时期达到人人爱唱、能唱的第三个高峰,京剧真正成了国粹。作者认为,样板戏的价值观基本是正确的,宣扬英雄主义、爱国主义和国际主义精神。京剧本身就是昆、弋、梆、秦、徽、汉等剧种杂交而成,样板戏的变动在于音乐作曲的跨越、剧作结构的颠覆、舞台空间的蜕变。样板戏的创造性在于文学上的苏醒,文本具有了明显的可读性；唱腔的突破和念白的韵律。样板戏的原则是要革命派不要流派；要程式，不要程式化；"三突出"；以及十年磨一戏的精神。样板戏给了我们许多启示。近年来流派界限打破，要让年轻人喜欢还要打破大雅大俗的界限，让更多人领会京剧之美。

第六章《戏曲电影还能拍好吗》讲的是京剧另一条现代化的道路。这条道路就是京剧这样的舞台样式在20世纪面对影视这样的现代艺术样式的挑战，如何且战且退。戏曲电影主题是电影。把戏曲剧目改编成电影必须用电影语言描述戏曲的内容。所以首先必须寻找、发现、研究使用全新的、适于表现戏曲舞台呈现的、有独特表现形式的电影语言，来表现具有独特表现形式的戏曲内容。这是戏曲电影的根本所在。戏曲与电影，谁也不将就谁。用电影的思维看戏曲，用戏曲的思维看电影，这两者之间不仅有非常强的相似性，又存在深刻的矛盾。这种同一性在于处理时空上的同样的思维方式。京剧的"跑圆场""扯四门"就与电影的蒙太奇有异曲同工之妙。它们的对立在于电影是实景，戏曲没景；光线的运用、化妆和道具不同。去舞台化与保留舞台意识是统一的。作者以《贵妃醉酒》来说明这一点，并以自己拍《春闺梦》的实践说明自己的理解。这个剧是对传统的继承，但它的创新在于做打与画面处理，包括唱、音乐、念与做、打。这些通过摄影师与美术师追求大象无形的魔咒来实现。这就是用电影语言重新创造舞台性。这种探索仍在进行中。

最后的第七章《京剧到底是国粹还是国渣》实际是对全书的总结。这个争论自"五四"以来持续了近百年，但"如果我们能够有一种对京剧艺术精神的领会，我们就会对京剧是'国粹'还是'国渣'，产生一种全新的理解"。这本书旨在让我们领略到京剧的艺术精神。京剧的最特别之处在于大雅大俗，融雅俗于一体。京剧这样一种传统艺术扎根于深厚的民族文化之中，是在漫长的历史中形成的。作者认为，从艺术观念与艺术手法上，京剧堪称国粹，但在价值观念上就充满了"渣"。要辩证地看京剧的"粹"与"渣"。男旦和跷功都是化"渣"为"粹"。只有理解了京剧所蕴藏着的艺术观念，京剧才会重生。

作者之一郭宝昌先生是著名的影视人，他导演的《大宅门》几乎无人不知。他从事影视、文学、京剧、话剧的创作及戏曲理论研究，对京剧之热爱与了解无出其右。除了这本书外，他还写有《都是大角色》（三联书店，2021年），介绍了许多与京剧相关的人与趣事。

对传统京剧相当权威的论述，还是齐如山先生《京剧之变迁》（辽宁教育出版社，2008年），对京剧的介绍相当全面。徐城北先生的《京剧与中国文化》（人民出版社，1999年）对京剧的介绍也相当全面。王小平编、段昭南图的《看戏》（中国工人出版社，2022年）介绍了京剧的各种剧目，共100种，极为全面，装帧也具特色，不过售价达580元，估计非骨灰级"粉丝"，很少有人会买。李楯先生的《中国戏七讲》（北京大学出版社，2023年），对我们欣赏戏剧极有帮助。汪曾祺先生兴趣广泛，且多有深入研究、独到见解。他的《说戏》（山东画报出版社，2006年）也值得一看。王如宗编著、谭元杰等插图的《图解京剧艺术》（清华大学出版社，2011年），对京剧的介绍相当全面，且对脸谱等用图说明，更有吸引力。

外国人怎么看咱们的京剧？大家可以看美国学者郭安瑞的《文化中的政治：戏曲表演与清都社会》（社会科学文献出版社，2018年），这本书讲的是京剧第一个高潮，同光时期的京剧。不过这本书不仅讲京剧，还把戏曲与清代社会联系起来了，大家不仅可以了解同光时京剧的辉煌，也可以了解清代政治与社会。其视角独特，不可不看，我在《书海拾贝》中做了较详细的介绍。

爱狗还要知狗
《狗故事》《狗智慧》

狗是人类最早驯化的动物。传统的说法是，1.5万年前的最后一个冰河时代末期，中东的人就已经把欧洲灰狼驯化成狗。英国学者艾丽丝·罗伯茨在《驯化：十个物种造就了今天的世界》（读者出版社，2019年）中"犬"的一节中介绍，现代遗传学家和考古学家根据基因分析和考古发现认识到，狗的驯化要比以前人们认为的早。其是在2.7万~4万年前，且在不同的地方由不同的狼驯化而来的。也许以后还会有更多发现。

狗最早作为狩猎-采集时代人的打猎工具，如同石器。人类进入农耕时代，开始定居，狗又成为守家护院的保镖。如今的狗又有了侦探、导盲等多种用处。但当今狗最主要的功能还是作为人的朋友、宠物。在这一过程中，狗的地位逐步上升。狗有了医院、美容场所，吃着精心调配的狗食，穿着华丽的狗衣，每天由主人陪着散步，定时由主人为它洗浴。不少人对狗比对老人、孩子还亲切。

爱狗也是人仁慈、善良的表现。美国联邦调查局行为科学调查支援科创建人约翰·道格拉斯在《心理神探：我与FBI心理画像术》（上海译文出版社，2017年）中指出，警务调查犯人时发现，80%以上的杀人行凶犯人在童年时都有虐杀小动物的行为。孩子小时养一些无害的小动物可以诱发他们人性中善良的一面。老年人养宠物也可以排除寂寞，安度晚年。爱狗也是一种美德。但爱狗之人对狗又了解多少呢？如果能爱狗、知狗，爱狗岂不又上了一个新层次？所以这里我向爱狗的朋友们推荐两本关于狗的书：《狗故事》（三联书店，2016年）和《狗智慧》（三联书店，2018年）。

这两本书的作者斯坦利·科伦是加拿大畅销小说作家、加拿大不列颠哥伦比亚大学心理学教授及著名犬类行为学专家。他关于狗的著作还有《怎样与狗交谈》以及《我们为什么如此爱狗》。他也是一位爱狗人士，养了一只比格犬、一只查理士王小猎犬和一只斯科舍诱鸭寻回犬。这样一位爱狗又懂狗的写作高手写的关于狗的书一定不仅增加你的知识，而且会给你带来无限乐趣。

《狗故事》

电视上经常播出狗如何忠于主人，甚至救主人，或者如何在捉拿毒贩中起了关键作用的纪录片。不过《狗故事》是说明"狗是如何影响和改变人类历史的"。历史是人民创造的，但能影响甚至改变历史的一定是大人物。一个普通的人，当他影响或改变历史时，他也成了大人物。因此，这本书讲的是国王或王后、国家元首、英雄、科学家、社会活动家、作家及音乐家等大人物与狗的故事。从这个角度讲狗的故事就"融合了我（作者）对历史、传记、心理学，当然还有对狗的热情"。读来有趣又颇有启发。

历史上狗挽救过不少大人物，而这些人影响了历史。第一个故事是英国18世纪最伟大的诗人亚历山大·蒲柏的故事，他有一只大母狗。当一个歹徒伪装成男仆到他家，企图谋财害他时，这只大母狗保护了他。蒲柏在英国文学上的影响至深，没有这只狗，这个影响就没了。第二个故事主人公是圣徒圣·乔瓦尼。他关心血汗工厂中当童工的穷孩子，为他们办慈善事业，给他们教育机会。也是一只狗在他遭到歹徒抢劫时保护了他。第三个故事主人公是英王威廉。他反对专制的菲利普，当对手准备袭击他时，也是一只小狗（中国的哈巴狗）把他弄醒，他得以逃跑，成就了以后的事业。第四个故事是五世达赖的拉萨犬在刺客企图杀他时狂吠，从而使他获救。第五个故事是古希腊科林斯城有50只警犬，波斯军队入侵时杀了49只，但活下来的一只唤醒了卫兵，保卫了科林斯城和居民。第六个故事是护士弗洛兰斯·南丁格尔在狗的引导下进入护士职业，成为历代护士的榜样，并因此有了护士的最高荣誉——南丁格尔奖。

圣人有慈善之心，他们也爱狗、养狗，并得到狗的保护与引导。13世纪的圣人罗歇在去罗马朝圣的路上为病人祈祷，当他病倒后狗为他拿来面包救了他。圣人马格丽特曾与一位骑士相好。骑士遇害后，狗带她找到了尸体，并领她到教堂，她因此成为庇护无家可归的单身母亲的保护者的圣徒。圣徒帕特里克是爱尔兰的守护圣徒。他曾被卖作奴隶，在牧羊中与长毛牧羊犬为伴，练习说凯尔特语。他把羊群交给狗，按梦中上帝的旨意到海边。船上装满了罗马人要的爱尔兰猎狼犬。帕特里克让狗平静。狗被卖以后，他又靠狗的帮助回到爱尔兰，成为圣徒。当然这些只是神话或传说，但圣徒爱狗之心，得到狗的帮助确有其事。

如果人们误解了狗，他就会悔恨终生。卢埃林王子是威尔士格温内思郡的郡主。约翰送给他一只名叫齐莱特的小爱尔兰猎犬。齐莱特保护他与家人。但有一次他看到帐篷一片混乱时，误以为齐莱特咬死了他的孩子。盛怒之下他杀了齐莱特。事后他发现，齐莱特咬死企图吃孩子的狼，孩子仍然活着。他极为悔恨，不久死去。至今还留下一句威尔士俗语："我像那个错杀了爱犬的人一样懊悔难当。"

狗以它们独特的方式影响历史，微妙地改变了历史进程。17世纪中期英国的内战就与狗有关。斯图亚特王朝的詹姆斯一世爱让狗与野兽斗，到处收狗，给人民带来灾难。他的儿子查理一世也同样。他到处征狗，与奥利弗·克伦威尔的同名叔叔发生冲突。英国革命爆发后，支持议会的被称为"圆颅党"，支持国王的被称为"保皇党"。指挥皇家军队的是帕拉丁的吕佩尔亲王。他被俘后与一只名叫博伊的狗为伴，获释后他仍追随查理一世，带博伊出征。"圆颅党"人杀死了这条狗。吕佩尔失魂落魄，终于战败。狗引发了战争，战争又由于狗而失败。没有这只叫博伊的狗，也许战争还会持续。

普鲁士国王弗里德里希二世是一位社会改革家。他与父亲关系不好，受到折磨，但他爱狗，在与狗的相处中获得安慰。他常被人们引用的一句话是"我见的人越多，就越爱狗"。

狗在欧洲人征服新大陆中也起过重要作用。1493年哥伦布第二次探险时带了20只狗。这些狗是凶猛的獒犬。这些狗在与当地人的战斗中发挥了重要作用。这些狗还可以跟踪印第安人，并对他们行刑。它们在欧洲人战胜和奴役印第安人中成了帮凶与工具。

很多作家、音乐家、科学家都爱狗，并得到过狗的帮助。苏格兰作家司各特爱狗，先后养过不同的狗，临终时狗陪伴着他。他的作品中有许多对狗的描述，他的许多创作灵感也来自狗。德国音乐家瓦格纳一生与狗为伴。狗成为他欢乐和智慧的源泉，却也让他两次身处险境。电话发明者亚历山大·格雷厄姆·贝尔养了许多包括狗在内的小动物。受狗的启发,他意识到让聋哑人说话的手势教法是错误的,并实验用唇语交流,教狗用唇语说话。至今谍战片中还有被俘的特工用唇语传递情报的故事。心理学大师弗洛伊德靠养狗治好了患歇斯底里病的女病人安娜。弗洛伊德患癌症后安娜护理他,安娜的好伙伴是狗。女犯罪心理学家玛丽·波拿巴与弗洛伊德关系密切,爱狗至深,影响了弗洛伊德爱狗。

狗还使人们的道德观念进步。人们在爱狗的过程中深感要平等对待狗。这种态度影响了历史进程。在英国,动物福利运动的发起人是理查德·马丁。他与不贞的妻子关系不好而与狗结下深情。他创建的"皇家防止虐待动物协会"为人们正确对待狗立下汗马功劳,如废止拉车犬。爱犬运动唤起了人们的爱心。纽约的亨利·伯格在俄国当外交官时深受马夫打马的刺激,回到纽约后写了《动物权利宣言》,努力使纽约通过了几部防止动物受虐待的法律,并创立"美国防止动物虐待协会"。他致力于废除斗狗和狗拉车,并强调虐待动物与虐待儿童相关。他通过玛丽·爱丽受虐案促进了对儿童的保护。动物与儿童都是弱者,保护弱者成为人类的道德标准。当然,爱狗过分也会危害人类。日本德川幕府时第五代掌权人德川纲吉属相是狗,对狗爱到极端,甚至让虐待狗的人切腹自杀。

许多历史上的名人与事件都与狗相关。拿破仑与约瑟芬的第一次婚姻不美满就是因为新婚之夜约瑟芬的一只爱犬睡在床上。拿破仑在被囚的阿尔巴岛逃跑时落水,是一条狗救了他。他在圣赫勒拿被囚时没有一条试吃食物的狗,结果被毒死。拿破仑家族的最后一个人由于被狗绳绊住脚受伤而死。在英国威尔士王子府邸的一次宴会中,一只纽芬犬捡到法国大使的一封信,这封信落在普鲁士大使手中。信中对普鲁士颇为不敬，促使普鲁士加入反法联盟，以后普法关系一直不好。还有一只纽芬兰犬在法国的军舰上影响了士气，使法国在特拉法加海战中失败。

许多名人都在困难时获得了狗的安慰，如二战中加拿大总理威廉·莱昂·麦肯齐·金；诺贝尔奖得主约翰·斯坦贝克；苏格兰女王；中国的慈禧太后；美国的巴顿将军；德国的隆美尔；美国的华盛顿；艾森豪威尔等。

狗无意识做的坏事好事会无意中影响历史。牛顿的狗引起火灾，烧了牛顿的手稿，无疑是重大损失。开发俄勒冈的路易斯上尉的狗保护了帐篷。英王亨利八世派沃尔西去与教皇谈判，沃尔西带的狗咬了教皇的脚，谈判失败。亚历山大的军队还有狗组成的分队。

历史上狗与人的故事反映了狗与人的亲密关系。这些故事也许有些并不真实，但读来有趣。如果爱狗人士把自己与狗的故事写出来，一定也会让我们的生活更快乐。

《狗智慧》

历史上这些狗的故事引起我们对另一个问题的兴趣，狗有智慧吗？另一本书《狗智慧》正是回答这个问题的。所以这两本书可以说是关于狗的"姊妹篇"。

不过与《狗故事》不同的是，《狗智慧》是严肃的狗行为科学的研究著作。这本书探讨"狗会思考吗？它们眼中的世界和人类一样吗？和人一样具有意识行为能力吗？狗有感情吗？狗的智商有多高？"。这些严肃的问题就不是讲故事了，而是通过观察和实验进行研究。

狗有没有思想？是先思考而行，还是仅仅条件反射的本能行为？自古以来学者们就在争论这个问题。古希腊哲学家柏拉图和第欧根尼认为狗是真正有思想的哲学家。近代笛卡儿认为狗仅仅是条件反射，而达尔文认为狗有思想。现代行为主义的心理学则认为狗没思想。这本书作者认为，无论狗有没有思想，一些事实是应该肯定的，这就是"狗能感知世界并从中得到信息，狗能通过学习来改变修正它们的行为以适应外部环境；狗有记忆力并能解决一些问题，狗在幼年的经历会对它成年以后的行为产生影响；狗具有感情；与外界的互动，比如玩耍，对狗来说很重要，狗与狗之间及与人之间都能进行沟通"。

无论狗是本能也好，是有思考也好，狗一定要通过感官获得外部世界的信息。这就要了解狗的各种感官。狗的视力不如人，但可以通过调节瞳孔聚焦世界。不过狗获得信息主要不是靠眼睛，而是耳朵、听力。狗的听觉比人敏感，能听见的声音频率比人高得多。听觉的重要作用是判断声音的来源。狗的鼻子在认知世界中有重要的作用，而且人脑与狗脑处理气味的结构不同。狗的鼻子可以辨别出单个动物。狗可以嗅出毒品，甚至可以嗅出人体内的癌症。狗的味觉远不如人类，人有 9 000 个左右味蕾，狗只有 1 700 个。狗对咸的敏感度低，但有专用于水的味蕾，人没有。狗不需要"色、香、味"中的"味"来选择食物。对狗来说，通过"触须"毛发或"胡须"来感知世界极为重要。这是小狗最初的感官能力。所以给狗剃须甚至会害死它，但抚摸对构建狗与人的关系极为重要。狗只能感受冷，难感受到热。狗也有痛感，但会掩盖。

狗的许多行为是先天的，即基因决定的。狗能牧羊源于犬科动物的集体捕猎本能。人可以通过选择性育种对狗复杂的多样化行为进行操控，但要在基因决定的基础上。例如，通过狗的定向能力培育导盲犬，利用狗的嗅觉培育缉毒犬。狗与狗之间交流的语言和肢体动作也是先天的，所以人与狗可以交流。狗还有不同的方言和习俗。

尽管狗的许多行为是先天的，但有许多关键行为也是超基因的。狗幼年时对环境的经历和互动会对成年后的行为有重要的影响，其中包括惩罚与奖励的经历。狗还有人所没有的学习模式，可以模仿人的一些动作。新生狗的脑子只有成年后的10%，且结构不成熟，因此幼年经历对它思维的发展极为重要。狗出生一周左右是完全对外界刺激的反应，13~20天是迅速转变的时期，4~12周是社会化时期，这一段最重要。到12周时为青春期，行为向成年狗靠拢。

狗也有个性。个性受基因影响，也与接受的训练与生活经历相关。狗个性的差异来自性别而不是种类。按狗的活动能力和社交性，可分为一般活动性、兴奋性和过度咆哮性。按狗的可控性和攻击性，可分为对其他狗的攻击性、对儿童的攻击性，以及受主人的支配性和领地防御性，看门犬的守护或破坏性。还可以根据有趣性及对关爱的需求或可控性与社交性来区分。大量的实验对犬种排名都通过可控因素保持实验条件一致。使个性不同的边境牧羊犬和纽芬兰犬交配，其后代个性处于两者之间。狗也有一些源自个性的心理问题。在繁育时狗为达到某一目的也会产生不好的个性，如愤怒综合征。

了解为什么狗要学习和如何学习，对驯狗极为重要。不同的狗学习速度不同，有的快，有的慢。最容易驯的是边境牧羊犬，最难驯的是拉萨犬。操作性条件反射是刺激与反应之间的联系。经典性条件反射的重要性在于学会在情感反应与事物之间建立联系。情感上的条件反射说明训练中奖励比惩罚更有效，更能与狗建立一种紧密的关系。经典性条件反射认为在小狗头脑中建立正面情感联系极为重要。奖励在早期以食物为主，后期可用手势或语言。对狗的一些本能行为可以用塑造训练法或连续逼近训练法。这就是把全部动

享受生活

作分解为简单实用的动作，对一个分解动用行为身体提示法，即通过皮带、项圈和身体来提示。惩罚也是有用的，但要适时适度。有效的惩罚还是隔离训练法。狗会通过观察和模仿来学习，如让老狗和小狗一起拉雪橇，让狗教狗。这种社会学习法也有用。

狗还有一些艺术、音乐天赋，通过训练可以开发出来，如狗与人随音乐跳舞。狗对不同的音乐有不同的反应。狗不仅可能有欣赏能力，还可能有创作欲望。狗还会撒娇表示不满。狗还有数学思维，可以正确估计体积大小，并做出反应。狗的简单数数和计算能力先天就有。这些正是狗被训练为马戏团中演员的基础。

计算狗的年龄的方法是，前两年相当于人的24岁，以后每5年相当于人的一岁，狗的正常寿命为12年，即人的74岁。一般而言，体型大的狗寿命短于体型小的狗。衰老会导致狗的认知能力障碍。年龄超过10岁的狗中，60%的狗会出现这种情况。所以西方有一句谚语是，"教老狗学新把戏，难"。狗的衰老也会影响身体和感官效率，甚至个性。当然也可以对狗进行抗衰老训练。

最后是全书的总结：在一定程度上狗具有意识和逻辑推理能力，"万物类人论"并不是错的。把智能计算机和狗是否会思考联系起来就可以判断。用图灵测试比较狗和一个孩子的行为，我们从中可以看出狗有主观意识和思考能力。以梦为例，狗不仅可以做梦，而且做的梦还是常见的有关狗的活动。狗做梦与人有相似之处，做梦的时间长短取决于年龄。在一些实验中，狗的表现使一些学者相信，它在认识世界时大脑具有有意识的图像。狗的经历性记忆非常好。根据一些实验，狗在某些方面具有人一样的自我意识。它们甚至可以利用诡计来达到一些目的。

当然作者的这些观点并不是所有狗行为科学家一致公认的，争论仍在持续。爱狗的朋友仍可以根据自己的经验来判断。

这两本书有不同的风格。《狗故事》好玩、有趣；《狗智慧》严肃、深刻。但读《狗智慧》让你爱狗、知狗，从科学的角度来认识狗，也能学会一些驯狗的方法。两本书互补，对于知狗是缺一不可。

附录：阅读一报一刊

读书也不要忘了读报刊，报刊是最能与时俱进的，它让我们及时了解错综复杂的现实。网络代替不了更严肃、更有深度的报刊。报刊不同于书，所以我把它作为附录。

阅读一报一刊

"文革"时全国人民都读"两报一刊"(《人民日报》、《解放军报》和《红旗》杂志)，许多重要的新闻和信息都由这"两报一刊"发出。当时要与时俱进，跟上中央的步伐，不读不行。那时我常读"两报一刊"，1978年考研究生时，政治课考了95分，就是读"两报一刊"的结果。

我从小爱读书，也爱读报刊。每期必读的是《中国少年报》和《少年文艺》。父亲还订阅了《新观察》杂志，我也每期都看，不过许多内容读不懂。甚至我也读父亲单位订阅的《人民日报》，不过更不懂了。比如那时经常提到"总路线""过渡时期"，我去请教大人，他们也说不清。他们被我问烦了，就说"那不是给小孩子读的"，我也就乖乖地不再看了。

进入中学，学校有个很好的图书馆，学生可以随意进，报刊更多。各种报刊读来读去，我最喜欢的杂志还是《知识就是力量》这份科普读物。读多了，自己还想入非非，写了一篇科幻小说，关于太阳能汽车的，寄给《少年文艺》，当然结果是退稿，以及收到一封"欢迎来稿"的信。

进入大学，我也常到图书馆翻阅各种杂志，什么都翻一翻。有一次我在《历史研究》上读了戚本禹讲李秀成的文章，还为其观点独特，文笔甚好，而读了几遍。当然，当时我完全不知道其政治用意，也不了解历史，被骗了。"文革"后我才了解它"项庄舞剑，意在沛公"的政治目的。我读《新观察》杂志上关于明代史学家谈迁的文章，深为谈迁的治学精神感动，甚至想转系去学历史。读报刊时，我还写过不少日记，记录一些重要的信息，以及一些感悟，可惜"文革"时怕有不当之处，全烧了。

"文革"时我在东北林区，除了读单位的"两报一刊"，自己还订阅了《学习与批判》《自然辩证法》《朝霞》等刊物，以及学英语的《北京周报》和澳共的《先锋报》。总之，我读书时也不忘读报刊。尽管这些报刊错误相当多，如《学习与批判》中的批儒崇法的文章，《自然辩证法》中批判爱因斯坦的文章等，但毕竟这是当时只能读的报刊。错误中还有些知识。当时"中了毒"，以后还可以"解"。

我进入北京大学读研究生之后，当然以读专业报刊为主，但《读书》《东方》等新刊物也爱读。它们的许多新观点让我茅塞顿开。

60岁退休之后，我退出经济学的"江湖"了。专业报刊一概不读了，其他各种报刊都看，但我一直读下来的只有《经济观察报》和《三联生活周刊》，我在这里推荐的，正是这"一报一刊"。

说到这里，我想强调的是，在如今的网络时代，信息传递快而广泛，许多人以网络代替报刊，实体报刊的发行种类和数量都大幅度下降。但我认为，网络不能代替报刊。听音频、看视频，刷"抖音"，与阅读报刊是完全不同的。网络与报刊不存在替代性，各有各的用处，不能互相取代。为什么网络不能替代报刊，我想通过介绍这"一报一刊"的内容来说明。

我先介绍《经济观察报》2023 年 7 月 24 日第 1130 期的版面与各版的内容。这份报每周一期，周一出，每期 32 版，第 1~8 版是主体版面，第 9~16 版是"市场"等，第 17~24 版是"公司"等，第 25~32 版是"观察家"或"书评"。它以经济为主，但包括了更广泛的内容，一报在手，天下大事全有。

主体版面上，每期都有一篇"社论"，关注的是当前的重要问题，但并不仅仅是新闻，还有深度分析。最近中央提出促进民营企业发展的战略，因此这期社论就是《盼民间投资早归位》。对民营企业发展而言，投资是至关重要的。这篇文章针对 2023 年上半年民间投资同比下降 0.2%，分析了让民间投资归位的问题。文章虽短但有见解，绝非泛泛之谈。主版的主体文章是《激辩"资产负债表衰退"》。这是一个热点话题，据说有一半在中国写的经济学博士论文是关于这一题目的。这一问题引起广泛争论，有立论也有反论，亦有不同的观点与建议。这篇文章公正地介绍了关于这一问题的争论及各种观点，对我们思考这一问题是极有帮助的。"特写"是《出发吧，"汽车船"》。汽车船是指为运输未包装汽车而设计的船。这篇文章介绍了广船国际这种船只的制造状况。大家更关注的《中国经济半年报解读："三驾马车"下半年力度如何》，对中国下半年投资、消费和国际贸易前景进行了分析。这篇文章并不回避问题，对投资分化、消费增速回落和世界贸易需求的萎缩，都进行了富有启发的如实分析和介绍。关于高科技发展的两篇文章是《上半年，8 家半导体企业撤回了科创板 IPO》和《研发费用加计扣除新规出台，企业需求在哪里？》。此外还有《民营经济"新

31条"关键在落实》，以及关于民企的《瑞凯集团刘浩然：发力港股IPO》。"新闻"有《封神》道具进中国电影博物馆的《乌尔善的"封神记"》和《央企司库建设路线图》。第8版的评论有《保险"炒停"是短视行为》，《研学生意要以教育为初心》，《浙江户改的新意与深意》，以及《治理强制自动续费的治本之道》，都是关注当前现实问题的。

第9~16版包括市场、汽车和城市与不动产，都是我们关注的经济问题。这一期"市场"栏的文章首先是分析房贷的《存量房贷降利率求解》，对其效果持观望态度。市场的重头戏在"金融机构"，包括《监管喊停"3.5%"银保业务承压》《恒丰银行寻路供应链金融"新打法"》《淡马锡放慢投资步伐》《万亿规模中原银行何以沦为"仙股"》。"上市公司"栏目包括《方大炭素突成被告，涉十年前股权转让》，《丰乐种业股权收购案生变，国投集团拟入主》，以及《大业信托大力发展风险处置受服务信托累计成立规模已超300亿元》。"汽车"栏目有《奥迪彷徨：当BBA没有了A》，《中道崩殂的不降价同盟》，以及《为了"更美好的世界"，福特中国持之以恒》。"城市与不动产"栏目有《文旅景区公募REITs难在哪儿》和《旭辉建管：我是谁？》。

第17~24版的"公司"栏目的重头是讲福建商人陈日龄在印尼投资的《去印尼记》，还有《广东中小企业资金缺口预期改善》，《广东中小企业出海调研：日韩不是目的地》，关于好想你企业的《好想你难写新故事》，《全新一代CR-V，帮东风本田啃下了电动时代最硬的那块"骨头"》，《实控人旧案困扰比特技术IPO》，《青岛啤酒：穿越百廿时光，一杯啤酒的产业新征程》，《当县医院开始做药物临床试验》，以及《机器视觉先锋企业埃科光电成功上市　科创板迎来精密制造之"眼"》。"商业评论"栏有《失业、分红不平衡和结构性转变：人还能否"卷"过AI》和《存量经济年代，中小企业怎么发展》。

读书的三重境界　　354

第25~32版"观察家"内容丰富，以读书及相关思考为主调，每月还有一期专门的"书评"。这一期的观察家是《日本的"孤独经济"——从三浦展的孤独社会谈起》。"专栏"有《Web 4.0：欧盟在数字经济领域的弯道超车？》《在日常与超越之间：扎加耶夫斯基的诗》《东洋学霸：豆男的巨人梦——大日本与小日本》《布拉格之行》，阅读方面有《非正式控制：英国与殖民地的关系》，评论《帝国的技艺》一书，以及《气候变化的历史与应对》，评论《人类历史中的气候变化：从史前到现代》一书。这个专栏对我读书甚有帮助，我看的不少书就是这个栏目介绍的，我将《基因彩票：运气、平等与补偿性公正》选入本书就是因为读了这个栏目相关的评论与介绍。

我不厌其烦地对《经济观察报》这一期进行了如此详细的介绍，就是想让你知道，这份报的内容如此丰富、全面，且以经济为主，兼及文化。也许你会觉得内容太多，看不过来。没关系，可以选自己关注的问题细读，其他内容当个"标题党"就可以。

再谈《三联生活周刊》。我一直读这份周刊，从其试刊开始（我记得是关于兵马俑的发现的）一直到今天，从未中断，每期我都从头读到尾。我想以2023年5月22日第21期（总第1239期）来介绍这本刊物的特色。

每一期的主要版块是"封面故事"，这一期以《中国经济，寻找新动力：增加收入，提振实体经济，释放需求与创造力》为题，介绍的是如何振兴中国经济这样一个人人关心的问题。其内容首先包括一篇综合性文章，探讨网上经常讨论的中国经济是否通缩了，然后讨论为什么会通缩，以及通缩对经济的伤害，让我们对这一问题有一个整体了解。然后是与经济学家姚洋教授的对话《姚洋："中国经济增长喜忧并存"》，相当客观而切中时弊。再然后是个案分析，即分析关于汽车降价的《汽车的价格决战》，房地产价格低迷的《楼市回暖，能够持续吗》，以及就业的《降薪与灵活就业，经济会再增长？》。这一组"封面文章"对经济的分析相当全面、深入，回答了不少人心中的疑惑和社会上的热点问题。

"封面文章"每期一个主题，主题各种各样，内容广泛而丰富，都贴近现实，又是人们关心并感兴趣的。我看到的最新一期（2023年7月31日，第31期）是以吃为主题，"那些迷人的小饭馆：玉溪，苏州，台州"，介绍这3个地方小饭馆的美食特色。近期的主题还有"理想游戏，我是林克"；写老年人临终关怀的"人生最后一程，如何走得安宁？"；"00后"就业的"'00后'求职前要跨过的N道坎：人生有轨道，人生更是旷野"；"人造娱乐奇观：主题公园，幻梦与废墟"；"海洋诱惑：珊瑚礁，海草床，海洋保护区"；"奇怪的流量：从马保国到'挖呀挖'/网红加速迭代/谁在手握顶流密码"；"最美长江：结构的地理，演进的历史"，尤其是对因杀母被判死刑的吴谢宇人生轨迹全面深入分析的"吴谢宇，人性的深渊"，相当长而有内容。如此丰富的内容关注了社会各种热点，但分析又不同于网上的三言两语，有相当深度，我已年逾80，但读这些内容也可以与时俱进，不老而僵化。不同层次、不同年龄的人，都能从中感受到现实的生活气息，找到自己爱读的内容。

作为一本周刊，不仅"封面文章"选题要贴近现实，关注不同人群，关注热点，内容丰富，还要有其他内容，作为"主菜"的"配菜"，使整个文化宴席丰富而有不同味道。

首先是"环球要刊速览"，别小看这一页，它极简单地介绍了国外几种主要报刊的主要文章内容，让不会英文或不常看外国刊物的人也可以了解各种不同信息。"读者来信"都是凡人的烦恼小事，风格是论述的，

读书的三重境界　　356

也许我们不少人会遇到，有同感。原来包括三个，近期改为一个。"天下"是世界各地异景奇观的照片，十分有趣，有不少是我们从未听说的。"投资物语"是讲经济的。"消费·理财"是关于消费和投资的信息。"健康"是关于健身的。"声音"是国内外名家的言论摘录。"数字"是有关不同问题的数字根据。"生活圆桌"是一些年轻作者的读书或生活感悟，颇有中层年轻人的感悟、认识。"好东西"介绍各种新的消费品。

"社会"栏目包括"热点"与"调查"。这一期的"热点"是关于气候异常灾难的《初夏暴雨：村庄与村民》和《极端天气和极端气候更加频繁了》，"调查"是《一场"消极比赛"背后的CAB"江湖"》和《ChatGPT的伦理警钟》。

"文化"是关于电影等的，这一期栏目包括"电影"：《〈白塔之光〉，乡愁的滋味》；"专访"：《〈承诺〉：难以逃避的身份》；"话题"：《时代变迁下的加冕》；"话题"：《面对Z世代，高级制表的变与不变》；"食事"：《食物、家庭与记忆》；"教育"：《不解语》；"文史"：《三十二校对》；"书评"：《特朗普的脸，我们的脸》。

"专栏"栏目包括邢海洋的《"老头乐"体面和不体面的退场》，袁越的《间歇性断食法的长远危害》，以及张斌的《待到塞纳清如许》。这一期还有朱德庸的漫画《大家都有病》。邢海洋、谢九两位作者写的经济评论有独到之处，朱德庸的漫画幽默而有趣。

最后的"个人问题"是各种文化人的一种生活感悟。这一期是岭溪大队长的《断舍离》。

这本周刊，内容丰富，重点突出，文字都相当优雅，又有大量彩图。无论读者作为了解社会，还是休闲之用，都极为适宜。

一报一刊在手，天下事尽有。现在又可以网上订阅，何不随时翻阅呢？